Hans Ahlbrecht Klaus Giesen

Der Wagenpark der Essener Straßenbahnen von 1893 bis heute

Verlag Uhle & Kleimann

Titelbild: Farbgebung der Essener und Bochum-Gelsenkirchener Straßenbahnen; für Essen dargestellt an einem Wagen der Serie 819-832, der im Musterblatt der Firma Gastell aus dem Jahre 1919 in äußerst detaillierter Form dargestellt ist. Die Nummer 504 hat es in dieser Serie nie gegeben.

ISBN 3-922657-88-5

Satz und Druck: Uhle & Kleimann, Lübbecke

Inhaltsverzeichnis

Seite

Grußwort

Für alle Freunde der Straßenbahn ist die vorliegende Dokumentation über den vielfältigen und umfangreichen Wagenpark der Essener Straßenbahnen eine Fundgrube und eine Quelle neuen Wissens.

Bislang hat es eine solche lückenlose Darstellung der fast hundertjährigen Entwicklung im Essener Straßenbahnwesen noch nicht gegeben. Daher begrüßen wir diese Arbeit der »Verkehrshistorischen Arbeitsgemeinschaft EVAG e. V.« sehr und wünschen der Schrift eine gute Aufnahme.

Vorstand und Betriebsrat der Essener Verkehrs-Aktiengesellschaft

Teubner Derks Obst

Schmidt Neumann

Vorwort

Der Wagenpark der Essener Straßenbahnen von 1893 bis heute

Im Lauf ihrer nahezu hundertjährigen Geschichte beschafften die Essener Straßenbahnen von 1893 bis heute mehr als 1200 Straßenbahnwagen; Triebwagen und Beiwagen zusammengezählt. Das ist für einen Betrieb dieser Größenordnung keine außergewöhnliche Zahl, aber in einem Punkt unterscheidet sich Essen wohl doch von anderen Betrieben: in der Nummerngebung. Wesentlich häufiger als allgemein üblich erhielten die Fahrzeuge in Essen neue Nummern, manchmal im Abstand weniger Monate. Dadurch wurden fast alle Wagennummern mehrfach benutzt, einige bis zu fünfmal. Es ist deshalb nicht verwunderlich, daß die Wagenparkstatistik der Essener Straßenbahnen äußerst umfangreich und gleichzeitig unübersichtlich ist. Auch bestanden bisher zahlreiche Unklarheiten und Widersprüche.

Durch die Forschungsarbeiten der »Verkehrshistorischen Arbeitsgemeinschaft EVAG e. V.« ist es nun gelungen, die vollständige Entwicklung zu erfassen und darzustellen. Neben zahlreichen privaten Aufzeichnungen standen erstmals auch wiedergefundene Quellen aus dem Betriebsarchiv der EVAG zur Verfügung.

Trotz der intensiven und langwierigen Bemühungen um Vollständigkeit und Genauigkeit bleiben noch einzelne Punkte ungeklärt und fraglich. Für Hinweise, Ergänzungen und Anmerkungen unserer Leser wären wir dankbar, um die letzten Lücken schließen zu können.

Bei allen Freunden und Kollegen, die durch Beiträge und Durchsicht der Manuskripte mitgewirkt haben, bedanken wir uns herzlich. Ebenso danken wir allen, die uns Fotos aus ihren Sammlungen zur Verfügung gestellt haben oder uns ihre eigenen Fotos überlassen haben.

Essen, im Dezember 1992

Hans Ahlbrecht   Klaus Giesen

Teil 1: Einführung

1. Die Anfangszeit

Die Essener Straßenbahnen nahmen am 23. August 1893 mit einem Wagenpark von 12 Triebwagen ihren Betrieb auf. Sie führten ihn von Anfang an elektrisch durch; das Zeitalter der Pferde- und Dampfbahnen hatte man in Essen mit Erörterungen darüber verbracht, ob überhaupt eine Straßenbahn und wenn ja, in welcher Form, erforderlich sei. Auch bereitete die Kapitalbeschaffung bereits damals immer wieder Schwierigkeiten.

Schaut man sich die kleinen Triebwagen der Anfangszeit auf den uns zur Verfügung stehenden Zeichnungen und Fotos an, so wirken sie neben den uns heute vertrauten großräumigen Gelenktriebwagen und Stadtbahnwagen fast wie Spielzeug. Aber wie immer muß man auch hier die Gegebenheiten der damaligen Zeit berücksichtigen: Essen war eine enge, aber dicht bevölkerte Stadt, mit fast 100.000 Einwohnern, die sich auf dem Gebiet des heutigen Stadtkerns zusammendrängten, umgeben von selbständigen und auch selbstbewußten Ortswesen wie den „Bürgermeistereien" Rellinghausen, Rüttenscheid, Stoppenberg, Altenessen, Altendorf und Borbeck. Steele, Werden und Kettwig besaßen schon eigene Stadtrechte. Außerdem lag im Westen unmittelbar vor den Toren Essens die „Kruppstadt" mit ihren Werken, Büros und „Kolonien", wie die Arbeitersiedlungen bezeichnet wurden.

Die Erstausstattung der Essener Straßenbahnen mit elektrischen Anlagen und Fahrzeugen besorgte die Allgemeine Elektricitäts-Gesellschaft (AEG). Die von der Firma Herbrand gebauten Triebwagen unterschieden sich nicht von den seinerzeit üblichen Bauarten. Ein hölzerner Wagenkasten ruhte auf einem stählernen Untergestell. Die elektrische Ausrüstung, bestehend aus Stromabnehmer, Überstromschalter, Fahrschalter und Motoren wurde nach Fertigstellung des Wagens hinzugefügt und eingebaut.

So ist es auch zu erklären, daß die erste bildliche Darstellung des Triebwagens 1 der Essener Straßenbahn - eine Strichzeichnung - noch keine elektrische Ausrüstung zeigt und von vielen Betrachtern als Beiwagen angesehen wird.

Schon nach wenigen Jahren erhielt eine andere Elektrofirma, die Union Elektricitäts-Gesellschaft (UEG), einen großen Erweiterungsauftrag für die Essener Straßenbahn.

Neben einer Lieferung von 70 Triebwagen war hiermit auch die Änderung der Oberleitung für den gleichzeitigen Betrieb mit Rollen- und Bügelstromabnehmern verbunden. In der Lieferliste dieser Firma finden wir Essen in der Rubrik „Kleinbahnen" verzeichnet, worin sich die schon erwähnte Vielzahl der angeschlossen bzw. durchfahrenen Gemeinden widerspiegelt.

Die kolorierte Postkarte von 1895 zeigt den Triebwagen Nr. 1 auf dem Kopstadtplatz. Sie gibt einen Anhalt für die ursprüngliche Farbgebung der Essener Straßenbahnen. (Kunstverlag Michel/Sammlung Ahlbrecht)

Eröffnungsfahrt der Essener Straßenbahn am 23. August 1893. Der Triebwagen 6 befährt die Altenessener Straße in Richtung Bhf. Altenessen, noch durch weitgehend unbebautes Gebiet. (AEG)

2. Die Essener Straßenbahnen im Konzern der Süddeutschen Eisenbahn-Gesellschaft

Die Süddeutsche Eisenbahn-Gesellschaft (SEG) war ein Bahnkonzern besonderer Vielfalt. Sie übernahm 1895 die Essener Straßenbahnen, die 1893 vom Konsortium »Bank für Handel und Industrie - Herrmann Bachstein« ins Leben gerufen worden waren. Insgesamt umfaßte die SEG auf ihrem Höhepunkt um die Jahrhundertwende 21 Bahnen. Die meisten von ihnen waren Klein- und Nebenbahnen, einige waren Vorortbahnen; eine Bergbahn gehörte auch dazu. Straßenbahnen im engeren Sinne, also für den Stadtverkehr, waren nur zwei: Wiesbaden und Essen. Verschiedene Bahnen, die ebenfalls teilweise straßenbahnmäßig in Mainz, Darmstadt, Heidelberg und Karlsruhe in die jeweiligen Vororte führten, schieden schon kurz nach der Jahrhundertwende durch Verkauf oder Umgründung (z. B. Oberrheinische Eisenbahngesellschaft in Mannheim [OEG] und Hessische Eisenbahn-Aktiengesellschaft in Darmstadt [HEAG]) aus der SEG aus. An letzterer blieb die SEG allerdings noch jahrzehntelang als Aktionär beteiligt.

Die beiden Straßenbahnbetriebe der SEG in Wiesbaden und Essen hatten hinsichtlich ihres Wagenparks keine besonders engen Beziehungen. Es gab keine gemeinsamen Beschaffungen, keine einheitlichen Bauarten, kein einheitliches Nummernschema.

Als Ausnahme sind die 70 Triebwagen (531-600) zu nennen, die 1929 durch die SEG nach Essen versetzt wurden, da die Konzession der meisten Wiesbadener Straßenbahnlinien ablief und die Stadt Wiesbaden diese Linien auf Omnibusbetrieb umstellte. 1936 kamen noch einmal 8 Triebwagen (858^{II}-865^{II}) nach Essen. Außerdem waren bereits 1907/08 10 Beiwagen (261^{II}-270^{II}), die ursprünglich in Wiesbaden eingesetzt werden sollten, nach Essen geliefert worden.

Emblem der Süddeutschen Eisenbahn-Gesellschaft

3. Gemeinsamkeiten mit den Bochum-Gelsenkirchener Straßenbahnen

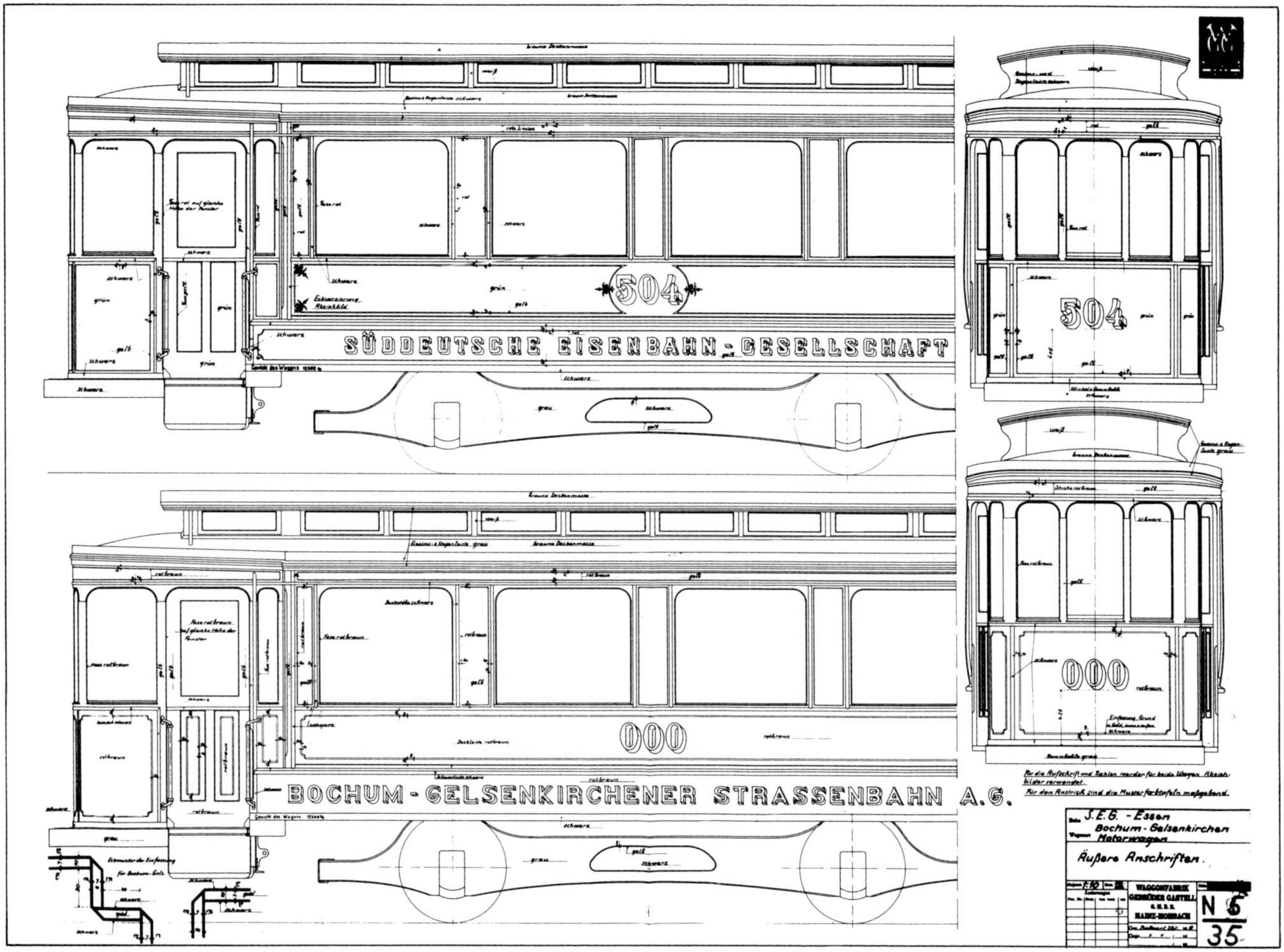

Farbgebung der Essener und Bochum-Gelsenkirchener Straßenbahnwagen; für Essen dargestellt an einem Wagen der Serie 819–832, der im Musterblatt der Firma Gastell aus dem Jahre 1919 in äußerst detaillierter Form dargestellt ist. (Die Nummer 504 hat es in dieser Serie nie gegeben.) (Archiv EVAG)

Von 1910 bis 1928 standen die Essener Straßenbahnen und die Bochum-Gelsenkirchener Straßenbahnen unter gemeinsamer Verwaltung. Dies war auf den Einfluß von Hugo Stinnes zurückzuführen, der u. a. über das Rheinisch-Westfälische Elektrizitätswerk und die Rheinisch-Westfälische Bahngesellschaft die Zusammenfassung von Energieerzeugung, Energieverteilung und Stadtverkehr in einer über das ganze Ruhrgebiet reichenden Verbundwirtschaft anstrebte. In der Folge beschafften die Bochum-Gelsenkirchener und die Essener Straßenbahnen mehrfach gemeinsam ihre Trieb- und Beiwagen, z. B. 1925 die Gastell-Beiwagen 470-489 (Essen) und 325-344 (Bochum).

4. Die Fahrzeugentwicklung ab 1910

Die Straßenbahnwagen behielten für mehrere Jahrzehnte ihre Bauformen als Zweiachser mit Endplattformen bei. Als Schutz des Fahrers vor den Witterungsunbilden erhielten die Plattformen zunächst einfache, mittig vorgebaute Schutzscheiben. Vollständig geschlossene Plattformen mit Schiebetüren wurden bei Neubeschaffungen ab 1921 eingeführt und bei älteren Wagen im Zuge von Plattformumbauten in den zwanziger Jahren nachgerüstet.

Mit neuen Bestellungen vergrößerten sich die Fahrzeuge mehrfach in Länge und Platzzahl, um die Beförderungsleistung zu erhöhen. Gleichzeitig stiegen auch die Motorleistung und die Zugkraft. Für die steigungsreichen Strecken (z. B. Steeler Berg) und den Betrieb mit zwei Beiwagen war dies unbedingt notwendig.

5. Die zwanziger Jahre

In den zwanziger Jahren begann – nach Überwindung der Kriegsfolgen und der Inflationszeit – eine Phase der Fahrzeugerneuerung, die auch zu ersten technischen Neuerungen führte. So ließ man zwei Serien (871-875, 901-920) mit neuartiger Grundrißgestaltung bauen. Sie hatten nicht mehr die übliche Anordnung von Plattformen und Innenraum, sondern stattdessen einen ebenen, ohne Stufen durchlaufenden Fußboden und einen Innenraum, der lediglich durch eine in Wagenmitte befindliche Tür in zwei Abteile unterteilt war. Der Fußboden war mit nur 740 mm bemerkenswert niedrig, man sprach gelegentlich sogar von „Niederflurwagen“. Die fünf Wagen der ersten Serie waren außerdem mit einem zusätzlichen Mitteleinstieg versehen. Man wollte mit diesem Versuch eine Art Fahrgastfluß einführen, um die Haltezeiten abzukürzen. Dieser neuartige Wagentyp war 1928 auch auf der ersten großen Straßenbahnausstellung im Essener Ausstellungsgelände zu sehen.

Zwei andere Triebwagen (801-802) erhielten anstelle der üblichen Tatzlagermotoren einen neuartigen Antrieb über Kardanwellen, wobei die Motoren im Untergestell aufgehängt waren und sich die Achsen im Gleisbogen radial einstellen sollten. Dieser Antrieb wurde nach dem Entwickler und der Baufirma „Albrecht-Krupp-Antrieb“ genannt, bewährte sich aber auf Dauer nicht.

Der Mitteleinstiegtriebwagen 874 in der Farbgebung der Auslieferung. (Till Bockx)

6. Die dreißiger Jahre

6.1 Der „Lange Essener“

Umso mehr bewährte sich die nächste Neuentwicklung: ein vierachsiger Großraumwagen in Leichtbauweise und mit Zugsteuerung. Zwei Prototypen (503-504) wurden 1933 gebaut und erprobt.

Bei der Konstruktion dieses Wagens hat man sich von den neuesten Erkenntnissen des Fahrzeugbaus leiten lassen und beispielsweise auch Prinzipien des Omnibusbaus ausgewertet. So steht auf verschiedenen Zeichnungen als Titel „Elektro-Schienenbus“. Man kehrte dann aber zu der Bezeichnung „Leichter Vierachser für Essen“ zurück und wurde dieser Bezeichnung bei einem Leergewicht von nur 11.600 kg auch vollkommen gerecht. Bezogen auf die Wagengrundfläche ergibt sich ein Gewicht von 506 kg/m^2, ein über lange Jahre nie wieder erreichter Bestwert bei Nahverkehrs-Schienenfahrzeugen.

Die beiden Triebwagen 503 und 504 – die „Langen Essener“ – im Zugverband. Diese neuartigen Großraumwagen legten bereits 1933 die Grundlagen für die weitere Entwicklung der Nachkriegszeit. Die Aufnahme entstand ca. 1933 in der Norbertstraße. (Archiv EVAG)

Fahrerplatz im „Langen Essener". Durch die platzsparende Anordnung des Steuerfahrschalters und der übrigen Bedieneinrichtungen konnte der Fahrer erstmals einen Sitz erhalten. (Archiv EVAG)

Will man die ingenieurmäßige Leistung richtig einordnen, die dieser Triebwagen verkörperte, so muß man sich vergegenwärtigen, daß zu jener Zeit bei den deutschen Straßenbahnen der Zweiachser vorherrschte. Lediglich in Hamburg und Dresden (Hechtwagen) begannen etwa gleichzeitig Entwicklungsarbeiten mit vierachsigen Triebwagen.

Mit diesen Entwicklungen sind einige heute noch bekannte Namen verbunden: in Dresden Professor Bockemühl, in Hannover Dr. Kremer (der allerdings zu jener Zeit noch am Zweiachser festhielt) und in Essen Dipl.-Ing. Prasse.

Eine Reihe technischer Details stellt den „Langen Essener“ in die seinerzeit weltweit aktuellen Entwicklungslinien voll ebenbürtig hinein, die insbesondere im amerikanischen „PCC-Wagen“ im Jahre 1936 ein aufsehenerregendes Ergebnis zeigten.

Zu den Pionierleistungen des „Langen Esseners“ zählen insbesondere die gummigefederten Räder, die die Schienenstöße dämpften und das Fahren erheblich ruhiger machten. Die gummigefederten Räder sind seitdem als „Stand der Technik“ anzusehen und aus keinem modernen Straßenbahn- und Stadtbahnwagen mehr wegzudenken.

Auch der Antrieb und das Drehgestell stellten eine Pionierleistung dar. In völlig neuartiger Weise war der Fahrmotor längsliegend angeordnet und trieb über Winkelgetriebe die beiden Achsen an. Nach einem Patent der Waggonfabrik Uerdingen fertigte die Firma BBC die Motoren und Drehgestelle, wobei eine weitere Besonderheit darin bestand, daß der Motor gleichzeitig als Drehgestellrahmen fungierte. Die Arme mit den Achslagern und der Drehzapfen waren unmittelbare Bestandteile des Motorgehäuses. Durch seine Vorteile – die gekuppelten Achsen neigten weniger zum Schleudern, es war nur ein Motor mit nur einem Kommutator zu pflegen und zu warten, die Motordrehzahl konnte gesteigert und dadurch der Motor kleiner ausgeführt werden – sicherte sich dieses Antriebsprinzip in den Jahren nach dem Zweiten Weltkrieg eine internationale Verbreitung. Alle unsere modernen Drehgestell-Triebwagen und Gelenkwagen weisen bis heute diesen Antrieb auf, der unter dem Bauartnamen „Tandem-Antrieb“ auf eine sechzigjährige Bewährung zurückblicken kann.

Eine weitere neuartige Lösung wurde für die Steuerung der Fahrmotoren gefunden. Im Gegensatz zu den bisher üblichen grobstufigen Fahrschaltern, welche starke Rucke beim Anfahren und Bremsen aufwiesen, erhielten die neuen Vierachser der Essener Straßenbahnen zunächst eine vielstufige Steuerung mit 25 Anfahr- und 18 Bremsstufen, die das Anfahren und Bremsen weich und ruckfrei machten. Die Betätigung erfolgte von einem kleinen Steuerschalter am Fahrerplatz zum zentral angeordneten Unterflurschaltwerk. Hierunter ist ein kompaktes Gerät zu verstehen, bei dem alle Schaltelemente mit dem Widerstandsblock und einem Lüfter in einem Gehäuse vereinigt waren. Die üblichen Dachwiderstände fielen fort, die Verkabelung verringerte sich dadurch erheblich. Die Wärme, die im Widerstandsblock entstand, diente zur Wagenheizung mit Warmluft.

Später wurde hieraus der „Feinstufer“ entwickelt, der rund 200 Kontakte auf einer Kontaktbahn aufwies und somit einen vollkommen gleichmäßigen Anfahr- und Bremsvorgang ermöglichte. In der Lieferliste der Firma BBC für diesen neuartigen Feinstufer erscheint Essen nach Leipzig und Erfurt an dritter Stelle, aber dafür als erster Kunde mit einem Vierachser. Diese Feinstufer waren noch für reine Parallelschaltung ausgeführt.

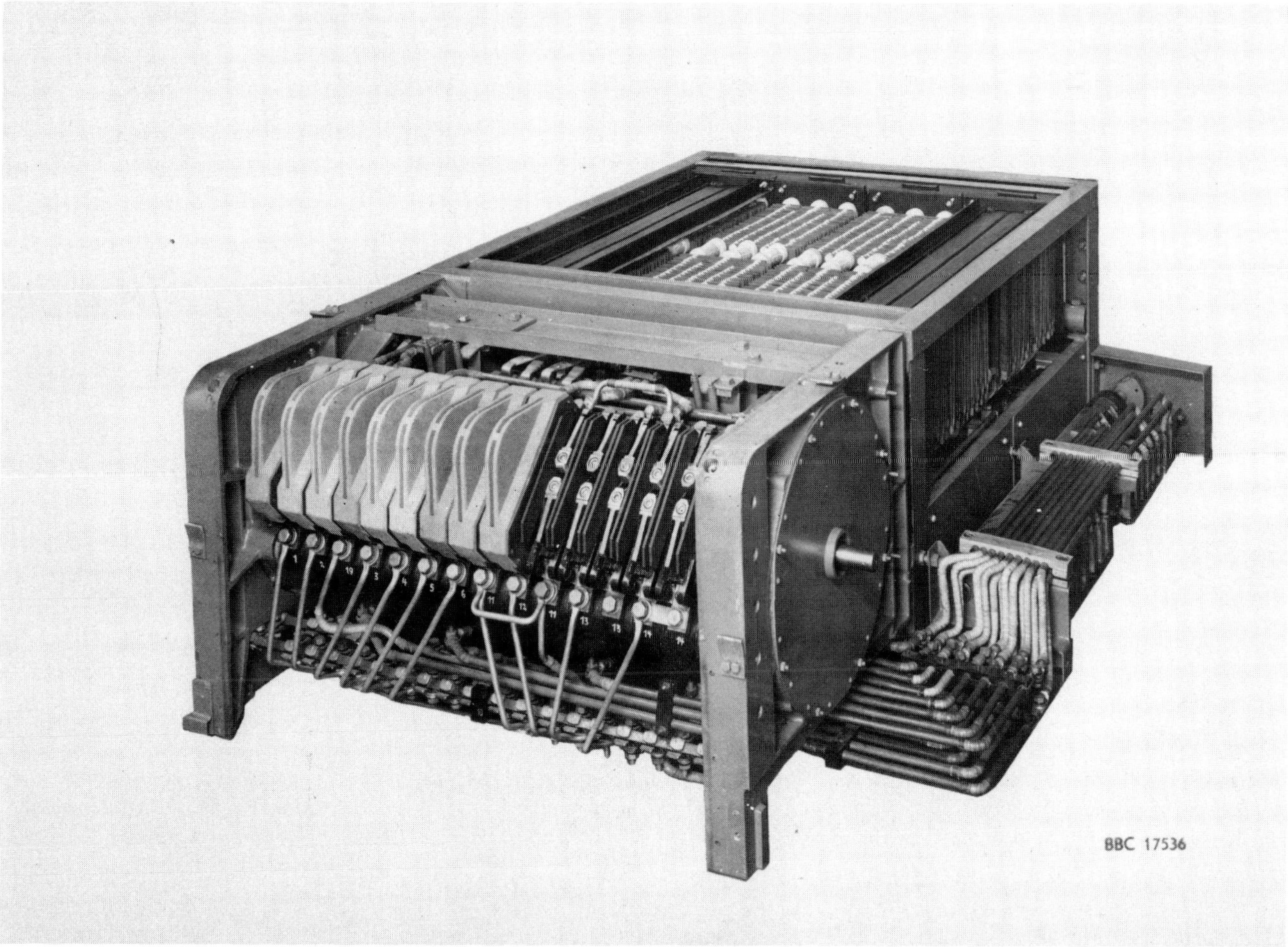

Als Fahrschalter diente im „Langen Essener" ein „Feinstufer", der ein völlig ruckfreies Anfahren und Bremsen ermöglichte. Das Gerät war in Kompaktbauweise mit allen Schaltelementen und Widerständen unter dem Wagenboden aufgehängt. Der abgebildete Feinstufer entspricht der späteren Ausführung von 1951 für den Triebwagen 513. Insgesamt rüstete die SEG und EVAG 60 Triebwagen mit Feinstufern aus (BBC).

Triebdrehgestell des „Langen Esseners“ mit dem hier erstmals ausgeführten Zweiachs-Längsantrieb. Hier bildete das Motorgehäuse gleichzeitig den Drehstellrahmen. Auch der Drehzapfen ist auf dem Motorgehäuse angebracht. Neuartig war auch die Innenlagerung der Achsen, die Gummifederung der Räder und die Trommelbremse. Eine Schienenbremse gab es noch nicht. (BBC)

Der bereits erwähnte amerikanische PCC-Wagen wies übrigens eine vergleichbare Steuerung auf, die sich vom Feinstufer dadurch unterscheidet, daß die Kontaktbahn nicht gradlinig, sondern kreisförmig ausgeführt ist; das Gerät trägt den Namen „Accelerator“ = Beschleuniger und wurde bis vor wenigen Monaten noch in einer großen tschechischen Waggon- und Elektrofirma in Lizenz weitergebaut.

Hieraus erkennt man, daß die Neuerungen der Essener Straßenbahnen im internationalen Vergleich gut mithalten konnten.

6.2 Großraumwagen

Die Probefahrten mit den beiden „langen Essenern" zeigten, daß sie für das bestehende Gleisnetz doch etwas zu lang ausgefallen waren. Die Gleisabstände waren in den Kurven für derartige Fahrzeuge zu gering, so daß die Serienausführung (ab 1938) verkürzt wurde, der Drehzapfenabstand betrug statt 6,00 m nur noch 5,20 m.

Zweiwagenzug mit Großraumwagen 516 und 517 aus der Serie 511–530 im Betriebshof Grillostraße. (Archiv EVAG)

50 Wagen wurden bestellt. Allerdings verzögerte sich der Bau der Serie bei der Düsseldorfer Waggonfabrik, die damit erstmals als Lieferant für Essen tätig wurde, in die Zeit der Kriegsvorbereitungen hinein, und es wurden nur 20 Wagen (511-530) ausgeliefert. Sie wurden in Essen mit Begeisterung aufgenommen, da sie im Vergleich mit den gewohnten Alt- und Uraltstraßenbahnen durch ihre Geräumigkeit, ihren Komfort, ihre Laufruhe und ihre ruckfreie Anfahrt bestachen. Man nannte sie wegen des ungeteilten Fahrgastraumes „Großraumwagen". Sie besaßen in technischer Hinsicht die Merkmale der „Langen Essener" hinsichtlich der Drehgestelle, der gummigefederten Räder, der Antriebe und der Fahrschalter (2 Wagen BBC-Feinstufer für Serien-Parallelschaltung, 18 Wagen AEG-Vielstufenfahrschalter).

Wie beim „Langen Essener" zeigt auch die anschließend gelieferte Serie der Großraumwagen 511–530 einen sehr großzügigen Innenraum mit ledergepolsterten Sitzen, Fenstertischen und Vorhängen. (Archiv EVAG)

6.3 Zweiwagenzugsteuerung

Die Zweiwagenzug-(Z-Z-)Steuerung hatte bereits eine Anwendung bei alten Zweiachsern gefunden, beispielsweise bei den ehemaligen Wiesbadener Wagen (531-600), Baujahr 1900, die auf diese Weise den Essener Fahrplänen und Streckenverhältnissen noch einigermaßen gewachsen waren. Diese Wagen verkehrten als fest gekuppelte Zwillingszüge.

Zweiwagenzugsteuerung

System Montos

Ausführung: **Ingenieur-Büro Peres**

Fernruf 230 31/32 **Essen** Schinkelstraße 38

Zweiwagen-Zugsteuerung System Montos, Ingenieurbüro Peres, Essen; in »Verkehrstechnik« 1941

Für einen Probebetrieb rüstete die SEG bereits 1933 ihre Triebwagen 691 und 692 mit Z-Z-Steuerung und Albert-Kupplung aus, so daß diese Wagen im Gegensatz zu den Wiesbadener Wagen mit Z-Z-Steuerung auch problemlos wieder getrennt werden konnten. Der „Lange Essener" erhielt eine Vielfachsteuerung System BBC, der „Montos"-Wagen eine Vielfachsteuerung System „Montos". Beide Ausführungen blieben jedoch auf diese Versuchswagen beschränkt.

1938 folgten dann weitere 26 Triebwagen für die Straßenbahnlinie 6/66 (Essen-West - Kronprinzenstraße - Wasserturm bzw. Hauptbahnhof), jetzt aber mit Scharfenberg-Kupplung. Bei dieser Doppellinie wurden die Wagen an der Haltestelle Kronprinzenstraße getrennt bzw. gekuppelt. Die hier verwendete Z-Z-Steuerung wurde auf vorhandene Fahrschalter nachträglich aufgesetzt und ist in eigener Werkstatt entwickelt worden.

In den fünfziger Jahren griff man dann die Z-Z-Steuerung wieder auf und rüstete 1958 erneut 14 Wagen hiermit aus. Hierbei stammte die Elektrik aus zuvor verschrotteten Wiesbadener Zwillingszügen.

In Weiterentwicklung der bekannten

Zweiwagen-Zugsteuerung

bauen wir

Indirekte-Triebwagen-Steuerungen

insbesondere elektrische

Steuerung von Unterflurschaltwerken

Handelsgesellschaft Westfalen

Dürr, Wagner & Co., Kom.-Ges.

Herkulesstr. 52-54 **ESSEN** Fernruf 21171

Zweiwagen-Zugsteuerungen und indirekte Triebwagen-Steuerungen, Handelsgesellschaft Westfalen, Essen; in »Schiene und Straße« 1951

6.4 Der „Montos"-Wagen als erster echter Niederflurwagen in Europa

Zahlreiche Anregungen zu den Entwicklungsarbeiten an einem echten Niederflurwagen gingen vom tschechischen Ingenieur Montrose-Oster aus, der als technischer Berater der SEG wirkte und zahlreiche Patente auf dem Bahngebiet besaß. Ihm verdanken wir die bahnbrechende Entwicklung eines völlig neuartigen Straßenbahnwagens, der anstelle der gewohnten Achsen einzeln aufgehängte Räder besaß, die sich in den Kurven selbsttätig in die richtige Stellung schwenkten und einzeln von je einem Fahrmotor angetrieben waren. Der Verzicht auf Achsen und Drehgestelle ermöglichte es, den Fußboden des gesamten Wagens nur noch 380 mm über der Fahrbahn anzuordnen. Räder und Motoren ragten natürlich durch den Fußboden, wurden aber von Sitzkästen verdeckt. Es handelte sich also um einen echten „Tiefflurwagen"; der Einstieg wies keinerlei Trittstufen auf, man betrat den Wagen durch eine mittig angeordnete, breite Doppelschiebetür.

Dieser Wagen ist unter der Bezeichnung „Montos"-Wagen in die Technikgeschichte eingegangen. Seinem Bau gingen Vorversuche mit Erprobungslaufwerken verschiedener Ausführung voraus. Sie waren von der Firma Orenstein & Koppel nach den Angaben von Montrose-Oster gefertigt. Im Jahre 1932 baute man aus Teilen eines alten Personenfahrzeugs (Tw 616) ein Versuchsfahrzeug mit der Nummer 1250, das äußerlich einem Arbeitswagen ähnelte. Es diente dem Nachweis der Entgleisungssicherheit und der Betriebstauglichkeit.

1934 wurde von Orenstein & Koppel in Berlin ein neuer, sehr elegant wirkender Wagenkasten mit Mitteleinstieg gebaut und das Fahrzeug mit der Nummer 505 versehen. Später folgte ein zweites Fahrgestell sowie ein Aufbau für einen Beiwagen mit der Nummer 506.

Allerdings waren die Antriebs- und Adhäsionsverhältnisse des Triebwagens für den Beiwagenbetrieb nicht ausreichend, so daß der Triebwagen stets allein fuhr. Es fanden zahlreiche Vorführungsfahrten statt.

Die bemerkenswerteste Fahrt führte den Montos-Wagen (und noch drei weitere Essener Triebwagen) zur „Wagenschau 1938" in Düsseldorf-Benrath, und zwar auf eigener Achse über die meterspurigen Strecken des niederbergischen Netzes: Steele - Kupferdreh - Nierenhof - Langenberg - Neviges - Wuppertal-Elberfeld - Cronenberg - Remscheid - Burg - Solingen - Wuppertal-Vohwinkel - Haan - Hilden; in fünfstündiger Fahrt wurde das Ziel erreicht.

Ansonsten verhinderte der Zweite Weltkrieg die Weiterführung der Versuche, für die noch eine neue Ausführung der Lenklaufwerke bereitlag, und das Kriegsende sah beide Wagen in Trümmern. Lange Jahre lagerten noch zahlreiche Bauteile im Betriebshof Bredeney. An eine Wiederaufnahme der Entwicklungen dachte man nach dem Krieg immer wieder. Zunächst standen jedoch die dringenden Wiederaufbauarbeiten im Vordergrund, später setzte sich der vierachsige Drehgestellwagen durch. Daher gab man die Einzelrad-Lenklaufwerke endgültig auf und verschrottete die Reste der Wagen 505 und 506 sowie die noch nicht in die Erprobung gekommene dritte Ausführung der Lenklaufwerke Ende 1957.

Erste Versuche zum Niederflur-Straßenbahnwagen: zwischen zwei Fahrgestelle wird ein Niederflurabteil eingehängt. Betriebshof Grillostraße 1931. (Archiv EVAG)

Als Erprobungsträger für die neuartigen Einzelrad-Lenklaufwerke wurde eine Plattform gebaut, auf die ein alter Triebwagenkasten aufgesetzt wurde. Radreifen dienen als Zuladung bei den Schleppversuchen. Betriebshof Grillostraße 1932. (Archiv EVAG)

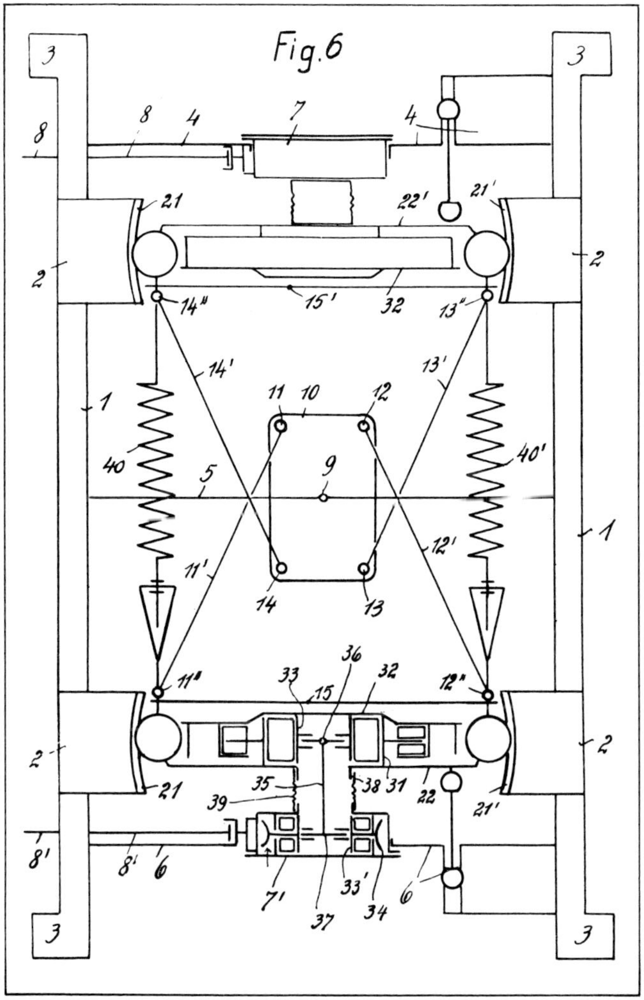

Auszug aus der Patentschrift »Lenkräder mit Kurbelscheibensteuerung« vom 20. Februar 1930 mit der prinzipiellen Anordnung der selbstlenkenden Einzelräder und des Kardanantriebs.

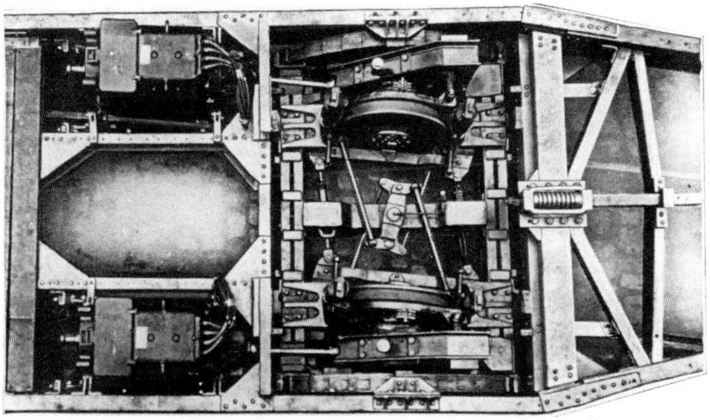

Bodengruppe des „Tiefflurwagens" Nr. 505 mit den Einzelrad-Lenklaufwerken, in leichter Bogenstellung; links sind die Fahrmotoren zu sehen; jeder Motor treibt über eine Kardanwelle ein Rad an. (Archiv EVAG)

Endgültige Bauform des Einzelrad-Lenklaufwerks nach System „Montos". (Archiv EVAG)

Mit Wagenköpfen und Dach von alten Straßenbahnwagen entstand auf der Bodengruppe der Versuchswagen Nr. 1250. Die Probefahrten begannen 1932. (Archiv EVAG)

Der fertiggestellte Tiefflurwagen „Montos" Nr. 505 im Betriebshof Grillostraße 1934. (Archiv EVAG)

Fahrerplatz des „Montos"-Wagens mit Pedalsteuerung für Fahren und Bremsen. Mit dem Handrad wurde die Beschleunigung bzw. Verzögerung eingestellt. Am nichtbenutzten Wagenende ließ sich der Fahrsitz einklappen, und eine Fahrgastsitzbank wurde ausgeklappt. (Archiv EVAG)

7. Der Wiederaufbau

Zunächst mußten die zahlreichen, durch Bomben und Brandeinwirkungen zerstörten Wagen wiederaufgebaut werden. Dies geschah sowohl bei der Industrie als auch in der eigenen Werkstatt (Kruppstraße) und ergab die sogenannten „Aufbauwagen“ (876-888).

Bei ihnen fanden alte, noch verwendbare Untergestelle und Motoren Verwendung, die von kriegszerstörten Wagen übriggeblieben waren. Außerdem fanden auch einige Vertreter des sogenannten „Kriegsstraßenbahnwagens“ (KSW) den Weg nach Essen. Es handelte sich hierbei um eine Serie von Beiwagen (351-366). Allerdings wurden auch sie erst nach Kriegsende hergestellt. Sein Vorläufer, der sogenannte „Einheitsstraßenbahnwagen“, gelangte ohnehin wegen der Kriegsereignisse nicht mehr über das Projektierungsstadium hinaus.

Die während des Krieges im Rahmen des „Reichsleistungsgesetzes“ aus Erfurt, Hagen, Krefeld, Stuttgart, Belgien und Holland nach Essen geholten Fahrzeuge mußten nach dem Kriege wieder zurückgegeben werden, soweit sie nicht im Krieg zerstört worden waren.

Die Probleme jener Jahre, Materialknappheit, Kohlenmangel und Unterernährung, kann man sich heute kaum noch vorstellen. Sie führten dazu, daß erst ab 1950 an neue Konstruktionen und Entwicklungen zu denken war.

Hierzu zählt auch der sogenannte „Verbandstyp“, ein Zweiachser, der im Wagenkasten dem „Aufbauwagen“ weitgehend entsprach, jedoch auf neuen Untergestellen hergestellt wurde. Auch dieser Typ war in Essen nur durch eine Beiwagenserie (341-350) vertreten. Die beginnende Entwicklung der vierachsigen Großraumwagen setzte ohnehin dem Zweiachser alsbald ein Ende.

Triebwagen 814 während des Wiederaufbaus in der Hauptwerkstatt Grillostraße. Das hölzerne Gerippe des Wagenkastens entspricht noch der Vorkriegsbauweise. (Archiv EVAG)

Aufbauwagen 818 mit einem Leichtbau-Beiwagen im Jahre 1959 in Bredeney. (Riefenstahl)

8. Neubauwagen der fünfziger Jahre

8.1 Neue Vierachser mit Fahrgastfluß

Auf der Verkehrsausstellung »Schiene und Straße« des Jahres 1951 in Essen stand der erste Wagen der Nachkriegsbauart für Essen, ein vierachsiger Großraumwagen (513), mit Fahrgastfluß am sitzenden Schaffner vorbei, mit Falttüren, mit blendfreier, geneigter Stirnscheibe, mit Feinstufer, auf Drehgestellen von im Krieg zerstörten Vorkriegsgroßraumwagen. Er war gleichzeitig der erste seiner Art für Meterspur.

Auf der Verkehrsausstellung »Schiene und Straße« 1951 im Essener Messegelände war der Triebwagen 513 als erster DÜWAG-Nachkriegs-Großraumwagen für Meterspur ausgestellt. (BBC)

Sieben Wagen wurden zunächst bestellt (513-519); sie bekamen in Essen die Bezeichnung „Flußwagen“, die vom Fahrgastfluß herrührte. Bemerkenswert ist, daß sie als Einrichtungswagen ausgeführt waren, um die Ausrüstung zu vereinfachen und zu verbilligen und um mehr Sitzplätze unterzubringen. Ihr Einsatz war daher nur auf Linien mit Wendeschleifen bzw. -dreiecken möglich.

Eine Großserie von 40 Wagen (520-559) schloß sich an.

Während anfangs zwei Motoren zu je 72,5 kW Stundenleistung eingebaut wurden, ging man später auf 2 x 100 kW über, um nicht nur zweiachsige, sondern auch vierachsige Beiwagen mitführen zu können. Die Beiwagen waren überwiegend als Zweirichtungswagen ausgeführt. Sehr häufig hängte man sie unterwegs an Zwischenendpunkten oder an der Stadtgrenze (z. B. Trabrennbahn) ab, und der Gegenkurs nahm sie wieder in Richtung Innenstadt mit zurück.

Als Abschluß der Vierachserlieferungen trafen 1956 nochmals drei Triebwagen ein (560-562), die eigentlich als Prototypen einer weiteren Serie gedacht waren. Sie hatten große Seitenfenster und einen weiterentwickelten Feinstufer. Dennoch kam es nicht mehr zur Serienbeschaffung, da inzwischen der Gelenkwagen seinen Siegeszug angetreten hatte.

Innenraum des Großraumwagens 513, vom Schaffnerplatz nach vorn gesehen. (Archiv EVAG)

Am 22. November 1956 wird mit dem Wagen 562 der letzte Großraumwagen in Essen angeliefert. Die Übergabe erfolgte am Güterbahnhof Essen-Rüttenscheid, wo sich ein Anschlußgleis an die Grugastrecke befand. (Archiv EVAG)

Drehgestell eines vierachsigen Triebwagens der Serie 520–559 mit Außenlagerung der Achsen, längsliegendem Motor mit angeflanschten Achsgetrieben und Scheibenbremse. (Archiv EVAG)

8.2 Gelenktriebwagen

Für die Entwicklung von Gelenktriebwagen war der bessere Personalwirkungsgrad maßgebend, dem im Zeichen der Personalknappheit und der steigenden Personalkosten eine immer stärkere Bedeutung zukam.

Von 1958 bis 1966 wurden insgesamt 85 Gelenktriebwagen (601-660, 1661-1663, 1671-1676, 1721-1730 und 1801-1806) beschafft, davon 10 für Zweirichtungsbetrieb (1721-1730). Sie entsprachen in ihrer Ausführung und Ausrüstung zahlreichen Lieferungen für Straßenbahnen der näheren und weiteren Umgebung. Diese Standardbauart der Düsseldorfer Waggonfabrik diente anderen Waggonfabriken als Vorbild, so erhielt Essen - seit 1954 nicht mehr als „SEG“ sondern als „EVAG“ firmierend - auch zwei Sechsachser (619-620) der DWM Berlin, mit Drehgestellen in Sonderbauart; die Getriebe besaßen ein Differential, das sich in Kurven selbsttätig sperren sollte. Aus der Tatsache, daß es bei diesen zwei Wagen blieb, läßt sich wohl die „Bewährung“ des Antriebs ablesen.

Sechs der Gelenktriebwagen (1801-1806) erhielten bereits vom Ursprung her ein zusätzliches Laufgestell und ein Mittelteil, so daß sich ein dreiteiliger, achtachsiger Gelenkwagen ergab, der stets ohne Beiwagen verkehrte.

Später wurden in zwei Lieferungen nochmals 6 (1815-1820) bzw. 10 (1821-1830) Sechsachser durch nachträglichen Einbau von Mittelteilen zu Achtachsern erweitert.

Die Achtachser setzten mit ihrem großen Platzangebot (63 Sitzplätze) und dem Gewicht von 26 t bei 26 m Länge einen Maßstab des Leichtbaus, der lange Zeit unerreicht blieb.

Als letzte Umbauphase folgte ab 1990 der Einbau von Türen auf der linken Seite in 14 Wagen der Serie 1815-1830 (= 1851 - 1864), um sie auch auf Strecken mit Mittelbahnsteigen einsetzen zu können. Zur Abrundung dieser Serie wird ein sechsachsiger Gelenktriebwagen aus der Serie 1601 ff ebenfalls die linksseitigen Türen sowie ein Mittelteil erhalten und in die Nummernserie 1851 ff eingereiht.

In die Zweirichtungs-Gelenktriebwagen der Reihe 1721-1730 werden ab 1992 ebenfalls Mittelteile aus achtachsigen Einrichtungs-Gelenktriebwagen eingebaut, um ihre Kapazität zu vergrößern. Sie erhalten die neuen Betriebsnummern 1751-1760.

Auf der Linie 2 von Bredeney nach Altenessen fuhren schon immer die modernsten Straßenbahnwagen. Am 15. Januar 1959 steht am Hauptbahnhof der Triebwagen 608 mit dem Leichtbau-Beiwagen 367 vollbesetzt in Richtung Rüttenscheid. (Ahlbrecht)

Der Zweirichtungs-Gelenktriebwagen 1725 kurz vor der Fertigstellung des Umbaus zum Achtachser 1755 in der Hauptwerkstatt. (Ahlbrecht)

8.3 Umbaugelenkwagen

Zwischenzeitlich hatten viele Verkehrsbetriebe zweiachsige Altwagen zu Gelenkwagen verschiedenster Bauarten umgebaut. Auch in Essen wurden alle vorhandenen Altwagen (Zweiachser) auf ihre Umbaumöglichkeit und Umbauwürdigkeit hin untersucht. Dies geschah, um gegenüber einer Neubeschaffung von Gelenkwagen Kosten zu sparen. Glücklicherweise, so muß man heute sagen, kam es nur zu einer kleinen Serie von 12 Wagen (701-712), wobei lediglich alte Fahrgestelle verwendet wurden, der Aufbau aber gänzlich neu erstellt wurde. Die Fahrzeuge waren dreiteilig, mit schwebendem Mittelteil. Durch die viermotorige Ausrüstung durchaus temperamentvoll im Anzugsvermögen, waren ihre Fahrqualitäten ansonsten recht unruhig.

Sie erhielten verschiedene Spitznamen, wie „Schüttelrutschen" - dem Bergbau entnommen -, oder „Schwangerschafts-Unterbrechungswagen", was für sich selbst spricht.

Die vierachsigen Gelenktriebwagen mit schwebendem Mittelteil der Serie 701-712 gelangten zunächst auf der Linie 12 (Haarzopf - Kray) zum Einsatz. Im Jahre 1960 wartet der Triebwagen 706 an der Endstelle Fängershof auf die Abfahrt nach Kray. (Boehm)

9. Umstellung auf Einmannbetrieb

Inzwischen hatte die Entwicklung zum Einmannbetrieb eingesetzt, um die bereits erwähnten Probleme der Personalknappheit zu lösen. Der „eiserne Schaffner", wie der Volksmund die Fahrausweisentwerter nannte, löste den Schaffner nach und nach vollständig ab.

Der Fahrgast nahm das Ganze mehr oder weniger erfreut als „Selbstbedienung" hin. Als letzte Wagen mit Schaffnern verkehrten bis 1977 die Umbaugelenkwagen 1701-1712 auf der Verstärkungslinie 22 (Erbach - Altenessen).

Die erste Linie mit Einmannbetrieb hatte es bereits in den fünfziger Jahren auf dem Abschnitt Karnap - Horst-Süd (Linie 14) gegeben, wo auf dem Pendelwagen dieser kurzen Linie der Fahrer auch Fahrscheine verkaufte.

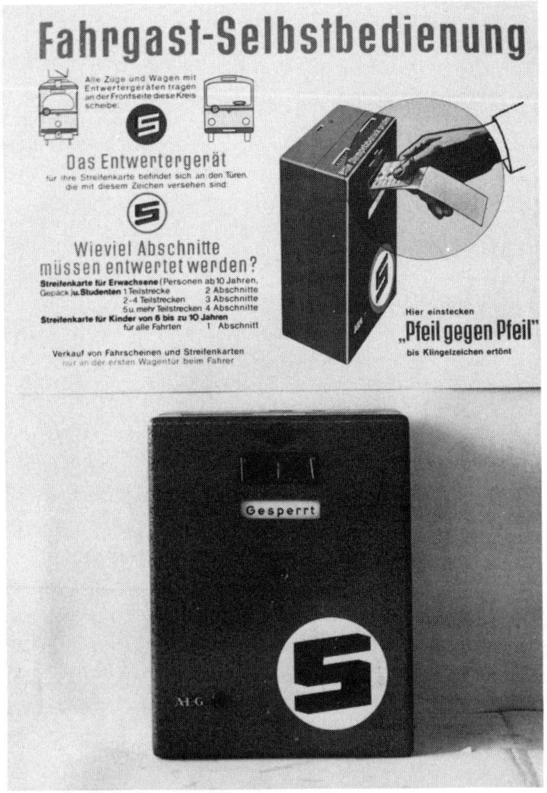

In den sechziger Jahren zwangen Personalmangel und Kostensteigerungen zu einer durchgreifenden Rationalisierung. Der Schaffnerbetrieb wurde nach und nach aufgegeben. Die Fahrzeuge wurden mit Entwertern ausgerüstet und für Einmannbetrieb umgebaut. Die Züge erhielten eine entsprechende Kennzeichnung mit „S" für „Selbstbedienung". (Archiv EVAG)

10. Rationalisierungsmaßnahmen

In technischer Hinsicht geschah in den sechziger Jahren nichts Wesentliches; man war mit der Umstellung auf Einmannbetrieb vollauf beschäftigt, wobei die Ausmusterung der Altwagen im Zuge der Anpassung an das zurückgehende Verkehrsvolumen und die Zusammenlegung der Betriebshöfe und Werkstätten im Zuge der innerbetrieblichen Rationalisierung im Vordergrund standen. Außerdem gebot die beginnende U-Straßenbahn-Planung ein Abwarten im Hinblick auf die künftigen Anforderungen eines U-Bahn-Betriebes an die Fahrzeugtechnik.

Erst Mitte der siebziger Jahre klärte sich die Situation so weit ab, daß sich neben den auf einigen Strecken einzusetzenden U-Bahn-Wagen für geraume Zeit noch Straßenbahnwagen für die übrigen Straßenbahnlinien als erforderlich erwiesen.

Die fünfziger Jahre waren durch die Einführung des festen Schaffnerplatzes gekennzeichnet. Die Fahrzeuge waren Einrichtungsfahrzeuge mit Fahrgastfluß von hinten nach vorn, daher auch die Bezeichnung „Flußwagen". (Archiv EVAG)

KIEPE

U-Strab
ab morgen?
ab übermorgen?

Wenn auch der Zeitpunkt noch ungewiß ist:
Die U-Straßenbahn kommt!

Sie ist das aktuelle Thema der Verkehrsfachleute, die in ihrer Planung heute voraussehen müssen, was morgen an Aufgaben auf sie zukommt. Unsere Ingenieure beschäftigen sich ebenfalls mit dem Problem der U-Straßenbahn: Wie soll heute die Steuerung aussehen, die in 20 Jahren noch den Anforderungen gerecht wird?

Auch für die Zukunft bekommen Sie bei uns die elektrische Ausrüstung „nach Maß".

KIEPE · DÜSSELDORF-REISHOLZ

Elektrische Ausrüstungen für U-Straßenbahnen, Kiepe-Elektrik, Düsseldorf; in »Der Stadtverkehr« 1962

Der Gelenktriebwagen 1615 erhielt probeweise die Farbgebung für den M-Wagen; er wurde am „Tag der offenen Tür" 1975 erstmals vorgeführt. Dieser Wagen – hier in der Schleife „Alte Landstraße" aufgenommen – diente auch als Erprobungsfahrzeug für die neuartigen, ausfahrbaren Trittstufen, den motorbetriebenen Stromabnehmer, die Halogenscheinwerfer, die Armaturentafel und die Sitzpolsterung. (Stolorz)

11. Stadtbahnwagen M

Daher beteiligte sich die EVAG maßgeblich an gemeinsamen Fahrzeugplanungen der Betriebe des mittleren Ruhrgebiets, aus denen, nach einem vergeblichen Anlauf, schließlich der sogenannte „Stadtbahnwagen M" hervorging.

Er wurde ab 1975 für eine ständig zunehmende Zahl von Verkehrsbetrieben gebaut, ab 1978 auch für Normalspur, so daß die Bezeichnung Stadtbahnwagen „M/N" sinnvoll wurde. Inzwischen sind die Lieferungen bzw. Bestellungen auf fast 340 angestiegen, hieran ist Essen mit 76 Fahrzeugen beteiligt (1001-1021, 1101-1114, 1116-1134, 1171-1176, 1200, 1401-1415).

Während der Entwicklung des Stadtbahnwagens M baute die Hauptwerkstatt Grillostraße ein Holzmodell des Wagenkopfes. An diesem Modell wurden viele Details getestet: die Einstiege, der Fahrerraum, die Sitzabteile. Das Modell wurde auf der Verkehrsausstellung »Schiene und Straße« 1975 im Essener Messegelände auf dem Stand der DÜWAG gezeigt. (Ahlbrecht)

Entsprechend den Einsatzbedingungen der Tunnelstrecken sind dies ausnahmslos Zweirichtungswagen. Die Antriebsanlagen wurden zunächst mit der elektronisch geregelten Schützensteuerung, später mit der Leistungselektronik des „Gleichstromstellers" (auch als „Chopper" bezeichnet) ausgeführt; ein Probewagen erhielt Drehstrommotoren (1200). Bei der neuesten Serie von 15 Wagen (1401-1415) sind alle inzwischen erreichten Fortschritte der Informationsübertragung, der Halbleitertechnik und der Mikroelektronik ausgenutzt wurden, so daß eine kompakte technische Ausrüstung entstand, die bei gleichzeitig noch erhöhtem Fahrgastkomfort eine Gewichtseinsparung von rund 3 t ermöglichte. Auch eine entsprechende Einsparung bei den Stromkosten ist damit erreichbar.

Von besonderer Bedeutung bei den M-Wagen ist ferner der verbesserte Einstieg. Mit Hilfe einer beweglichen Trittstufe konnte ein vierstufiger Einstieg geschaffen werden, dessen einzelne Stufen gegenüber anderen Straßen- und Stadtbahnwagen eine erheblich geringere Höhe haben. Dieser seinerzeit neuartige Einstieg wirkte bahnbrechend und fand in zahlreichen anderen Straßenbahnwagen ebenfalls Anwendung.

Mittels Klapptrittstufen ist bei einem Teil der Fahrzeuge (1151 ... 1180) sogar die Bedienung der U-Bahn-Hochbahnsteige auf der Südstrecke (Saalbau – Florastraße) möglich.

Stadtbahnwagen 1009 in der Innenstadtschleife von Steele. Aufgenommen im Jahre 1978. (Sammlung Giesen)

Blick in den Fahrerraum des M-Wagens. Der gemeinsam mit mehreren benachbarten Verkehrsbetrieben entwickelte Stadtbahnwagen M bzw. N ist seit mehr als 15 Jahren als Beispiel für ein standardisiertes und vielseitig einsetzbares Fahrzeugsystem anerkannt. (ABB)

Im Stadtbahnwagen M läßt die Wagenbreite von 2,30 m nur drei Sitze in der Anordnung 2 + 1 zu, jedoch ist der Gang recht großzügig bemessen. Die anfangs eingebauten Kunstlederpolsterungen werden nach und nach durch Stoffbezüge ersetzt. Neuerdings werden auch vandalismusfeste Bauarten der Sitze erprobt. (Compin Benelux)

Den Übergang von der konventionellen Steuerungstechnik zur Leistungselektronik veranschaulichen ein Gleichstromschütz für 750 V, 400 A (links) und ein Thyristor-Baustein für 1400 V, 625 A (rechts). Im Stadtbahnwagen M8S mit Schützensteuerung sind 42 Gleichstromschütze für die Hauptstromkreise eingebaut. Die Leistungselektronik des Stadtbahnwagens M8C kommt mit 6 Thyristor- und 5 Dioden-Bausteinen aus. (BBC)

Im Stadtbahnwagen M8C ist jedem Fahrmotor eine kompakte Geräteeinheit zugeordnet, die die Bausteine der Leistungselektronik, das Netzfilter, die Umschaltkontakte, den Bremswiderstand und den Lüfter enthält. Hier in geöffnetem Zustand und hochkant im Schwenkrahmen in der Werkstatt zu sehen. (BBC)

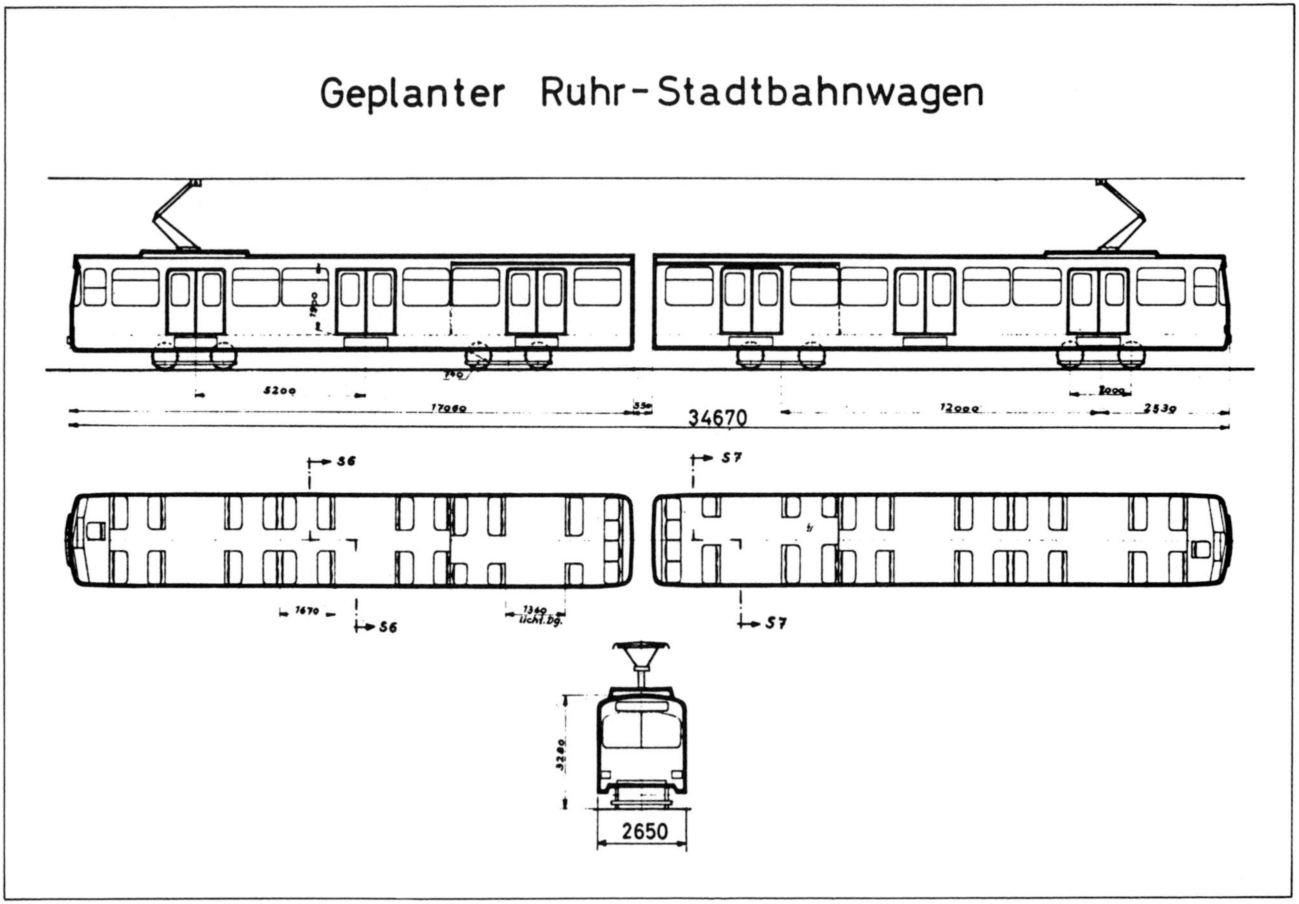

Der geplante Doppeltriebwagen Typ A für die Stadtbahn Rhein-Ruhr als Typenbild. (Archiv EVAG)

12. U-Bahn-Wagen

Für die eigentlichen U-Bahn-Strecken waren zunächst U-Bahn-Wagen mit Stromschienenspeisung vorgesehen; bis zur Fertigstellung des neu zu entwickelnden sogenannten Wagentyps „A" sollten Leihwagen des Berliner U-Bahn-Typs „F 74" zum Einsatz kommen.

13. Stadtbahnwagen B

Nach eingehenden Erörterungen und politischen Auseinandersetzungen entschied man sich landesweit für einen Stadtbahnwagen mit Oberleitungsbetrieb für die Normalspurstrecken, und der zunächst für Köln/Bonn entwickelte Wagentyp „B" kam ab 1976 auch nach Essen und Mülheim. Derzeit sind 31 Wagen (5012-5016, 5031-5032, 5101-5111, 5121-5128 und 5141-5145) vorhanden, wovon die Serie 5012 ... 5032 den Betrieben der Stadt Mülheim an der Ruhr gehört.

Die Wendeschleife für B-Wagen befindet sich an der Endstelle Margarethenhöhe der Linie U 17. Der Triebwagen 5102, aufgenommen am 27. Mai 1989, hat bereits die Fahrgäste für die Rückfahrt zur Universität aufgenommen. (Giesen)

Im Stadtbahnwagen B bestimmten die rotbraunen Kunstlederpolsterungen das Bild des Innenraumes. Durch die Wagenbreite von 2,65 m ließen sich beidseits des Ganges Doppelsitze anordnen. (Archiv EVAG)

14. Weiterer Fahrzeugbedarf

Der weitere Fahrzeugbedarf ist in Abhängigkeit vom Streckenausbau des U-Bahn-Netzes zu sehen und in den „Betriebskonzepten“ Essen bzw. Mülheim festgehalten. Für Essen ist nach der ersten Ausgabe von 1977 derzeit die Fortschreibung von 1989 gültig. Danach werden für die Inbetriebnahme der „Ost-West-Spange“ (Bauabschnitt B6E) ab 1991 die schon erwähnten und 1990 ausgelieferten 15 M-Wagen erforderlich. Für die Nordstrecke nach Altenessen (Bauabschnitt B7E) wurden 1991 elf Stadtbahnwagen des Typs P86 von der Docklands Light Railway in London gekauft, die in ihren Hauptabmessungen dem Stadtbahnwagen B entsprechen und in eigener Werkstatt der EVAG an die Essener Einsatzbedingungen angepaßt werden. Sie erhalten die Ordnungsnummern 5201-5211.

15. Lebensdauer der Fahrzeuge

Die Entwicklung des Wagenparks der Essener Straßenbahn umspannt einen Zeitraum von nahezu 100 Jahren. Berücksichtigt man, daß zur Zeit des größten Fahrzeugbestandes in den dreißiger Jahren rund 330 Trieb- und 200 Beiwagen, zusammen also 530 Fahrzeuge, vorhanden waren, dann nimmt sich die Gesamtzahl der 1200 insgesamt beschafften Wagen nicht mehr so groß aus. Vielmehr deutet sich hieraus bereits an, daß viele Wagen über Jahrzehnte liefen, einige bis zu 60 Jahre!

Immer wieder führten Wirtschaftskrisen, Inflation, Depression, Krieg, Zerstörung und Wiederaufbau zur Verknappung der finanziellen Mittel und verhinderten eine gleichmäßige und rechtzeitige Erneuerung des Wagenparks.

Natürlich begünstigte die kräftige Bauweise der Straßenbahnen ihre lange Nutzung. Außerdem war man gewohnt, verschlissene und durch Korrosion schadhaft gewordene Teile zu ersetzen. Häufiges Überlackieren des Wagenkastens gab ausreichenden Witterungssschutz, und im übrigen stellte man die Wagen in Hallen unter Dach ab. „Saurer Regen" und Auftausalze auf den Straßen waren im heute üblichen Umfang unbekannt.

Die seit Beginn der dreißiger Jahre einsetzenden Bemühungen um den Leichtbau der Fahrzeuge, insbesondere mit der geschweißten Ganzstahlbauweise, führten zu den uns heute geläufigen Fahrzeugen mit außerordentlich geringen Wand- und Profilstärken. Erst die Entwicklung der neuesten Beschichtungsverfahren für Aufbau und Untergestell stellte die Nutzung der Fahrzeuge über 30 und mehr Jahre sicher. Eine derartige Nutzungsdauer ist angesichts der heutigen Anschaffungspreise erforderlich, wenn die Straßenbahn und die Stadtbahn im Wirtschaftlichkeitsvergleich mit anderen Verkehrsmitteln auf die Dauer mithalten wollen.

16. Arbeitswagen

Der Bestand an Arbeitswagen für den Wartungsdienst, die Streckeninstandhaltung, den Dienstgut- und Güterverkehr war in Essen zeitweise sehr umfangreich. Als Triebfahrzeuge kamen überwiegend ausgemusterte Personenfahrzeuge zum Einsatz. Daneben wurden aber auch zahlreiche Spezialfahrzeuge beschafft. Letzteres gilt auch für die Arbeits- und Güterbeiwagen.

In der Zeit der beiden Weltkriege spielte der Güterverkehr eine beachtliche Rolle, als man den Ausfall von Fuhrwerken und Lastkraftwagen teilweise auszugleichen versuchte. Für die Versorgung der Bevölkerung war der Gemüseverkehr von Bedeutung, daneben aber auch die Kohlentransporte, die beispielsweise von der Zeche Bonifatius in Kray über die Bergischen Kleinbahnen in Richtung Wuppertal liefen.

Auch die Abfuhr von Hochofenschlacke und Kesselasche von Kraft- und Hüttenwerken ist zu erwähnen, vor allem aber der Trümmertransport, der bereits während des Zweiten Weltkriegs begann und bis lange in die Nachkriegszeit andauerte. Hierbei nahm man auch drei Dampflokomotiven zu Hilfe.

Zu einem geplanten Rollwagentransport normalspuriger Eisenbahnwagen von einer Umsetzanlage an der Zeche Humboldt über die Erbacher und Haarzopfer Strecke zum Flughafen Essen-Mülheim, insbesondere zur Beförderung von Flugbenzin, kam es infolge der Kriegsereignisse nicht mehr.

Diese Aufnahme aus dem Jahre 1917 zeigt den ersten Arbeitswagen der SEG, gebaut 1905, zusammen mit zwei Sommerbeiwagen, auf der Altendorfer Straße. (Archiv Krupp, WA XVI a 283.93)

Mitte der dreißiger Jahre übernahm die SEG aus Wiesbaden einige Beiwagen, um sie in Essen als Arbeitswagen einzusetzen; zunächst als Flachloren, später als Gemüsebeiwagen. Das Foto zeigt den Beiwagen 1338 bei einem Einsatz am Kopstadtplatz, ca. 1940. (Archiv EVAG)

Der Triebwagen 626 (Baujahr 1898) diente nach seinem Ausscheiden aus dem Personenverkehr im Jahre 1934 noch einige Zeit als Reklame- und Arbeitswagen. (Van Heekern/Archiv EVAG)

Die Dampflokomotiven wurden auch im Personenverkehr eingesetzt. Sie verkehrten, mit vier Beiwagen behängt, vom Hauptbahnhof zur Wickenburgstraße. (Archiv VDV)

17. Technische Entwicklung

17.1 Stromabnehmer

In den Anfangsjahren nahmen die Straßenbahnen den Strom von der Fahrleitung mit einer Kontaktrolle ab. Die betriebliche Zuverlässigkeit ließ zu wünschen übrig, auch war der Rollenverschleiß groß. Daher ging man bereits 1904 zum Bügelstromabnehmer über, der eine Schleifleiste aus Aluminium, später aus Kohle, besaß. Zum Umlegen des Bügels dienten seitlich am Wagenkasten heruntergeführte Leinen, die an einem mehrfach gewendelten Haken, dem sogenannten Schweineschwänzchen, eingehängt waren. Die Bügelstromabnehmer waren vielfach - ihrer geschwungenen Form wegen - als „Lyrabügel“ bekannt. Sie blieben auf vielen Wagen noch bis nach dem Zweiten Weltkrieg im Einsatz.

Bereits seit 1933 kam der Scherenstromabnehmer hinzu (Tw 503-504...), der die Stromabnahme wiederum verbesserte, vor allem später durch den Übergang zur Wippe mit Doppelschleifleiste. Diese wurde für den Betrieb der U-Straßenbahn in Flachbauweise ausgeführt und ab 1975 auch auf den neuartigen Einholmstromabnehmer der Stadtbahnwagen M und B übernommen. Hier gibt es nun auch keine Bügelleine mehr; der Stromabnehmer wird durch einen Elektromotor betätigt. Ein Vorversuch für diese Ausführung fand ab 1974 auf dem Triebwagen 1615 statt, der für mehrere Komponenten des Stadtbahnwagens M als Erprobungsträger diente.

17.2 Fahrschalter

Die ersten Wagen waren mit dem sogenannten „Perronumschalter“ der AEG ausgerüstet. Hiermit ließen sich die Feldwicklungen der beiden Fahrmotoren in einigen Stufen in Reihen- und Parallelschaltung umschalten, so daß keine Anfahrwiderstände erforderlich waren. Diese äußerst grobstufige Schaltung genügte nur bei den anfangs sehr niedrigen Fahrgeschwindigkeiten von 12 bzw. 16 km/h.

Mit den weiteren Fahrzeuglieferungen kam dann die klassische Schaltung zur Anwendung, die die beiden Fahrmotoren in „Reihe“ und „Parallel“ schaltete und den Anfahrwiderstand in Stufen anfangs grobstufig (mit 9 Fahr- und 5 Bremsstufen), später vielstufig (mit 18 Fahr- und 14 Bremsstufen) abschaltete und auch frühzeitig von der Feldregelung (Feldschwächung) Gebrauch machte.

Der zugehörige Fahrschalter war zunächst als Schleifring-Fahrschalter mit einer für alle Kontakte gemeinsam wirkenden Blasspule zur Funkenlöschung ausgeführt.

Die Weiterentwicklung zum Nockenfahrschalter beseitigte die Unzulänglichkeiten der Funkenlöschung, indem jedes Schaltelement eine eigene Blasspule erhielt. Gleichzeitig stieg das Schaltvermögen, und die elektrische Bremse ließ sich als Betriebsbremse einsetzen. Die starken Schaltrucke der grobstufigen Fahrschalter blieben jedoch unbefriedigend. Als Abhilfe entwickelten mehrere Elektrofirmen in den beginnenden dreißiger Jahren neuartige Feinstufen-Fahrschalter, die bis zu 200 Fahr- und 100 Bremsstufen besaßen.

Fahrerstand eines Triebwagens der Serie 166–260, nach dem Umbau auf eckige Plattformen und dreiteilige Frontscheiben. Die Bedieneinrichtungen sind äußerst einfach: Fahrschalter des Typs OL (SSW), Handbremse mit Handrad, Sandstreuhebel und Schalter für Fahrtrichtungsanzeiger. (Archiv EVAG)

Elektrische Ausrüstungen mit Feinstufer von Brown, Boveri & Cie AG, Mannheim; in »Verkehrstechnik« 1941

Nach Leipzig und Erfurt erhielt Essen bereits 1936 als dritter Betrieb zwei Feinstufer der Firma BBC für vierachsige Triebwagen (Typ FS 1/0 und FS 1/1) geliefert. Ein Teil der Vorkriegs-Großraumwagen und die „Flußwagen“ erhielten diese Feinstufer; die letzte Ausführung (Typ FS 761.8) wurde 1956 für die diese Serie abschließenden drei Vierachser (560-562) beschafft.

Insgesamt bezogen SEG und EVAG 60 Feinstufer, die auch unter dem Namen „Posaunohm“ bekannt sind. Diese Bezeichnung leitet sich aus der Maßeinheit „Ohm“ für einen Widerstand ab, außerdem aus der Schiebebewegung der Kontakte über die Kupferlamellen, die an eine Posaune erinnert.

Sowohl bei den Aufbauwagen der Nachkriegszeit als auch bei den späteren Gelenkwagen kehrte man aus Kostengründen wieder zum Nockenfahrschalter zurück und nahm die gröbere Abstufung mit 17 Fahr- und 13 Bremsstufen beim EF 43 sowie 20 Fahr- und 18 Bremsstufen beim NF 52 dabei in Kauf.

Mit den Stadtbahnwagen M und B hielt ab 1975 die neuzeitliche Elektronik Einzug in die Fahrzeuge. Die unmittelbare Schaltung der einzelnen Stufen durch den Fahrer gab man auf, stattdessen verarbeitet nun eine Elektronik die Befehle des Fahrers, verknüpft sie mit den Meßwerten von Geschwindigkeit und Strom und steuert die zugehörigen Schaltstufen der Schützensteuerung (beim M-Wagen) bzw. des Schaltwerks (beim B-Wagen) an.

Ab 1979 trat die Leistungselektronik an die Stelle der Schaltschütze und Nockenschaltelemente, und der Anfahrwiderstand konnte entfallen. Diese Art der Ausrüstung wird als „Gleichstromsteller“ oder „Chopper“ bezeichnet.

Zum Zweck einer Dauererprobung erhielt ein Stadtbahnwagen M (1200) einen Antrieb mit Drehstrommotoren, wobei diese von je einem Wechselrichter mit der erforderlichen Spannung und Frequenz versorgt werden.

Im Zuge einer Hauptuntersuchung erhielt auch die erste Serie der Stadtbahnwagen B den Gleichstromsteller als Ersatz für die Schaltwerke. Die bedeutende Energie-Einsparung von 20 bis 25% im laufenden Betrieb war hierfür ebenso mitentscheidend wie die Verringerung der Verkabelung. Außerdem wurde hierbei erstmals eine Flüssigkeitskühlung der Leistungshalbleiter und der magnetischen Bauteile eingesetzt.

Der M-Wagen 1200 hatte als einziger eine Drehstromantriebsausrüstung erhalten. In Kürze erhält er die Gleichstromstellersteuerung der übrigen Serie und wird in 1116 umgenummert. Am 27. Mai 1989 steht er vor der Einfahrt zum Betriebshof Stadtmitte. (Giesen)

17.3 Motoren und Antriebe

Die ersten Motoren waren für eine Spannung von 550 V ausgeführt, hatten eine Leistung von 16 PS (11 kW) bei 400 U/min und waren vollständig geschlossen. Sie übertrugen ihr Drehmoment über ein einfaches Stirnradgetriebe auf die Achse, auf der sie mit den sogenannten Tatzlagern gelagert waren.

Dieser klassische „Tatzlagerantrieb" blieb auch bei den größer werdenden Leistungen für viele Jahrzehnte bestehen. Ab 1924 erhielten die Motoren eine Belüftung, die zwar die Leistung steigerte, aber auch die Anfälligkeit gegen Schmutz und Feuchtigkeit erhöhte.

Neuartige Antriebe mit längsliegendem Motor und Antrieb der Achsen über Kardanwelle wurden 1926 mit zwei Triebwagen (801-802), System Albrecht-Krupp, in die Erprobung genommen.

1933 kam der schon früher erwähnte „Lange Essener" zum Einsatz. Hierbei wurde erstmals ein Antrieb beider Achsen des Drehgestells durch einen längsliegenden Motor über Kegelradgetriebe ausgeführt. Dieser sogenannte „Zweiachslängsantrieb", später auch „DUEWAG-Antrieb", ist bis heute der Standardantrieb für Essen geblieben. Essen ist der Erstanwender dieser Bauart gewesen und kann heute somit auf die längste Anwendung zurückblicken. Natürlich wurden im Laufe der Jahre alle Bauteile den Anforderungen der heutigen Motoren angepaßt, die beispielsweise beim Stadtbahnwagen B für eine Spannung von 750 V sowie für eine Leistung von 235 kW (Stundenleistung) ausgelegt sind und mit Höchstdrehzahlen von 3.600 U/min laufen. Je nach gewählter Übersetzung entspricht dies einer Höchstgeschwindigkeit von 80 oder 100 km/h. Der Stadtbahnwagen B wird daher auch als „Schnellverkehr-Stadtbahnwagen" bezeichnet.

17.4 Bremsen

„Neben der elektrischen Bremse, die zweckmäßig nur als Gefahrbremse verwendet wird, ist jeder Wagen noch mit einer Ketten- oder Spindelbremse für den gewöhnlichen Gebrauch ausgerüstet." So heißt es in der Beschreibung der AEG für die ersten Triebwagen. Bereits die nächste Ausführung durch die UEG zeigt wichtige Fortschritte: *„Die Kurzschlußbremse ... wirkt ohne nennenswerten Verschleiß irgendwelcher Teile je nach dem Willen des Führers beliebig weich oder auf das denkbar schärfste und hat sich bereits seit etwa 3/4 Jahren im Betrieb in Wien und in Essen auf das beste bewährt."*

Bereits 1921 führte man in Essen die elektromagnetische Schienenbremse ein. Die Beiwagen erhielten Solenoidbremsen. Bei den Triebwagen wurde die verkreuzte Bremsschaltung der beiden Felder und Anker angewandt. Die heutigen Stadtbahnwagen besitzen zwei getrennte Bremskreise, bzw. zwei unabhängige Antriebseinheiten, um die gestiegenen Sicherheitsanforderungen zu erfüllen.

Im Zuge der Umrüstung auf Einmannbetrieb ersetzte man die Handbremsen der Triebwagen durch Federspeichebremsen. Diese werden als Feststellbremsen und als Ersatzbremsen eingesetzt und neuerdings mit asbestfreien Bremsbelägen ausgeführt.

In den Arbeitswagen und den historischen Fahrzeugen müssen aber die Ausrüstungen alter Art auch heute noch betriebsfähig gehalten werden. Diese Fahrzeuge veranschaulichen somit auf sehr lehrreiche Weise den technischen Entwicklungsfortschritt.

17.5 Kupplungen

Anfangs wurden Trieb- und Beiwagen mit einfachen Trompetenkupplungen gekuppelt. Beim Einstecken des Kuppeleisens kam es häufig zu Verletzungen, so daß der Wunsch nach einer Sicherheitskupplung aufkam.

Erst in den zwanziger Jahren war eine derartige Kupplung verfügbar, nach ihrem Erfinder, dem Krefelder Straßenbahndirektor ***Albert*** benannt. Für einfache Verhältnisse, z. B. bei der Abschleppkupplung des M-Wagens, wird die Albertkupplung auch heute noch eingesetzt. Außerdem dient ihr Kupplungskopf als Zwischenkupplung der sonstigen Kupplungsbauarten.

Mit der Zweiwagenzugsteuerung der „Langen Essener" und der Großraumwagen war das häufige Trennen und Verbinden der Züge, auch an Zwischenendstellen, vorgesehen. Es wurde deshalb eine selbsttätige Kupplung gesucht und auch gefunden. Die Scharfenbergkupplung (Kurzbezeichnung „Schaku"), so benannt nach ihrem Erfinder, ***Karl Scharfenberg,*** kam bei den Essener Straßenbahnen ab 1938 zum Einsatz. Es handelt sich hier um die Ausführung „leicht", die noch heute bei der Herstellerfirma als „Bauart Essen" im Programm steht und bei vielen anderen Straßenbahnen ebenfalls verwendet wird.

Für den Stadtbahnwagen B ist ebenfalls eine derartige Kupplung, jedoch in Ausführung „schwer" vorhanden. Je nach Fahrzeugtyp sind entsprechende Aufsätze vorhanden, die gleichzeitig die elektrische und pneumatische Verbindung der Fahrzeuge bewirken.

Eine weitere selbsttätige Kupplung, die *„Compactkupplung"* der Firma BSI, gab ein kurzes Zwischenspiel bei der ersten Serie des Stadtbahnwagens M. Da hier aber der Zugbetrieb vorerst nicht vorkommt, wurden diese Kupplungen an die Dortmunder Stadtwerke weiterverkauft und durch Albert-Abschleppkupplungen ersetzt. Möglicherweise zwingt der Zuwachs an Fahrgästen aufgrund des attraktiven „Ticket 2000" dazu, die Einführung der Doppeltraktion erneut zu erwägen. Dies zeichnet sich konkret für 1993 ab.

Kupplungsköpfe der „Albert-Kupplung“; oben die beiden zu kuppelnden Köpfe; in der Mitte ist bei leicht abgewinkelter Stellung der erste Kuppelbolzen eingesteckt; unten ist der Zug gestreckt worden, und der zweite Kuppelbolzen läßt sich leicht und sicher einstecken. Die Kuppelbolzen sind durch einen Bügel gegen Herausrutschen gesichert. (BSI)

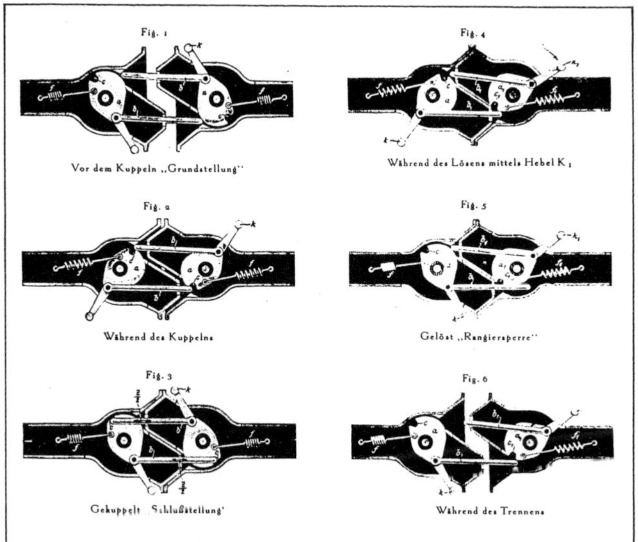

Wirkungsweise der Scharfenberg-Kupplung, schematisch dargestellt

Funktionsschema der automatischen Mittelpufferkupplung des Systems „Scharfenberg“ (Scharfenbergkupplung).

Eine Zusammenstellung der Zugbildungsmöglichkeiten mit den Trieb- und Beiwagen der fünfziger und sechziger Jahre (Archiv EVAG)

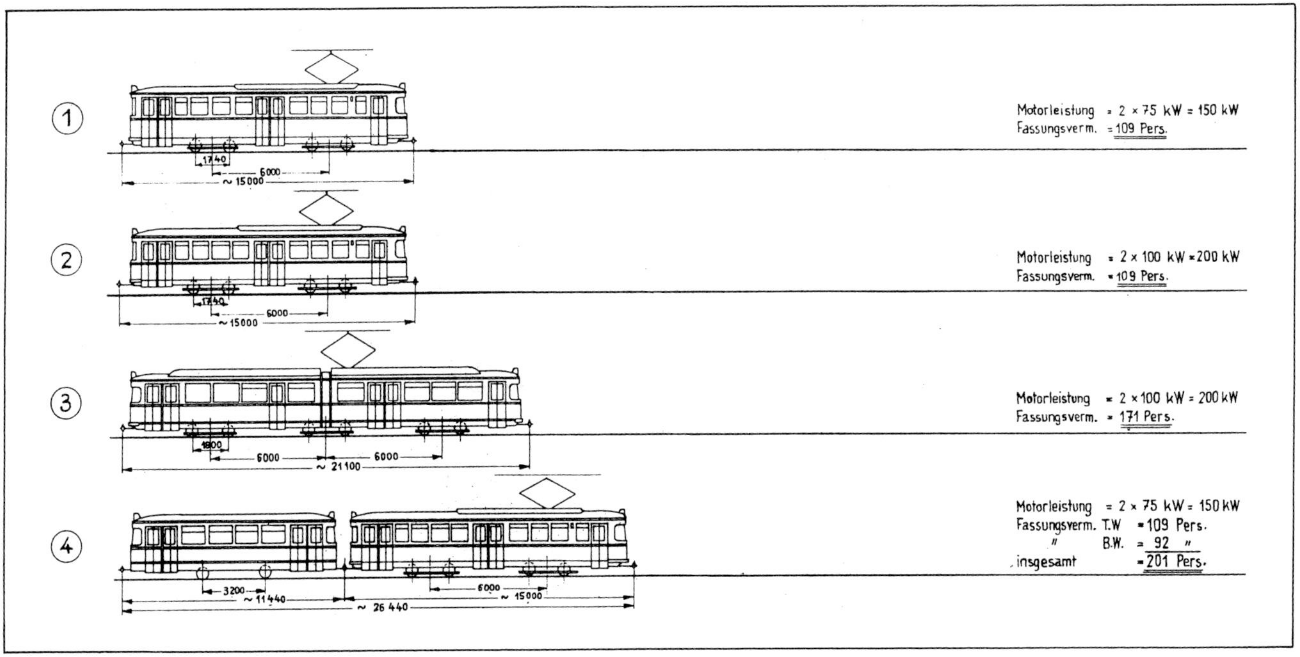

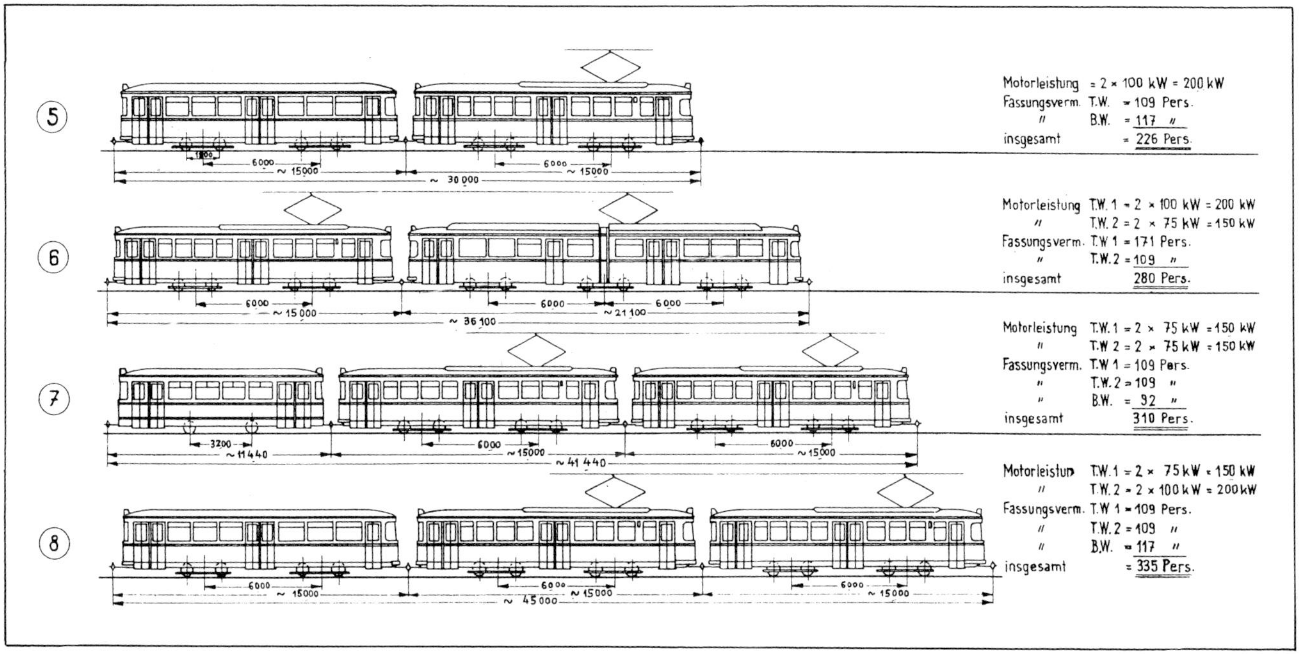

5
Motorleistung = 2 × 100 kW = 200 kW
Fassungsverm. T.W. = 109 Pers.
" B.W. = 117 "
insgesamt = 226 Pers.
6
Motorleistung T.W. 1 = 2 × 100 kW = 200 kW
" T.W. 2 = 2 × 75 kW = 150 kW
Fassungsverm. T.W 1 = 171 Pers.
" T.W. 2 = 109 "
insgesamt 280 Pers.
7
Motorleistung T.W. 1 = 2 × 75 kW = 150 kW
" T.W 2 = 2 × 75 kW = 150 kW
Fassungsverm. T.W 1 = 109 Pers.
" T.W. 2 = 109 "
" B.W. = 92 "
insgesamt 310 Pers.
8
Motorleistun T.W. 1 = 2 × 75 kW = 150 kW
" T.W. 2 = 2 × 100 kW = 200 kW
Fassungsverm. T.W 1 = 109 Pers.
" T.W. 2 = 109 "
" B.W. = 117 "
insgesamt = 335 Pers.

18. Entwicklung des äußeren Erscheinungsbildes

18.1 Beschilderung

Am Anfang gab es nur zwei Linien mit drei Endpunkten in Essen, Altenessen und Borbeck. Demgemäß genügten einfache, kleine Schilder, die an der Stirnseite am Dach aufgesteckt und außen an den Längsseiten angehängt wurden. Die seitlichen Schilder zeigten bereits den Linienweg, z. B. Essen - Bahnhof Altenessen.

Der rasch einsetzende Netzausbau bewirkte alsbald die erste Umstellung. Es kamen ab 1897 große Schilder auf das Dach, die über die ganze Wagenbreite reichten und das Fahrtziel in Großbuchstaben angaben. Die Schilder waren drehbar gelagert und konnten für die Hin- und Rückfahrt entsprechend umgelegt werden. Eine große Petroleumlaterne steckte man abends an der Vorderkante des Wagendachs auf; daß dadurch das Zielschild etwas verdeckt war, störte wohl weniger.

Mit der Einführung der Liniennummern im Jahre 1907 ergänzte man die Dachausrüstung um zwei elektrische, runde Laternen, von denen die rechte mit der Liniennummer versehen wurde. Beide leuchteten dabei auch nach hinten auf das Zielschild. Ein großer elektrischer Scheinwerfer befand sich nun am unteren Teil der Stirnwand.

Die ab 1921 eingeführten Triebwagen mit eckigen, geschlossenen Plattformen besaßen dreieckige Dachlaternen. Nunmehr waren die Liniennummern sowohl von vorn als auch von der Seite zu sehen, von vorn sogar zweimal. Die innere Fläche der Laterne war dem Zielschild zugewandt und leuchtete es an. An den Längsseiten der Triebwagen befand sich ein Steckschild mit Linienweg und Liniennummer.

Bei dem „Langen Essener" und den Großraumwagen verschwanden die Dachlaternen und Dachschilder. Linien- und Zielbeschilderung wurden in den Aufbau einbezogen und oberhalb der Stirnscheibe angeordnet. Die gleiche Ausführung erhielten später auch die Aufbauwagen. Daß der Montos-Wagen noch einmal eine große Nummernscheibe auf dem Dach trug, blieb eine Ausnahme.

Mit der neuen Generation der Fluß- und Gelenkwagen der Nachkriegszeit löste man sich von der doppelten Liniennummernangabe. Nunmehr setzte man einen Liniennummernkasten erhöht und mittig in das Dach. Auch traten Rollbänder an die Stelle der Steckschilder. Nach wie vor konnten durch Vorsteckschilder zusätzliche Informationen angegeben werden; die ursprünglich vorhandenen Haken für diese Schilder machten den heute noch gebräuchlichen Schwalbenschwanz-Halterungen Platz.

Mit den Panoramascheiben der Stadtbahnwagen M und B entfielen die gesonderten Liniennummernkästen. Die Ziel- und Linienangaben sind nun in einem großflächigen Rollbandapparat zusammengefaßt. Die Rollbänder werden auch nicht mehr von Hand gekurbelt, sondern elektrisch fernbedient. An den Längsseiten der Fahrzeuge sind ebenfalls Rollbandapparate für Linien- und Fahrzielangaben vorhanden.

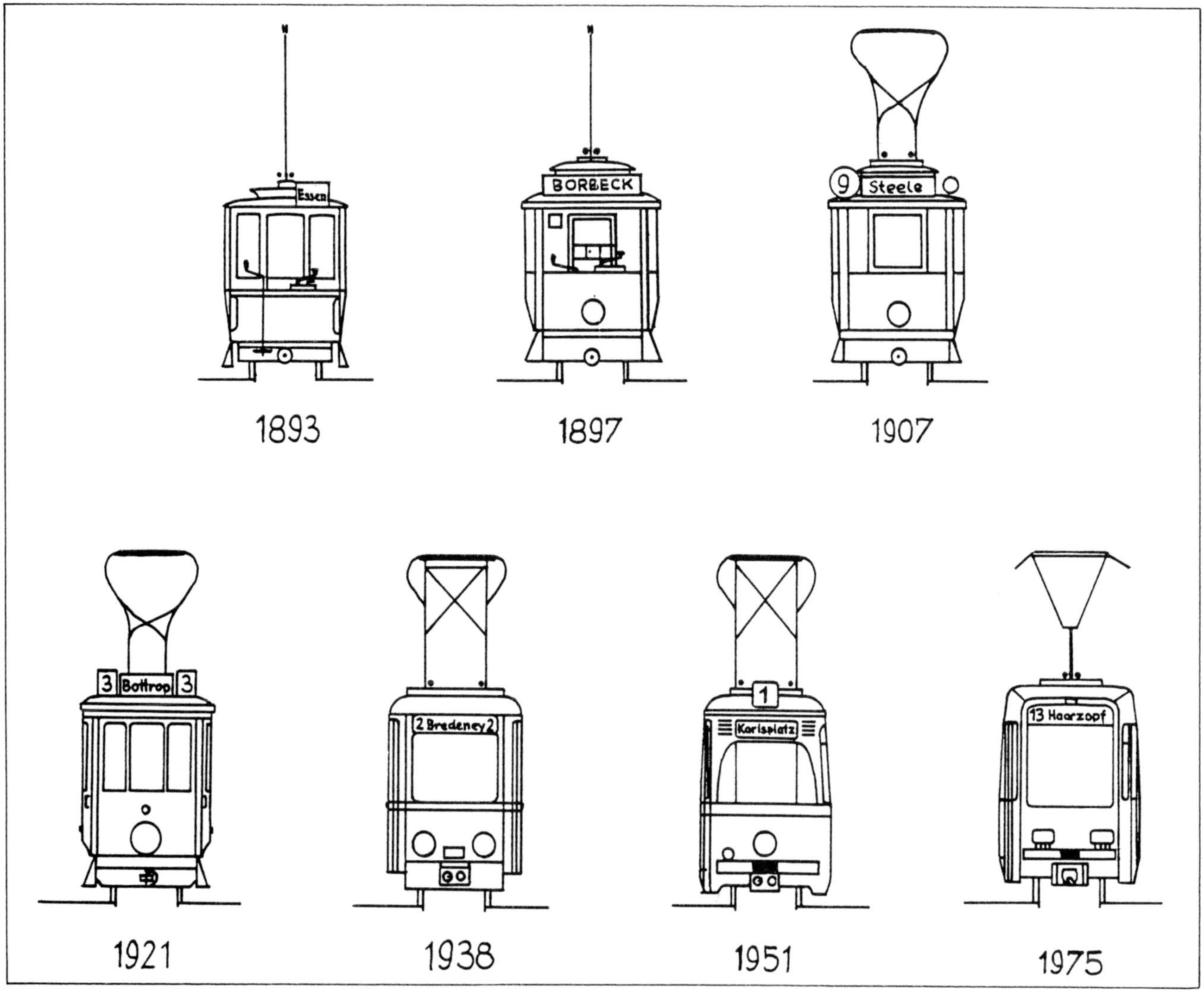

Die Wandlungen des „Gesichts" der Straßenbahnen verdeutlichen auch die Veränderungen der Linien- und Zielbeschilderungen. (Ahlbrecht)

Ein Triebwagen wird beschildert. Betriebshof Grillostraße, ca. 1930. (Van Heekern/ Archiv EVAG)

Dörken-Lacke, Ewald Dörken AG, Herdecke; in »Nahverkehrs-Praxis« 1969

18.2 Farbgebung und Beschriftung

Die Essener Straßenbahnen der ersten Jahre waren dunkelgrün lackiert. Die Beschriftung und die Zierstreifen waren gelb, das Dach hellgrau. So zeigt es eine alte, kolorierte Postkarte.

Der Schriftzug auf den Längsseiten lautete:

»ESSENER STRASSENBAHN«

Es ist schwierig, die weitere Farbgestaltung in ihren Einzelheiten zu verfolgen, weil uns die entsprechenden Belege fehlen. Zumindest für die Zeit um etwa 1910 bis 1920 war eine Farbgebung gebräuchlich, für die eine genaue Zeichnung vorliegt. Auf dieser Zeichnung ist außer einem Essener Wagen auch ein Bochumer Wagen dargestellt; es war die Zeit der gemeinsamen Verwaltung. Der Essener Wagen trägt jetzt den Schriftzug

»SÜDDEUTSCHE EISENBAHN-GESELLSCHAFT«

in einem gelben Feld; das Gelb kehrt auch im Bereich der Fenster wieder; ansonsten ist der Wagenkasten grün. Das Untergestell ist grau, das Dach braun. Außerdem gibt es gelbe Zierlinien. Scheuer- und Deckleisten und die Stoßstange sind schwarz. Rote Zierlinien befinden sich oberhalb der Fenster und zwischen den Fenstern. Die Wagennummer, von Ornamenten eingefaßt, steht auf der Mitte der Seitenwand. Weitere Feinheiten lassen sich in kurzen Worten nicht beschreiben, insgesamt waren diese Wagen künstlerische Schmuckstücke.

Eine Besonderheit stellten die sogenannten „Türkenwagen“ (550-567) dar, die im Ersten Weltkrieg nicht nach Konstantinopel (heute: Istanbul) ausgeliefert werden konnten und einige Jahre in Essen verbrachten. Sie waren dunkelrot lackiert, die Zierlinien und die Beschriftungen vermutlich gelb.

Nach dem Ende des Ersten Weltkrieges setzte die nüchterne Phase der elfenbeinfarbenen Straßenbahnen ein. Lediglich die Beschriftungen, jetzt mit dem Schriftzug

»Essener Straßenbahnen«

die Scheuerleisten, die Stoßstangen und – soweit vorhanden – die Absetzstreifen waren grün. Ob es für die Elfenbein-Lackierung eine Art „reichseinheitliche“ Vorgabe gegeben hat, wie oft behauptet wird, läßt sich heute nicht mehr feststellen. Dagegen spricht, daß selbst bei den weitgehenden Normungen und Vereinheitlichungen des in den Jahren 1939 bis 1941 entwickelten deutschen Einheitsstraßenbahnwagens (ESW) die Wahl der Farbe den einzelnen Unternehmen ausdrücklich freigestellt wurde.

Es blieb bei Elfenbein (RAL 1014) mit Grün (RAL 6002) bis in die siebziger Jahre. Für kurze Zeit ersetzte man das flaschengrüne Dach (RAL 6007) ebenfalls durch Elfenbein, um das Aussehen der Fahrzeuge zu verbessern, bekam aber Verschmutzungsprobleme. Das Untergestell war graugrün (RAL 7009).

Für den Stadtbahnwagen B übernahm man auf Wunsch des Landes Nordrhein-Westfalen die aus Köln bekannte rotweiße Farbgebung (RAL 3000/RAL 9002) mit Dachaufbauten und Untergestell in Eisengrau (RAL 7011). Die Beschriftung war weiß (RAL 9010).

Zunächst entschlossen sich EVAG und Bogestra, diese Farbgebung auch auf die Stadtbahnwagen M zu übernehmen, die sie als ebenbürtige Stadtbahnwagen ansahen. Dann traten aber in Essen die Stadtfarben Blau/Gelb in den Vordergrund. Ab 1977 sind daher die Straßenbahnwagen und die Stadtbahnwagen M in diesen Farben lackiert. Mit Rücksicht auf die Anforderungen des Umweltschutzes nach blei- und chromatfreien Farben wird heute für den Wagenkasten Ginstergelb (RAL 1032) verwendet, während die blauen Absetzstreifen zunächst lichtblau (RAL 5012) ausgeführt wurden, neuerdings aber in Anlehnung an die neuen Schutzdächer und Haltestellen-Ausrüstungen verkehrsblau (RAL 5017).

Beschriftung und Untergestell sind tiefschwarz (RAL 9005), während die Dachumrandung der Straßenbahnen und die Dachaufbauten des Stadtbahnwagens M silbergrau (RAL 7001) lackiert sind. Der Fensterbereich des M-Wagens ist graphitgrau (RAL 7024).

Seit einigen Jahren werden alle Teil- und Neulackierungen mit wasserverdünnbaren Farben ausgeführt, bei denen der Lösemittelanteil bei nur noch 3-4% liegt.

Der Vollständigkeit halber sei erwähnt, daß die Arbeitsfahrzeuge tieforange (RAL 2011) lackiert werden. Bei ihnen war die Beschriftung lange Jahre hindurch grün, heute ist sie schwarz.

Stadtbahnwagen M8C Nr. 1406 aus der letzten Lieferung 1989/90 bei der Ausfahrt aus der Endschleife Steele. (ABB)

19. Betriebshöfe und Werkstätten

1. Grillostraße (1893–1975)

Zusammen mit der Eröffnung der ersten Straßenbahnstrecken nach Borbeck und Altenessen am 23. August 1893 erfolgte auch die Inbetriebnahme des ersten Depots an der Grillostraße. Die Wagenhalle neben der Hauptverwaltung, die sich bis 1926 ebenfalls hier befand, lag in der Nähe des Viehofer Platzes und wurde über eine kurze Betriebsstrecke, abzweigend von der Linie nach Altenessen, erreicht. Der Betriebshof besaß zunächst eine Halle mit vier Gleisen für 24 Wagen. Bereits 1895/96 erfolgte die Vergrößerung auf acht Gleise für 88 Fahrzeuge.

Hier stand auch das Kraftwerk für die Erzeugung des Fahrstroms, das die Kohlen von der unmittelbar benachbarten Zeche Viktoria-Mathias bezog.

Für die Wartung und kleine Reparaturen stand am Anfang nur eine kleine Werkstatt mit Magazin in der alten Halle zur Verfügung. Durch die steigende Wagenzahl sah man sich aber bereits 1895 gezwungen, einen Neubau neben der alten Wagenhalle zu errichten. Die neue Werkstatt, jetzt Hauptwerkstatt genannt, umfaßte vier Gleise mit Revisionsgruben, Schlosserei, Ankerwickelei mit Trockenofen, Motorprüfstation, Schmiede, Schreinerei und Lackierwerkstatt. Im Jahre 1914 erfolgte ein nochmaliger Ausbau der Werkstatt. Jetzt waren hier 75 Personen beschäftigt.

Bis zum Jahre 1933 wuchs die Gesamtlänge der Gleise auf dem Betriebshofgelände auf 3.598 m an. Jetzt erfolgte fast die gesamte Wagenunterhaltung in der Grillostraße, lediglich die täglichen Revisionen und Wartungsarbeiten fanden noch in den einzelnen Betriebswerkstätten statt. Auch wurden anstehende Hauptuntersuchungen teilweise im Betriebshof Kruppstraße in der dortigen Wagenwerkstatt durchgeführt.

Neben den normalen Reparaturarbeiten führte man in der Hauptwerkstatt auch zahlreiche Um- und Neubauten durch, so z. B.

- Umbau des Wagenkastens mit geschlossenen Plattformen
- Einbau der Schienenbremsen
- Einführung einer Zweiwagen-Zugsteuerung für die Doppellinie 6/66, später auf andere Linien erweitert (Wiesbadener Zwillingszüge)
- Entwicklung des „Montos"-Wagens
- Entwicklung der ersten modernen Vierachs-Großraumwagen
- Wiederaufbau zerstörter Wagen nach dem Zweiten Weltkrieg
- Umbau für Einmannbetrieb
- Entwicklung und Bau eines Modells des neuen Stadtbahnwagens M/N

Von 1943 bis 1948 mußten Aufgaben der Hauptwerkstatt vom Betriebshof Bredeney mit übernommen werden, da die Hauptwerkstatt Grillostraße ab 1943 zu 80% zerstört war. Besonders beim schweren Luftangriff am 5. März 1943 waren zahlreiche Wagen und Einrichtungen total zerstört worden. Der Wiederaufbau erfolgte nur provisorisch, da man bereits seit der Vorkriegszeit einen Werkstattneubau plante.

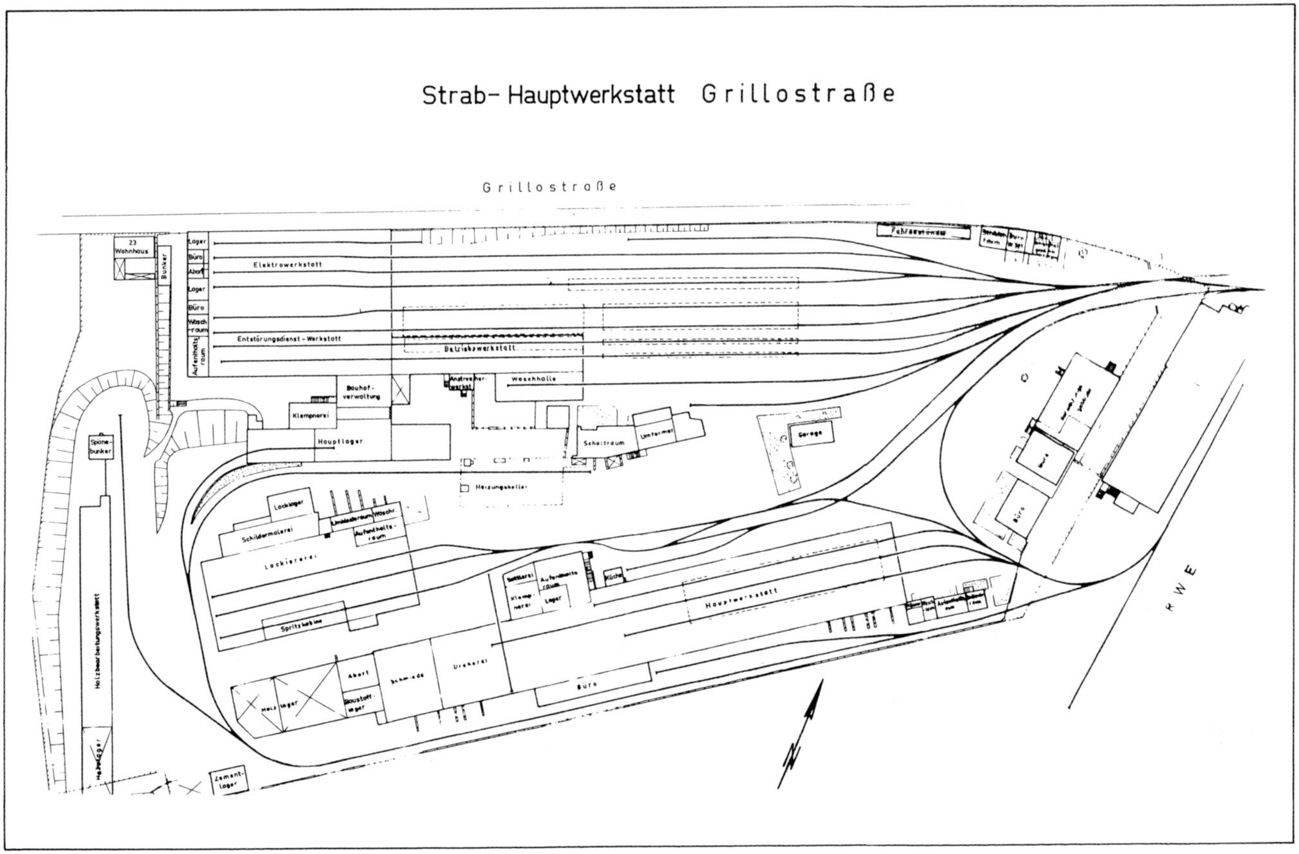

Lageplan der Hauptwerkstatt Grillostraße, 1960. (Archiv EVAG)

Die Aufnahme von 1912 zeigt das damalige Herzstück der Essener Straßenbahn: den Betriebshof Grillostraße. Links oben erkennt man das Verwaltungsgebäude der SEG, in der Mitte die Kühltürme und die Kraftstation, rechts daneben den Betriebshof mit der Wagenhalle und der Betriebswerkstatt. Die Hauptwerkstatt befindet sich links hinter den Kühltürmen. (Archiv EVAG)

Mit der Eröffnung des zentralen Betriebshofes Stadtmitte im Jahre 1964 konnte man auf das alte Depot Grillostraße verzichten. Lediglich die Hauptwerkstatt blieb noch elf Jahre hier. Es war daran gedacht, auch die Hauptwerkstatt zum Betriebshof Stadtmitte zu verlagern. Dies ließ sich jedoch kurzfristig nicht verwirklichen. Daher begann man mit der Aufstellung von Umbauplänen für den Betriebshof Kruppstraße. Das Hinzutreten der Stadtbahnplanungen verzögerte die Durchführung dieser Pläne, die letztlich aber doch Wirklichkeit wurden und 1975 ihren Abschluß fanden.

Nach dem Umbau des Betriebshofes Kruppstraße zur „Stadtbahn- und Straßenbahn-Hauptwerkstatt Schweriner Straße“ erfolgte 1975 der Umzug dorthin und die gleichzeitige Aufgabe des Geländes an der Grillostraße.

Heute erinnert hier nichts mehr an die „Wiege“ der Essener Straßenbahnen. Das Gelände ging an die „Viktoria-Mathias-Grundstücksgesellschaft“, eine Tochtergesellschaft des Rheinisch-Westfälischen Elektrizitätswerks, über und diente zur Erweiterung einer Umspannanlage.

So sah es zuletzt in der Grillostraße aus. Im Juli 1975 erkennt man nur noch einen Rest der Kraftstation und die verkleinerte Hauptwerkstatt. Die im Krieg zerstörten Hallen waren nur zum Teil wieder aufgebaut worden. Wenige Tage später erfolgte der Umzug zur neuen Hauptwerkstatt Schweriner Straße. (Ahlbrecht)

2. **Bredeney** (1898–1968)

Am südlichen Ende der Linie von Bredeney nach Horst eröffnete man auf dem Gelände des in Konkurs gegangenen „Kurhauses Alfredusbad“ ebenfalls 1898 einen Betriebshof. Er erhielt zunächst eine kleine Halle mit zwei Gleisen für acht Wagen, die im Jahre 1900 auf 16 und 1905 auf 18 Wagen erweitert wurde. Durch den Bau einer neuen Wagenhalle mit fünf Gleisen im Jahre 1910 konnte man die alte Halle zur Betriebswerkstatt umbauen. Die Inbetriebnahme neuer Linien und Fahrzeuge erforderte aber bereits ein Jahr später einen Anbau mit 14 neuen Gleisen, so daß jetzt insgesamt 19 Hallengleise zum Aufstellen der Fahrzeuge zur Verfügung standen. Die Gesamtlänge der Gleisanlagen auf dem Betriebsgelände betrug jetzt 1.899 m.

Der Betriebshof in Bredeney galt immer als „Vorzeige-Depot“. Hier waren zunächst meist die neuesten Wagen stationiert, ab 1933 z. B. die „Langen Essener“, später die Großraumwagen und nach dem Zweiten Weltkrieg die neuen vierachsigen Fahrgastflußwagen. Nachdem im Jahre 1964 der Straßenbahnteil des neuen Betriebshofes „Stadtmitte“ eröffnet worden war und inzwischen bis auf die Aufbauwagen alle zweiachsigen Fahrzeuge verschrottet werden konnten, entschloß man sich 1968, den Betriebshof „Bredeney“ aufzugeben und das Gelände zu verpachten. Zur Zeit ist hier ein Verbrauchermarkt untergebracht.

Fahrzeugparade auf dem Betriebshof Alfredusbad im Jahre 1911. Nicht im Bild sind links die alten Hallengleise 1–5. Heute wird die Halle als Supermarkt genutzt. (Archiv EVAG)

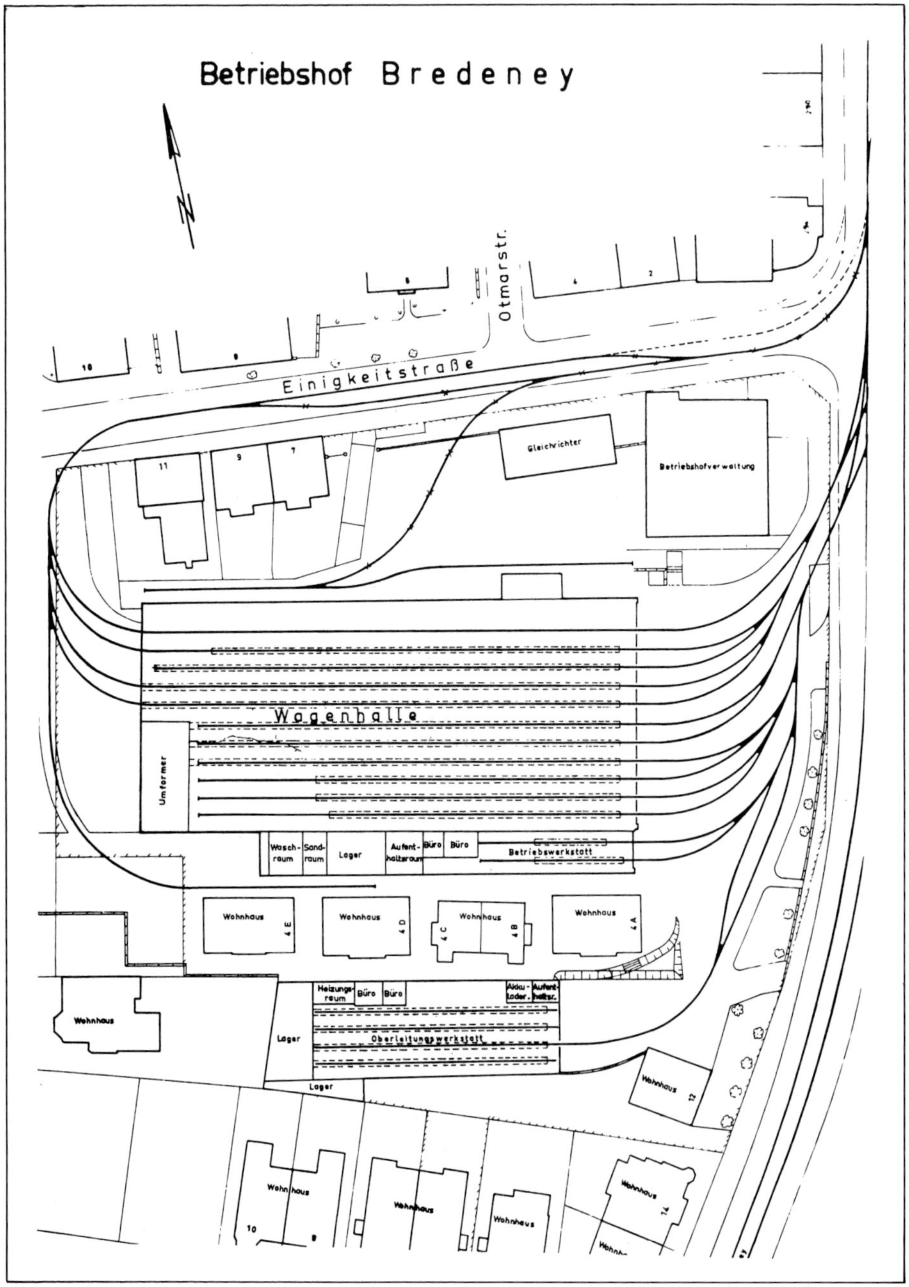

Lageplan des Betriebshofes Bredeney, 1955. (Archiv EVAG)

3. Borbeck (1893/94–1982)

Am Endpunkt der Linie nach Borbeck (Germaniaplatz) eröffnete man bereits 1893/94 einen weiteren Betriebshof mit zwei Gleisen für vier Wagen. Durch den Bau neuer Strecken erfolgte auch hier schon 1898 eine Erweiterung auf sieben Gleise für 33 Fahrzeuge. Außerdem entstand hier das zweite Dampfkraftwerk zur Fahrstromerzeugung.

Die kleine Betriebswerkstatt erhielt 1914 zwei eigene Gleise als Neubau. Bis 1933 erfolgte der Ausbau des Betriebshofes auf 11 Gleise mit einer Länge von insgesamt 1.655 m.

Als 1967/68 im Raum Borbeck mehrere Strecken auf Omnibus umgestellt wurden (Borbeck - Bottrop, Dellwig - Frintrop und Frintrop - Oberhausen), legte man die Waschanlage still und schloß einen Teil der Betriebswerkstatt. Nachdem 1978 die nicht mehr benötigten Revisionsgruben aus Unfallschutzgründen zugeschüttet worden waren, blieb Borbeck bis 1982 nur noch als Wagenabstellhalle in Betrieb. Zuletzt waren hier nur noch einige Kurse der Linien 103, 106 und 115 stationiert. Außerdem dienten zwei Gleise des Betriebshofes als Wendeanlage und Endstelle.

Nach dem Auszug der Straßenbahnwagen riß man die Halle 1983 ab und übergab das Gelände an die Stadt Essen.

In einer neuen Wendeschleife befindet sich die Endstelle für die Straßenbahnlinien 106 und 115. Außerdem wurde eine neue Gleichrichterstation errichtet. Das ehemalige Betriebshofgelände wurde durch die Stadt zu einer Grünfläche im Zusammenhang mit der städtischen Sanierung Borbecks umgestaltet.

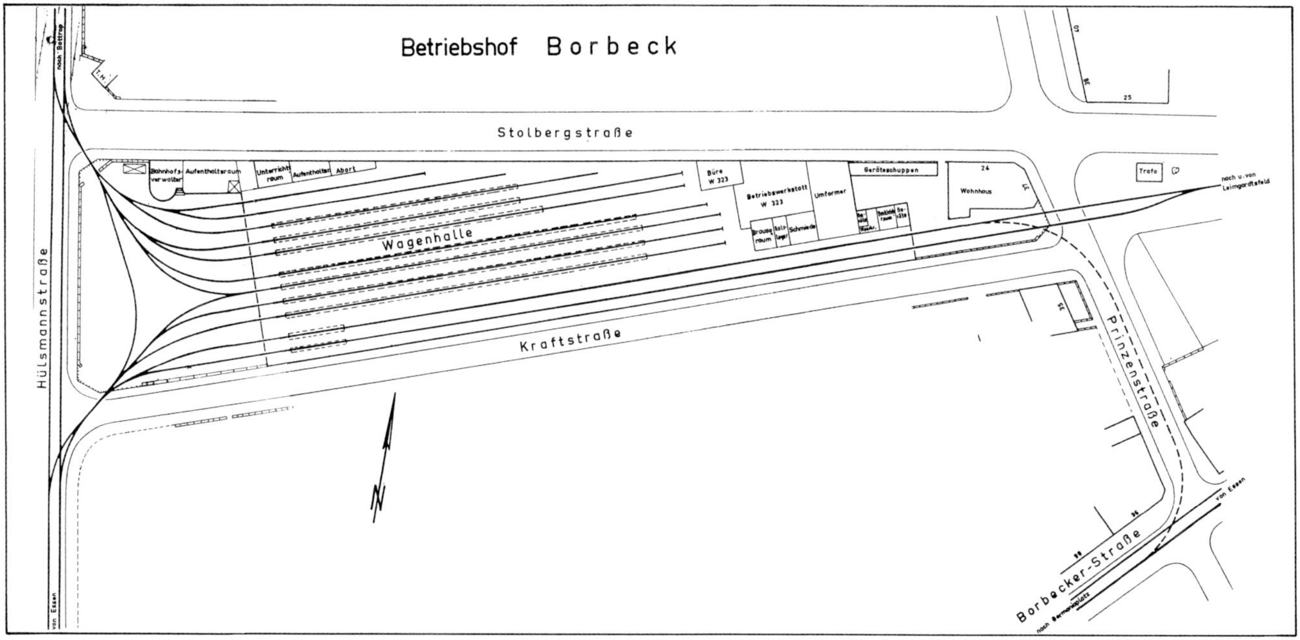

Lageplan des Betriebshofes Borbeck, 1955. (Archiv EVAG)

4. Schonnebeck (1898–1964)

Auch der Betriebshof Schonnebeck, direkt an der Straßenbahnlinie Stadtmitte - Katernberg - Gelsenkirchen gelegen, öffnete gegen Ende des letzten Jahrhunderts seine Pforten. Die kleine Halle mit vier Gleisen bot zunächst 20 Wagen Platz. Durch einen ersten Ausbau im Jahre 1900 wurde die Kapazität auf 40 Wagen verdoppelt. Ein Hallenneubau mit sieben Gleisen erhöhte die Gleislänge 1915 auf 1.808 m. Ab 1932 wurde dem Betriebshof Schonnebeck als Außenstelle der von der Bochum-Gelsenkirchener Straßenbahnen AG übernommene Betriebshof Kray zugeordnet.

In den fünfziger Jahren waren hier die meisten Vorkriegszweiachser, darunter auch die Zwillingszüge, beheimatet. Ebenso wie die Betriebshöfe „Grillostraße“ und „Kruppstraße“ konnte man das Depot Schonnebeck 1964 im Zuge der Errichtung des zentralen Betriebshofes Stadtmitte aufgeben.

Auf dem Betriebsgelände befindet sich heute noch ein Gleichrichterwerk für die Strecke Hbf - Katernberg - Stadtgrenze Gelsenkirchen (Linien 107 und 127). In den alten Hallen hat eine Schraubenfirma ihren Sitz.

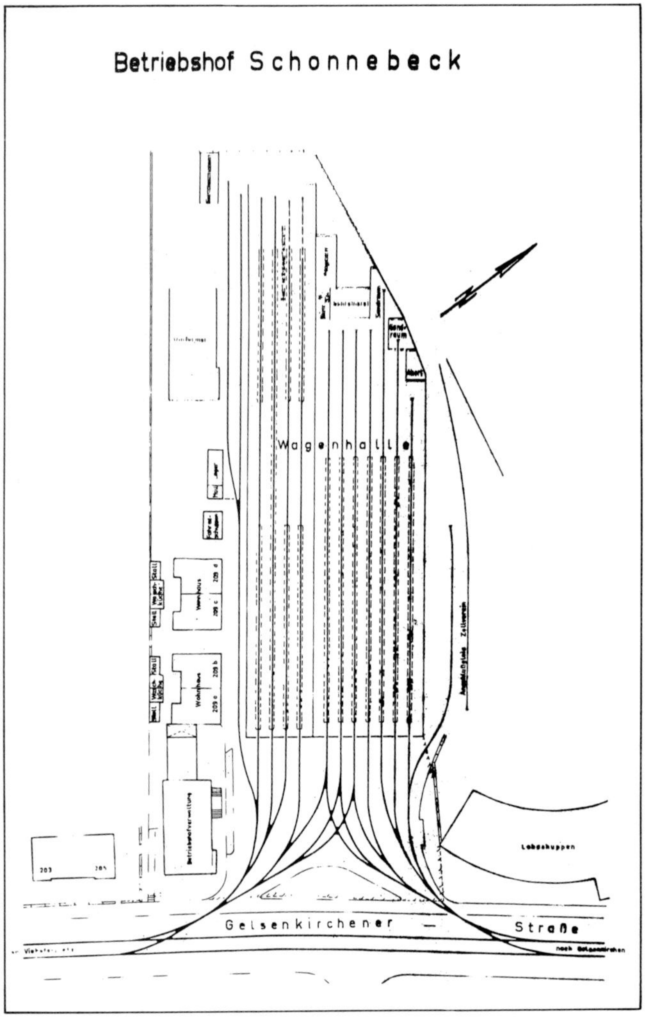

Lageplan des Betriebshofes Schonnebeck, 1955. (Archiv EVAG)

So sah der Betriebshof Schonnebeck in den zwanziger Jahren aus. Beheimatet waren hier die Wagen der Linien nach Gelsenkirchen (über Rotthausen und Katernberg). (Archiv EVAG)

5. **Horst** (1898–1955)

Nachdem man Anfang 1898 die Strecke Essen - Karnap bis zur damals noch selbständigen Gemeinde Horst verlängert hatte, legte man auch dort einen neuen Betriebshof an. Die Wagenhalle hatte zunächst nur zwei Gleise für acht Fahrzeuge. Eine Erweiterung auf vier Gleise für 16 Wagen erfolgte aber bereits im Jahre 1900. Die Gleislänge betrug jetzt 433 m. Stationiert waren hier die Wagen für die Linie 1, sowie für die Linie 14 nach Horst-Süd.

Als im Zweiten Weltkrieg die Zweigertbrücke zwischen Karnap und Altenessen zerstört wurde, gab es bis 1949 keine Direktverbindung mehr mit dem übrigen Netz. Der Austausch der Wagen mußte auf dem langen Weg über Gelsenkirchen-Buer - Gelsenkirchen Mitte - Katernberg erfolgen. Stationiert waren in dieser Zeit im Betriebshof Horst die Fahrzeuge für die Linien 21 bzw. E1 (Horst - Zweigertbrücke) und E3 (Bottrop, Pferdemarkt - Essen-Dellwig, Kanalbrücke). Letztere erreichten ihren Einsatzort über Bottrop-Boy.

Als ab 1954 die ersten Straßenbahnlinien auf Busbetrieb umgestellt wurden (u. a. auch die Linie 14 Karnap - Horst-Süd), hatte das Depot in Horst ausgedient und konnte 1955 aufgegeben werden. Auf dem inzwischen verkauften Gelände befinden sich heute Wohngebäude. Auch die Straßenbahnstrecke Karnap - Gelsenkirchen-Horst besitzt inzwischen eine andere Streckenführung.

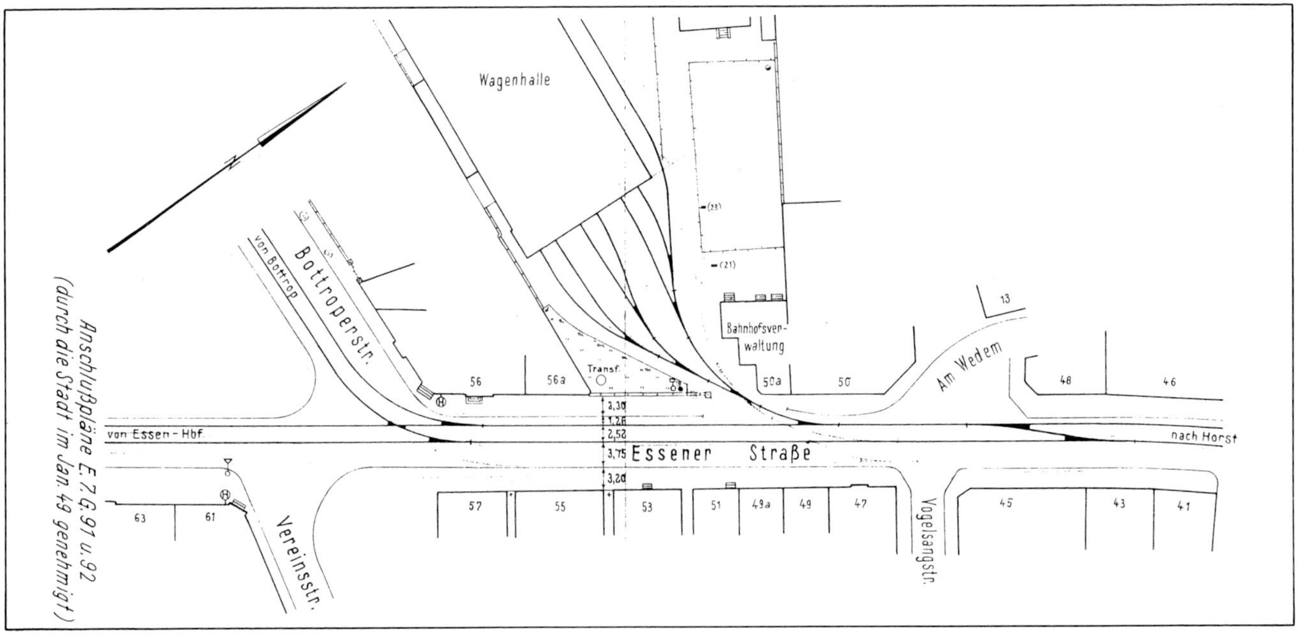

Lageplan des Betriebshofes Horst, 1950. (Archiv EVAG)

Als erster Betriebshof der Essener Straßenbahn schloß 1955 Betriebshof Horst seine Pforten. Nach dem Zweiten Weltkrieg war der Betriebshof einige Jahre vom übrigen Netz der SEG getrennt und konnte nur über Gelsenkirchen oder Bottrop angefahren werden. (Archiv EVAG)

6. Kruppstraße (1915–1964)

Die Inbetriebnahme neuer Straßenbahnstrecken im Bereich Frohnhausen, Holsterhausen und Essen-West erforderte 1914/15 den Bau einer neuen Wagenhalle an der Stadtgrenze Essen/Mülheim. Der Betriebshof an der Kruppstraße (heute Ruhrschnellweg A 430) erhielt zunächst acht Gleise. Durch den Bau einer neuen Halle mit wiederum acht Gleisen und einer neuen Werkstatthalle, die teilweise zweigeschossig war, wuchs die Gleislänge in den Jahren 1926/27 auf 2.351 m.

In der Sprache der Straßenbahner wurde dieser Betriebshof auch mit „Heißen“ bezeichnet. Dies hat sich teilweise bis heute erhalten. Seit 1931 wurden hier auch Hauptuntersuchungen und andere wagenbauliche Arbeiten als Ergänzung und Entlastung der Hauptwerkstatt Grillostraße durchgeführt.

Nach dem Zweiten Weltkrieg übernahm die Wagenwerkstatt Kruppstraße zeitweise die Funktion einer eigenen Waggonfabrik. Bis Ende der fünfziger Jahre wurden hier sehr viele kriegsbeschädigte Fahrzeuge wieder aufgebaut oder unter Verwendung altbrauchbarer Teile gänzlich neu erstellt. Durch die Materialknappheit und die dadurch notwendigen Improvisationen sah fast jeder Wagen etwas anders aus als sein Vorgänger.

Bis 1964 diente der Betriebshof noch für die Linien nach Mülheim, Haarzopf und Frohnhausen als Depot, bevor auch er durch den neuen Betriebshof Stadtmitte entbehrlich wurde.

Bis zum Umbau 1974/75 war anschließend nur noch das Baulager mit den zugehörigen Arbeitswagen hier stationiert. Durch den Ausbau der Kruppstraße zur autobahnmäßigen Schnellstraße (B 1) in den sechziger Jahren verlegte man auch die Zufahrt in die Adelkampstraße, abzweigend von der Linie nach Haarzopf.

Seit dem 1. September 1975 befindet sich auf diesem Gelände die Stadtbahn- und Straßenbahn-Hauptwerkstatt und die Betriebswerkstatt der Stadtbahn (siehe auch Schweriner Straße).

Die westliche Halle des Betriebshofes Kruppstraße beherbergte im Untergeschoß die Bauabteilung, im Hauptgeschoß die Wagenwerkstatt, zeitweise als zweite Hauptwerkstatt geführt. Hier befindet sich heute die Elektrowerkstatt. Auf dem Vorfeld wurde 1973–75 die Stadtbahn-Betriebswerkstatt mit dem Stellwerk errichtet. (Sammlung Ahlbrecht)

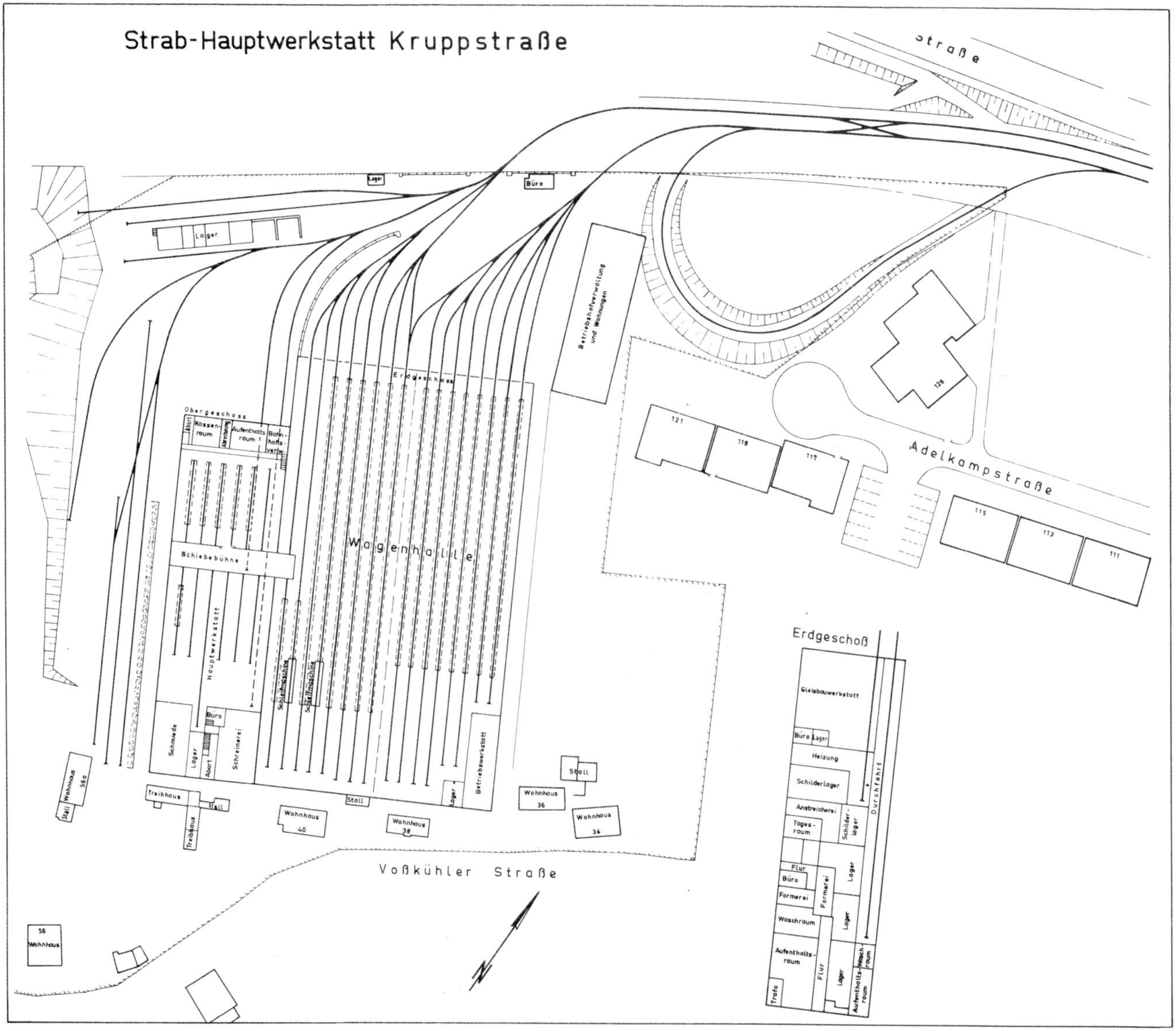

Lageplan des Betriebshofes Kruppstraße, mit zweiter Straßenbahn-Hauptwerkstatt, 1960. (Archiv EVAG)

7. Kray (1932–1961)

Am 1. August 1932 übernahm die SEG, gleichzeitig mit der Straßenbahnstrecke Steele - Kray - Gelsenkirchen-Rotthausen, auch die Wagenhalle Kray (Leimgard) von der Bochum-Gelsenkirchener Straßenbahnen AG. Das Depot an der Rotthauser Straße, kurz vor der Stadtgrenze Essen/Gelsenkirchen gelegen, war 1897 von der BoGeStra eröffnet worden und diente als Stützpunkt für die Linie 4 (Steele - Gelsenkirchen - Wanne-Eickel). Die SEG benutzte die Halle als Außenstelle des Betriebshofes Schonnebeck und stellte hier zumeist ausgemusterte Fahrzeuge sowie Arbeitswagen ab. Bis zum Zweiten Weltkrieg waren hier außerdem die Essener Kurse der Gemeinschaftslinie 4 untergebracht. Nach 1945, als auf der Linie 4 Essener Wagen nur noch als Einsatz- und Personalwagen verkehrten, diente die Halle ausschließlich den abgestellten und ausgemusterten Wagen, sowie der Bauabteilung als Lager.

Zusammen mit der Stillegung der Strecke Kray - Gelsenkirchen wurde der Betriebshof im Mai 1961 geschlossen und verkauft. Ein Teil der Anlage wird heute von einer Industriefirma benutzt.

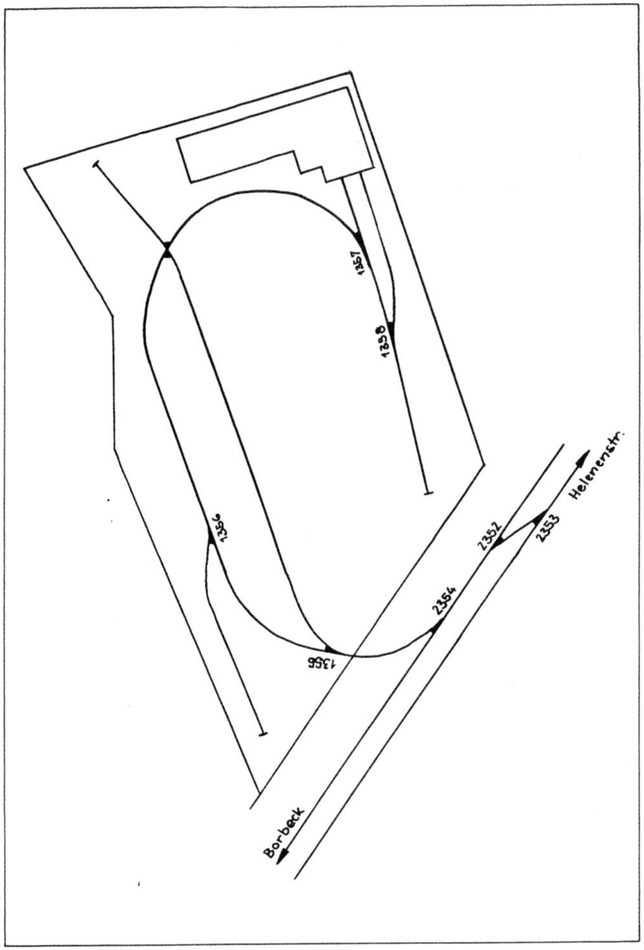

Baulager Leimgardtsfeld, 1950. (Ahlbrecht)

8. Leimgardtsfeld (1924/25–1968)

Zwischen den Haltestellen Leimgardtsfeld und Gasanstalt richtete die SEG 1924/25 ein Oberbau-Lager ein. Neben dem Baulager gab es auch eine Halle zur Unterstellung der ebenfalls hier stationierten Arbeitsfahrzeuge.

Mitte der sechziger Jahre verlegte man das Baulager auf das Gelände des Betriebshofes Kruppstraße, wo es sich noch heute befindet.

9. Stadtmitte (seit 1964)

Nachdem bereits 1963 der Busbereich in den neuen zentralen Großbetriebshof „Stadtmitte“ eingezogen war, konnte am 11. Oktober 1964 auch die Straßenbahnanlage eingeweiht werden. Gleichzeitig legte man die Betriebshöfe Grillostraße, Kruppstraße und Schonnebeck still. Der Betriebshof „Stadtmitte“ befindet sich auf einem ehemaligen Zechengelände an der Goldschmidtstraße am Rande der Innenstadt. Neben einer großen Abstellfläche befindet sich hier eine moderne Betriebswerkstatt und eine Waschanlage. Die Gleislänge betrug zunächst 1.640 m, wurde aber mehrfach, zuletzt 1982 verlängert.

Die Zufahrt erfolgte zunächst von der Haltestelle „Volkshochschule“ über eine Neubaustrecke durch die Herkules- und Goldschmidtstraße. Seit 1976 gibt es eine zweite Zufahrtsmöglichkeit von der Haltestelle „Am Freistein“ aus.

Seit 1982 (Aufgabe des Betriebshofes Borbeck) sind hier alle meterspurigen Straßenbahnfahrzeuge beheimatet. Auch die Museumswagen sind hier teilweise untergebracht.

Lageplan des Betriebshofes Stadtmitte, 1982. (EVAG)

Überblick über den Betriebshof Stadtmitte, 1966. (Foto W. Moog; Freigegeben Nr. 19/46/4363 RP Düsseldorf; Archiv EVAG)

10. Schweriner Straße (seit 1975)

In der Zeit vom 1. Juli bis 31. August 1975 erfolgte der Umzug der Hauptwerkstatt vom alten Gelände in der Grillostraße zur Schweriner Straße.

Der ehemalige Straßenbahnbetriebshof Kruppstraße wurde zur gemeinsamen Stadtbahn- und Straßenbahn-Hauptwerkstatt umgebaut. Dieses Vorhaben wurde im Rahmen des Baus der ersten Strecke der Stadtbahn Rhein-Ruhr, der sogenannten „Modell- und Versuchsstrecke“ (Essen-Wiener Platz - Mülheim-Heißen-Kirche), mit Mitteln des Stadtbahnbaus finanziert und als „Haupt- und Betriebswerkstatt Wickenburg“ (Kurzbezeichnung: HwW/BwW) bezeichnet.

Mit Rücksicht auf eine im Gesamtkonzept der Stadtbahn Rhein-Ruhr an anderer Stelle geplante, endgültige Stadtbahn-Hauptwerkstatt wurde die Essener Werkstatt häufig mit dem Zusatz „vorläufig“ versehen. Ob es einmal zur Verwirklichung der „endgültigen“ Hauptwerkstatt kommen wird, läßt sich derzeit weniger absehen denn je. In jedem Fall hat die „Schienenfahrzeug-Hauptwerkstatt Schweriner Straße“, wie die EVAG-Bezeichnung lautet, in den nunmehr bereits 15 Jahren ihres Bestehens sehr erfolgreich gearbeitet.

Seit 1976 befindet sich hier auch die Betriebswerkstatt für die normalspurigen Stadtbahnwagen. Hierfür wurde das untere Gelände umgebaut und vergrößert.

Somit finden hier jetzt neben der Stadtbahn-Betriebswerkstatt eine Stadtbahn-Meßhalle, ein Lokschuppen, eine Stadtbahn-Waschanlage, eine Unterflur-Radreifendrehmaschine und Abstellgleise für Normal- und Meterspur einen Platz. Außerdem ist hier die Bauabteilung mit Schienenbiegeplatz und Lagerflächen untergebracht.

Die gesamte Gleislänge beträgt ca. 5.000 m mit insgesamt 47 Weichen, wovon 24 im „Dreischienensystem“ liegen. Ein geplanter Gleisanschluß zur Bundesbahnstrecke nach Mülheim-Heißen wurde bis heute nicht gebaut.

Im Gelände „Schweriner Straße“ befinden sich ferner die Kleiderkammer, die Straßenbahn-Fahrschule, ein Stadtbahn-Streckenstellwerk, ein Gleichrichterwerk, sowie die Technischen Büros und Werkstätten der Stromversorgung, der Zugsicherungstechnik und der Bauabteilung.

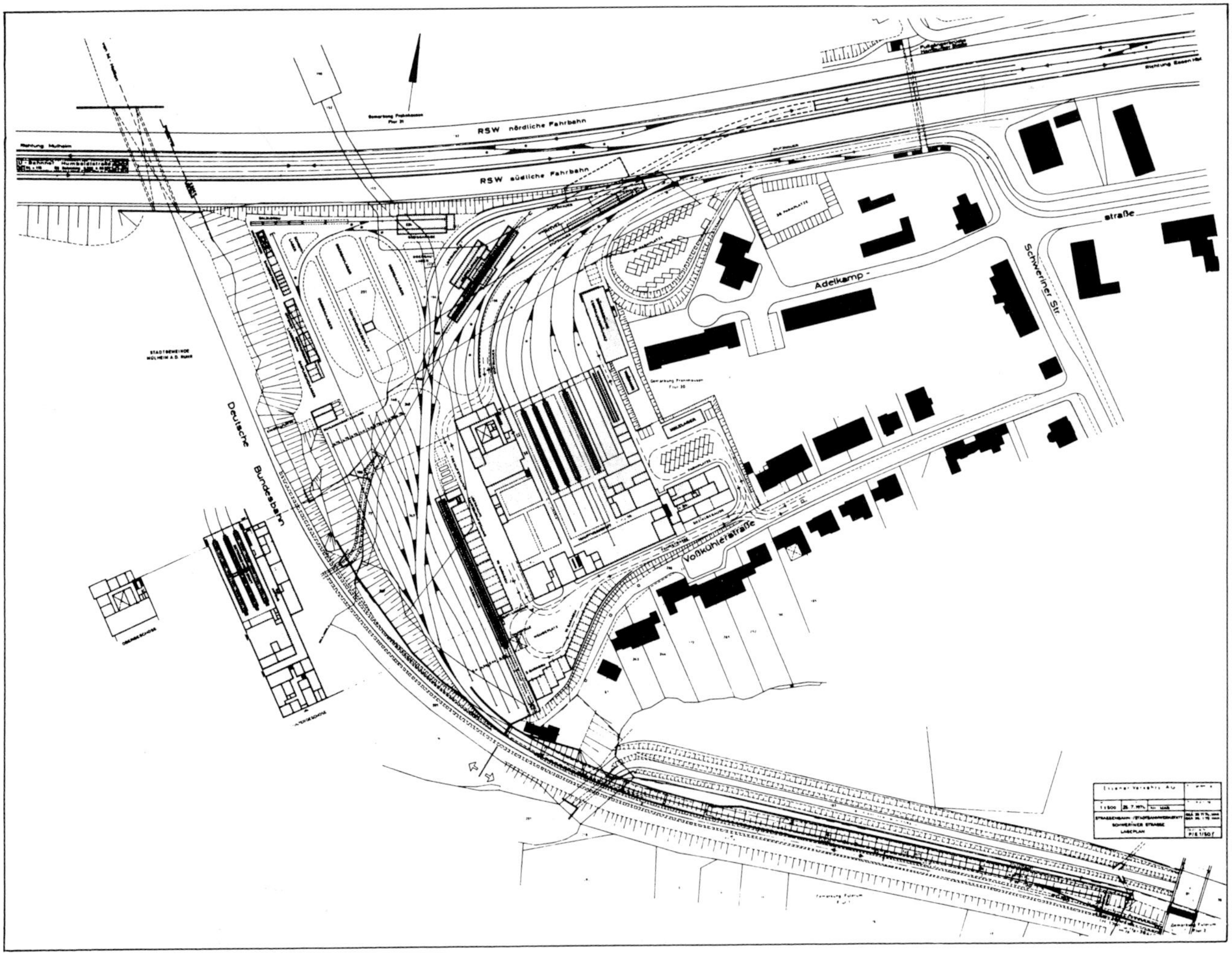

Lageplan der Schienenfahrzeug-Hauptwerkstatt Schweriner Straße, 1976. (EVAG)

Das Gelände der Hauptwerkstatt Schweriner Straße mit den Stadtbahn-Abstellanlagen und dem Gleisbauplatz im Luftbild, 1991. (Foto: F. Scheve, Hünxe; Freigegeben Nr. 33 D 2156 RP Düsseldorf; Archiv EVAG)

WEICHENPLAN

U-/Stadtbahn / Straßenbahnvorlauf / Straßenbahn

Erläuterung:

- Stadtbahngleise, Spur 1433 mm
- Straßenbahngleise, Spur 1000 mm
- Drei-Schienen-System, Spur 1000/1433 mm
- Spurbusstrecke
- Tunnelmund
- Bahnübergang
- Neubaustrecke

Weichennumerierung Straßenbahnnetz (vierstellig):

1 x x x	mechanisch gestellte Weichen
1 x x x	festgestellte Weichen (verschweißt od. verkeilt)
2 x x x	mechanisch gestellte beheizte Weichen
3 x x x	elektrisch gestellte Weichen
4 x x x	elektrisch gestellte beheizte Weichen
2 x x x• 4 x x x•	beheizte Weichen mit Thermostat
5 x x x	Bauweichen

Weichennumerierung U-/Stadtbahn u. Strab-Vorlaufbetrieb:

Ehb W22 W52	Weichen-Nr. (ein-u. zweistellig) der U-/Stadtbahn u. Strab-Vorlaufstrecken; Weichen sind im Zugsicherungssystem erfaßt

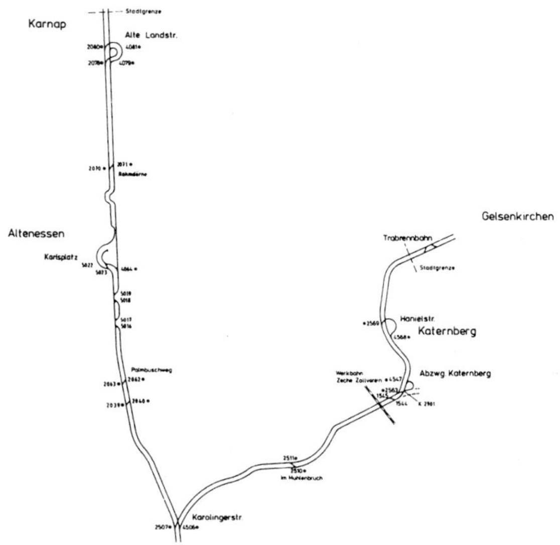

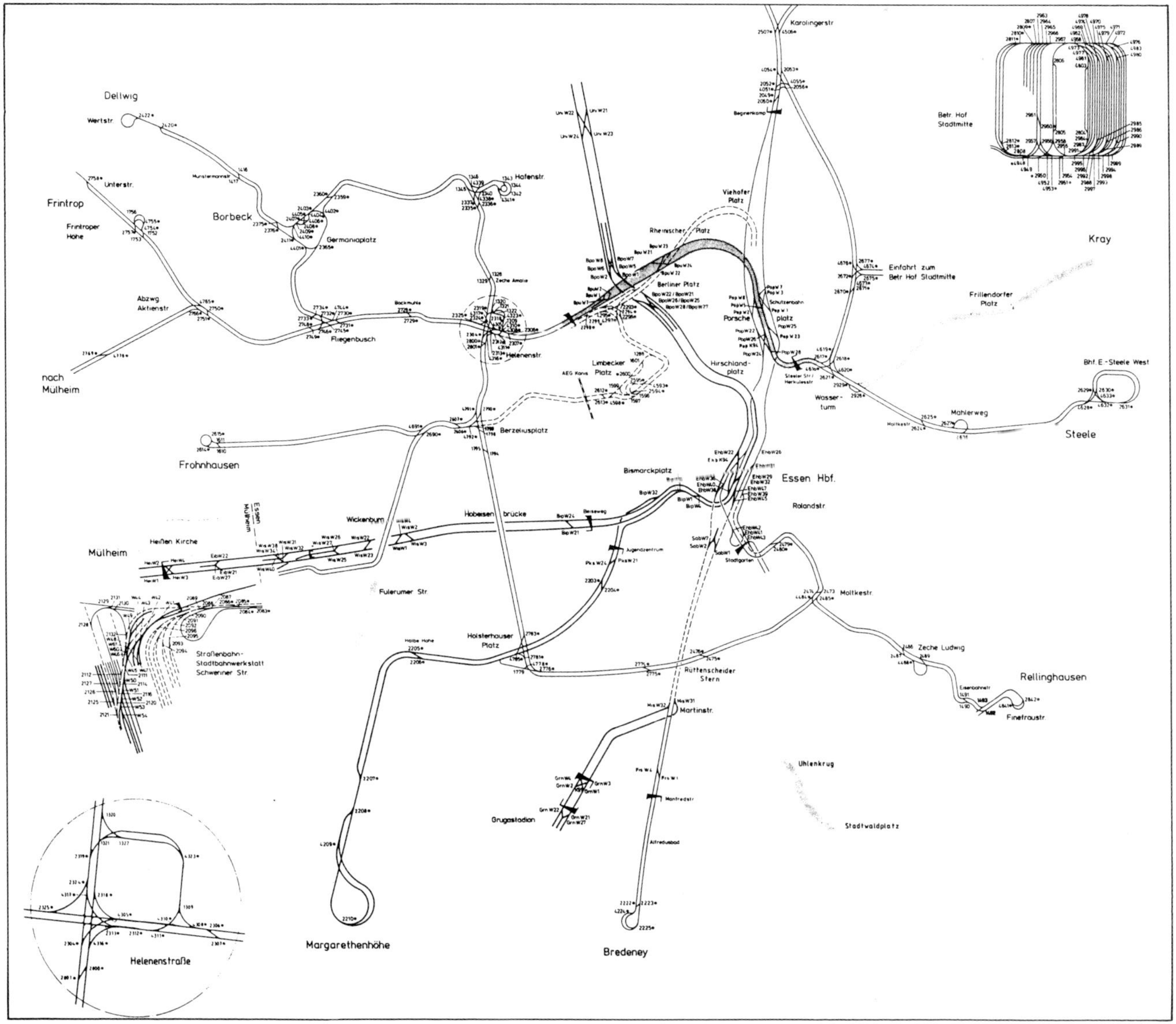

Gleis- und Weichenplan des Schienennetzes 1991. (EVAG)

11. Bergerhausen (geplant)

In den dreißiger Jahren plante man für die vorgesehenen Streckenerweiterungen im Südosten der Stadt den Bau eines modernen Groß-Betriebshofes an der Weserstraße in Bergerhausen. Die Zufahrt sollte über die Ruhrallee und die Weserstraße erfolgen.

Durch die politischen Ereignisse gab man das Projekt aber dann schließlich ebenso wie geplante neue Straßenbahnstrecken (u. a. nach Heisingen und zum Baldeneysee) auf.

12. Altenessen (geplant)

Für den geplanten Bau einer Abstellanlage für normalspurige Stadtbahnwagen erwarb die EVAG ein Gelände in Altenessen, zwischen Nordsternstraße und Rhein-Herne-Kanal. Die endgültige Entscheidung über die Nutzung des Geländes hängt vom Fortgang des Baus der U-Bahn-Nordstrecke (Bauabschnitt B7E) ab.

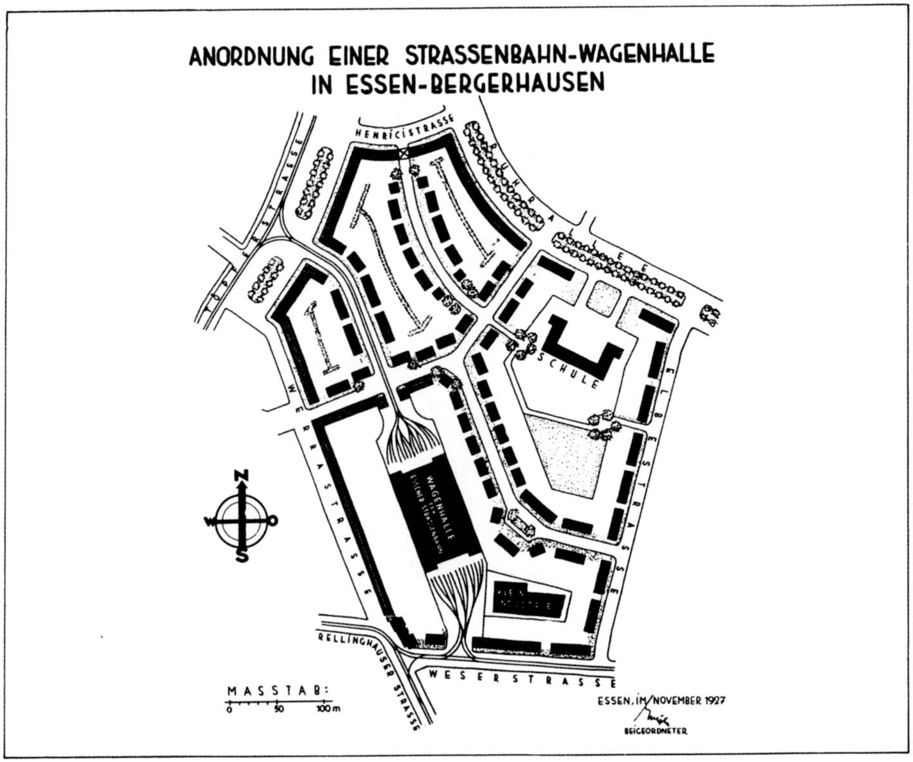

Lageplan des 1927 geplanten neuen Betriebshofes Bergerhausen für 160 Wagen an der Weserstraße. (Archiv EVAG)

Teil 2: Fahrzeugstatistik

Herstellerverzeichnis

ABB	ABB Henschel Waggon-Union GmbH; vormals ASEA BROWN BOVERI AG, Mannheim; vormals Brown, Boveri & Cie. AG, Mannheim
AEG	Allgemeine Elektricitätsgesellschaft, Berlin; jetzt: AEG Westinghouse Transport-Systeme GmbH, Berlin
BBC	Brown, Boveri & Cie. AG, Mannheim; jetzt: ABB Henschel Waggon-Union GmbH, Berlin
BSI	Bergische Stahl-Industrie, Remscheid; jetzt: Bergische Stahl-Industrie-BSI-Verkehrstechnik, Remscheid - Mülheim
DUEWAG	Düsseldorfer Waggonfabrik AG; vormals Gebr. Schöndorff oHG, Düsseldorf; jetzt: DUEWAG AG, Werk Düsseldorf
DWM	Deutsche Waggon- und Maschinenfabriken GmbH, Berlin; jetzt: ABB Henschel Waggon-Union GmbH, Berlin
Falkenried	Wagenbauanstalt Falkenried der Straßen-Eisenbahn-Gesellschaft, Hamburg; jetzt: Fahrzeugbau Falkenried GmbH, Hamburg
Fuchs	H. Fuchs Waggonfabrik AG, Heidelberg
GEC	General Electric Company, Manchester; jetzt: GEC-Alsthom Transportation Projects Ltd., Manchester
G-L	Garbe, Lahmeyer & Co AG, Aachen
Gastell	Waggonfabrik Gebr. Gastell GmbH, Mainz-Mombach
Reichmann	Gebr. Reichmann KG, Kettwig a. d. Ruhr
Gmeinder	Gmeinder & Co GmbH, Mosbach/Baden
Herbrand	Waggonfabrik AG, vorm. P. Herbrand & Co., Köln-Ehrenfeld
Kiepe	Th. Kiepe, Elektrotechnische Fabrik, Düsseldorf; jetzt: Kiepe Elektrik GmbH, Düsseldorf
Krupp	Fried. Krupp AG (Lowa), Essen; jetzt: Krupp Maschinentechnik GmbH, Essen
LHB	Linke-Hofmann-Busch, Waggon-Fahrzeug-Maschinen GmbH, Salzgitter
Lindner	Gottfried Lindner AG, Ammendorf bei Halle/Saale; später: VEB Waggonbau Ammendorf; jetzt: Waggonbau Ammendorf GmbH
Linke	Linke-Hofmann-Werke AG, Werk Köln
Lohmann	Stahlbau Heinrich Lohmann, Essen-Altenessen; jetzt: Stahlbau Lohmann GmbH, Essen
MAN	Maschinenfabrik Augsburg-Nürnberg AG, Nürnberg; jetzt: MAN Gutehoffnungshütte GmbH, Nürnberg

Mitteld. Stahlwerke	Mitteldeutsche Stahlwerke AG, Lauchhammerwerke, Lauchhammer; jetzt: Linke-Hofmann-Busch, Waggon-Fahrzeug-Maschinen GmbH, Salzgitter
MSW	Maffei-Schwartzkopff-Werke AG, Wildau bei Berlin
O & K	Orenstein & Koppel AG, Berlin; jetzt: O & K Orenstein & Koppel AG, Dortmund
Rastatt	Waggonfabrik AG Rastatt, Rastatt
Schöma	Maschinenfabrik Christoph Schöttler, Diepholz
Schörling	Schörling Waggonbau, Hannover
S & K	Seidlitz und Kuschmierz GmbH, Gelsenkirchen
SSW	Siemens-Schuckert-Werke AG, Berlin/Erlangen; jetzt: Siemens AG, Erlangen
Talbot	Waggonfabrik Gebr. Talbot KG, Aachen; jetzt: Talbot KG, Aachen
UEG	Union Elektricitätsgesellschaft, Berlin
Uerdingen	Waggonfabrik Uerdingen AG, Krefeld-Uerdingen; jetzt: DUEWAG AG, Werk Uerdingen
Union	Deutsch-Luxemburgische Bergwerks- und Hütten-AG – Dortmunder Union – Abt. Waggonbau
Unkel & Meyer	Unkel & Meyer, Wattenscheid; jetzt: Unkel & Meyer, Bochum-Wattenscheid
Werkspoor	Waggonfabrik Werkspoor, Utrecht (Niederlande)
Westwaggon	Vereinigte Westdeutsche Waggonfabriken AG, Köln
Weyer	Düsseldorfer Eisenbahnbedarf, vorm. C. Weyer AG, Düsseldorf
ZWM	Zentralwerkstatt für Verkehrsmittel GmbH, Mannheim

Hinweise und Abkürzungen

Die einzelnen Tabellen, geordnet nach Lieferjahren, umfassen im allgemeinen folgende Daten: Erste Betriebsnummer, Baujahr, Umnumerierungsdaten und Ausmusterung. Als Ausmusterungsdatum gilt das Datum, an dem der Wagen bei der Technischen Aufsichtsbehörde abgemeldet wurde. Daraus folgt, daß dieses nicht unbedingt auch das Verschrottungsjahr sein muß, da einige Wagen längere Zeit abgestellt (z. B. Tw 1521), verkauft (z. B. Tw 1588) oder an Museen abgegeben wurden (z. B. Tw 1501).

Die Erstbesetzung einer Wagennummer wurde nicht besonders gekennzeichnet, ab der zweiten Besetzung ist hinter der Nummer die entsprechende Besetzung als Hochzahl angegeben (z. B. 611^{III} = 3. Besetzung dieser Nummer). Falls eine Wagennummer sowohl als Triebwagen- als auch als Beiwagen- oder Arbeitswagen-Nummer auftaucht, so gilt dieses nicht als Mehrfachbesetzung.

A	= Arbeitswagen, Aufbauwagen
a	= ausgemustert
Afb	= Aufbauwagen
al	= ausgeliehen
B, Bw	= Beiwagen
C	= Choppersteuerung
D	= Drehstromantrieb
DGEG	= Deutsche Gesellschaft für Eisenbahngeschichte
E	= Eigenbau
ex	= früher
Gel	= Gelenkwagen
Gr	= Großraumwagen
HU	= Hauptuntersuchung
K	= kriegszerstört
KSW	= Kriegsstraßenbahnwagen
M	= Museumswagen
M8	= achtachsiger Stadtbahnwagen für Meterspur
S	= Schützensteuerung
SL	= Straßenbahnlinie
T, Tw	= Triebwagen
U	= Umbau
v	= verkauft
Vrb	= Verbandstyp
W	= Wiederaufbau bei Westwaggon
ZZ	= Zweiwagenzugsteuerung
(1.82)	= Jahres- und Monatsangabe
1R, 2R	= Einrichtungs- bzw. Zweirichtungswagen
2x, 4x, 6x, 8x	= Anzahl der Achsen

Das heutige Nummernschema der EVAG

0001 ... 0999	Arbeitsfahrzeuge, Dienstfahrzeuge, Sonderfahrzeuge, Pkws, Lkws
1000 ... 1999	Straßenbahn-Triebwagen
2000 ... 2999	Straßenbahn-Beiwagen
3000 ... 3999	Omnibusse
5000 ... 5999	Stadtbahnwagen (Normalspur)

1. Triebwagen (Meterspur)

Serie:	*1-12*	*Typ:*	*2x 2R*
Baujahr:	*1893*	*Firma:*	*Herbrand*
Motoren:	*VNB 125*		*AEG*

Die erste Serie von Fahrzeugen für die Straßenbahn in Essen umfaßte 12 Wagen der Firma Herbrand. Die Wagen waren noch ohne jegliche Bequemlichkeit und sehr leistungsschwach. Die beiden AEG-Motoren besaßen 18 kW, die Stromzufuhr erfolgte über Rollenstromabnehmer. Als Fahrschalter diente anfangs der AEG-Perronumschalter, nach Umbau ein Schleifring-Reihen-Parallel-Schalter vom UEG-Typ B3.

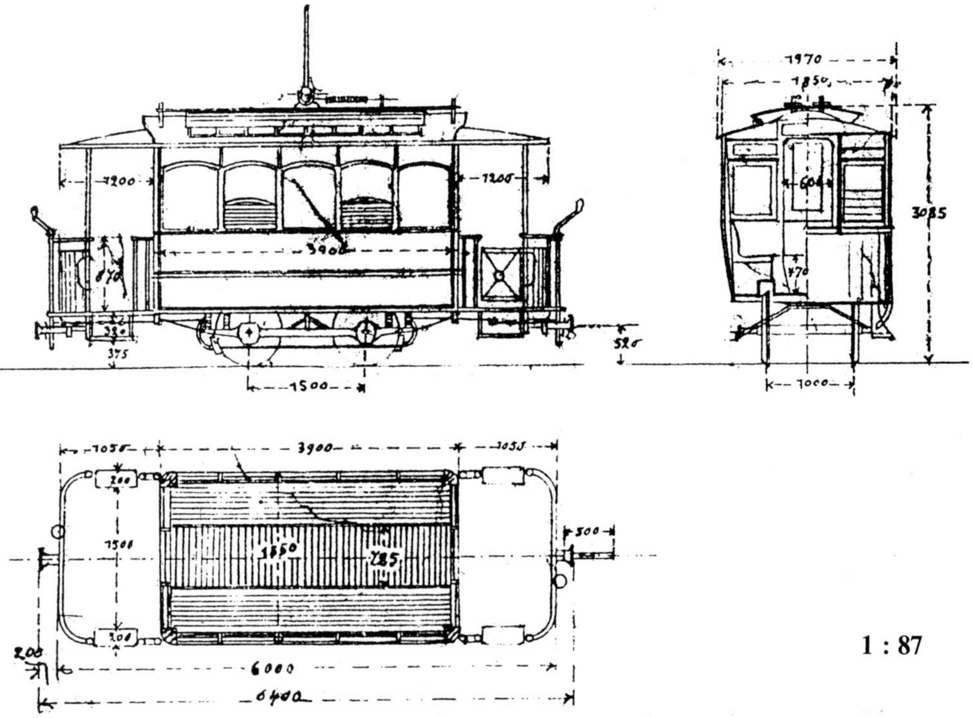

1 : 87

Der Achsstand betrug 1,55 m und das Gewicht 5,3 t. Bei einer Länge von 6,55 m und einer Breite von 1,97 m hatten die Wagen ein Fassungsvermögen von 32 Plätzen, davon 16 Sitzplätze auf Längsbänken. Die Perrons waren offen, der Aufbau aus Holz mit fünf gleichgroßen Bogenfenstern.

Obgleich diese Wagen denen der 1891 eröffneten Stadtbahn Halle fast vollständig glichen, bewährten sie sich in Essen nicht. Die ersten Umbauten erfolgten schon 1898. Bereits ab 1900 wurden einige Wagen zu Beiwagen umgebaut. Dieser Umbau der ganzen Serie war 1906 abgeschlossen.

1 , U = Bw 326 (1906)	7 , U = Bw 332 (1906)
2 , U = Bw 327 (1906)	8 , U = Bw 333 (1906)
3 , U = Bw 328 (1906)	9 , U = Bw 334 (1906)
4 , U = Bw 329 (1906)	10 , U = Bw 335 (1906)
5 , U = Bw 330 (1906)	11 , U = Bw 336 (1906)
6 , U = Bw 331 (1906)	12 , U = Bw 337 (1906)

Triebwagen 2 aus der ersten Lieferung kurz nach der Betriebseröffnung 1893 in der Kettwiger Straße am Burgplatz. (Archiv EVAG)

Serie:	*13-24*	*Typ:*	*2x 2R*
Baujahr:	*1894*	*Firma:*	*Herbrand*
Motoren:	*VNB 125*		*AEG*

Die durch die steigenden Fahrgastzahlen erforderlichen 12 neuen Triebwagen des Jahres 1894 entsprachen denen der ersten Serie. Auch sie wurden bereits 1906 zu Beiwagen umgebaut.

13 , U	=	Bw 259	(1900)		19 , U	=	Bw 265	(1900)
14 , U	=	Bw 260	(1900)		20 , U	=	Bw 266	(1900)
15 , U	=	Bw 261	(1900)		21 , U	=	Bw 267	(1900)
16 , U	=	Bw 262	(1900)		22 , U	=	Bw 268	(1900)
17 , U	=	Bw 263	(1900)		23 , U	=	Bw 269	(1900)
18 , U	=	Bw 264	(1900)		24 , U	=	Bw 270	(1900)

Serie:	*25-54*	*Typ:*	*2x 2R*
Baujahr:	*1897*	*Firma:*	*Falkenried*
Motoren:	*GE 800*		*UEG*

Die 30 im Jahre 1897 beschafften Wagen unterschieden sich schon erheblich von denen der ersten beiden Serien. Lieferant war jetzt die Wagenbauanstalt Falkenried in Zusammenarbeit mit der Bergischen Stahlindustrie und der UEG.

Durch die stärkeren Motoren von 22 kW, sowie die bessere Verarbeitung waren die Triebwagen leistungsstärker und zuverlässiger. Das Fassungsvermögen betrug jetzt 33 Personen (20 Sitzplätze), der Achsstand 1,80 m und das Gewicht 8,4 t. Die Länge wurde auf 7,70 m, die Breite auf 2,0 m erhöht. Der Aufbau war weiterhin aus Holz, der Unterzug allerdings bereits aus Stahl. Äußerlich fielen die Wagen durch ihre geänderte Fensteranordnung, drei große und zwei kleine Rechteckfenster, auf.
Im Jahre 1924 erhielten die Wagen 30-33, 40, 46, 51 und 54 geschlossene Plattformen mit Klapptüren, der Achsabstand wurde auf 2,40 m verlängert, und es wurden neue Motoren vom Typ GEH 58 (24 kW) eingebaut.
Einige Wagen wurden 1925 zu Beiwagen umgebaut, andere kurz darauf zu Arbeitswagen umgerüstet. Die letzten Wagen waren noch bis 1935 als E-Wagen im Personenverkehr, die Tw 604, 607 und 608 fanden danach noch als Rangierwagen auf den Betriebshöfen Verwendung.

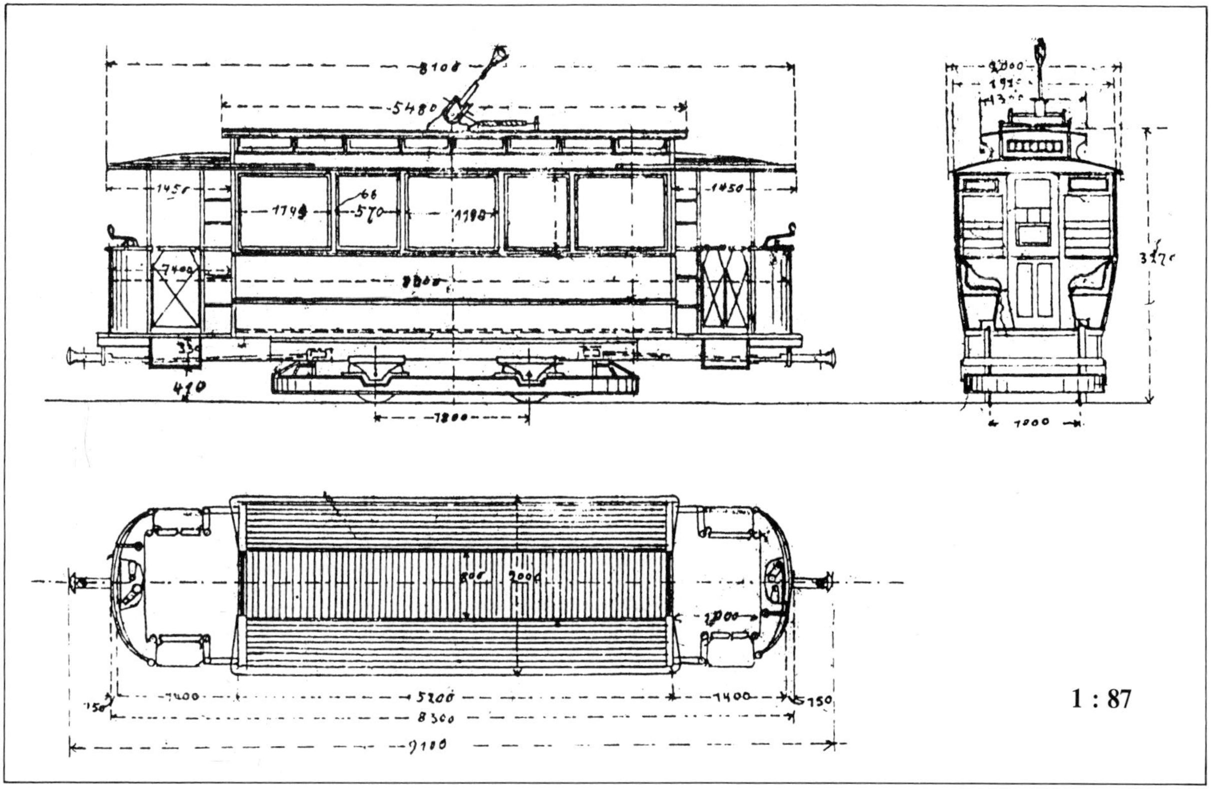

25 = a (1908) nach Unfall
26 , U = Bw 26 (1925)
27 , U = Bw 27 (1925
28 , U = Bw 28 (1925)
29 = a (1927)
30 = 601 (1927) = A1235 (1931)
31 = 603 (1927) = a (1934)
32 = 602 (1927) = A1222 (1929)
33 = 604 (1927) = K (26. 3. 1944)
34 = a (1926)
35 = A511 (1926)
36 = A513 (1927)
37 = A507 (1925)
38 = a (1927)
39 = a (1927)
40 = 605 (1927) = a (1935)
41 = a (1927)
42 , U = Bw 42 (1925)
43 , U = Bw 43 (1925)
44 = A510 (1926)
45 = a (1927)
46 = 606 (1927) = a (1935)
47 = A508 (1925)
48 = a (1927)
49 = A506 (1925)
50 = A505 (1925)
51 = 607 (1927) = A1247 (1937)
52 = a (1926)
53 , U = Bw 53 (1925)
54 = 608 (1927) = A1248 (1937)

Am Alfredusbad präsentiert sich der Triebwagen 50 der Serie 25-54 dem Fotografen bei einer Probe- oder Einweihungsfahrt. Gegenüber den ersten Wagen von 1893/94 erkennt man die geänderte Fensteranordnung und den neuen Dachaufbau mit Lüftungsschlitzen. 1924 wurde der Wagen 50 aus dem Personenverkehr gezogen und zum Arbeitswagen 505 umgerüstet. (Archiv EVAG)

Serie:	***55-94***	***Typ:***	***2x 2R***
Baujahr:	***1898***	***Firma:***	***Falkenried***
Motoren:	***GE 800***		***UEG***

Die 1898 gelieferten Wagen unterscheiden sich von der Vorserie nur durch den Achsstand von 3,0 m. Die Motoren vom Typ GE 800 wurden später durch den Typ GEH 58 ersetzt. Die Bedienung erfolgte über einen Schleifring-Fahrschalter vom Typ B8.
1924 erhielten die Wagen 55–58, 60, 63, 65, 68, 70, 71, 75, 77, 80, 81, 83–88, 91–94 geschlossene Plattformen, bei 15 Triebwagen wurde außerdem der Achsstand auf 2,40 m reduziert. Die meisten Fahrzeuge wurden in den 30er Jahren zu Arbeitswagen umgebaut. Die Wagen 609, 612, 614, 617, 621, 622 und 625 waren ab 1935 nur noch als Rangierwagen im Einsatz.
Wagenkastenteile und Fahrschalter des Wagens 616 verwendete man 1932 zum Bau des „Erlkönigs" (1250) als Versuchswagen für das Montos-System.

55 = 609 (1927) = A1241 (1937)
56 = 610 (1927) = a (1935)
57 = 611 (1927) = a (1935)
58 = 612 (1927) = A1252^{II} (1947)
59 = a (1927)
60 = 613 (1927) = 596^{II} (1950) = 598^{II} (1953) = A1257 (1956)
61 , U = Bw 61 (1925)
62 = a (1927)
63 = 614 (1927) = K (12. 1944)
64 , U = Bw 64 (1925)
65 = 615 (1927) = A1240 (1936)
66 , U = Bw 66 (1925)
67 = A1231 (1927)
68 = 616 (1927) = 1250 (1932) = 505 (1934)
69 , U = Bw 69 (1925)
70 = 617 (1927) = A1253 (1947)
71 = 618 (1927) = A1242 (1937)
72 = a (1927)
73 = a (1927)
74 = a (1927)
75 = 619 (1927) = a (1935)
76 = a (1926)
77 = A 1220 (1929)
78 = A 502^{II} (1924)
79 = a (1926)
80 = A1216 (1928/29)
81 = A1223 (1929)
82 = A514 (1927)
83 = 621 (1927) = a (1942)
84 = a (1929)
85 = A512 (1926)
86 , U = Bw 98 (1929)
87 = A1217 (1928/29)
88 = 622 (1927) = a (1943)
89 = A509 (1926)
90 = a (1926)
91 = 623 (1927) = a (1934)
92 = 624 (1928) = A1237 (1935)
93 = A1219 (1928)
94 = 625 (1927) = A1251 (1937)

Die Wagen der Serie 55-94 erhielten erstmals Dachlaternen. Das Foto zeigt den Triebwagen 81, schon mit Lyrabügel, im Betriebshof Bredeney (ca. 1915). (Archiv EVAG)

Nach dem Umbau der Plattformen (1924) und der erfolgten Umnumerierung in 610 zeigt sich der ehemalige Triebwagen 56 im Jahre 1927 auch in neuer Farbgebung. (Archiv EVAG)

Serie:	***95-106***	***Typ:***	***2x 2R***
Baujahr:	***1899***	***Firma:***	***Falkenried***
Motoren:	***GEH 58***		***UEG/Siemens***

Erstmals lieferte die Firma Siemens & Halske die elektrische Ausrüstung der 12 neuen Triebwagen des Jahres 1899. Der Achsstand betrug 1,80 m, die Kastenlänge 7,80 m und das Gewicht 8,7 t. Der alte Fahrschalter vom Typ B8 konnte durch den moderneren Typ B28 ersetzt werden. Ansonsten entsprachen die Fahrzeuge denen der Serie 55-94. Statt der ursprünglich vorgesehenen Motoren vom Typ GE 800 gelangte der Typ GEH 58 zum Einbau.
1924 wurden die Plattformen, außer bei den Triebwagen 99 und 101, geschlossen und die Kastenlänge auf 8,05 m erhöht. Bei den Triebwagen 95-98, 100 und 102-106 erfolgte dabei auch eine Verlängerung des Achsstandes auf 2,40 m.
1929 konnten drei Wagen dieser Serie nach Liegnitz verkauft werden. Die Triebwagen 629, 631, 633 und 634 dienten ab 1935 als Rangier-Triebwagen, der Tw 626 als Reklamefahrzeug.

95 = 626 (1927) = Reklame-Tw 626 (1935) = a (ca. 1940)
96 = 627 (1927) = v Liegnitz (1929)
97 = 628 (1927) = v Liegnitz (1929)
98 = 620 (1927) = a (1935)
99 = a (1926)
100 = 630 (1927) = v Liegnitz (1929)
101 = A504 (1924)
102 = 629 (1927) = A1254 (1947)
103 = 631 (1927) = A1244 (1937)
104 = 632 (1927) = A1239 (1936)
105 = 633 (1927) = A1245 (1937)
106 = 634 (1927) = a (1943) nach Kriegseinwirkungen

Die 1929/30 nach Liegnitz verkauften Fahrzeuge wurden bereits in Essen mit den neuen Wagennummern und der Bezeichnung „Straßenbahn Liegnitz“ versehen. Der Triebwagen 17 hatte zuvor bei der SEG die Nummer 96.
(Archiv EVAG)

Serie:	*107-142*	*Typ:*	*2x 2R*
Baujahr:	*1900*	*Firma:*	*Falkenried*
Motoren:	*GEH 58*		*UEG/Siemens*

Die Fahrzeuge dieser Serie entsprachen weitgehend denen der Serie 95-106, lediglich das Gewicht war mit 9,0 t etwas höher. Außerdem betrug der Achsstand bei acht Triebwagen (111-118) 3,00 m statt 1,80 m.
1924 wurden die offenen Plattformen geschlossen, die Kastenlänge auf 8,05 m erhöht und der Achsstand aller Triebwagen auf 2,40 m verändert. Die Triebwagen 643, 647, 664 und 665 fanden ab 1935 nur noch als Rangierwagen Verwendung.

107 = 635 (1927) = v Liegnitz (1929)
108 = 636 (1927) = v Liegnitz (1929)
109 = 637 (1927) = v Liegnitz (1930)
110 = 638 (1927) = v Liegnitz (1930)
111 , U = Bw 111 (1925)
112 , U = Bw 112 (1925)
113 , U = Bw 113 (1925)
114 = 639 (1927) = a (1947)
115 = A1218 (1928)
116 = 640 (1927) = v Liegnitz (1930)
117 = 641 (1927) = 597^{II} (1950) = a (2. 1958)
118 , U = Bw 118 (1925)
119 = 642 (1927) = A1233 (1931)
120 = 643 (1927) = A1255 (1947)
121 = 644 (1927) = K (5. 3. 1943)
122 = 645 (1927) = A1234 (1931)
123 = 646 (1927) = A1226 (1930)
124 = 647 (1927) = a (1942)
125 = 648 (1927) = v Liegnitz (1932)
126 = 649 (1927) = A1225 (1930)
127 = 650 (1927) = a (1935)
128 = 651 (1927) = A1228 (1930)
129 = 652 (1927) = A1227 (1930)
130 = 653 (1927) = v Liegnitz (1932)
131 = 654 (1927) = v Liegnitz (1932)
132 = 655 (1927) = a (1934)
133 = 656 (1927) = a (1934)
134 = 657 (1927) = K (5. 3. 1943)
135 = 658 (1927) = A1230 (1930)
136 = 659 (1927) = v Liegnitz (1932)
137 = 660 (1927) = a (1935)
138 = 661 (1927) = A1229 (1930)
139 = 662 (1927) = A1238 (1935)
140 = 663 (1927) = v Liegnitz (1932)
141 = 664 (1927) = A1249 (1937)
142 = 665 (1927) = A1252 (1944)

Noch im Ursprungszustand, bis auf den Stromabnehmer, befindet sich der Triebwagen 113 der Serie 107-142, Baujahr 1900. Die Aufnahme entstand nach Einführung der Liniennummern im Jahre 1907: aufgenommen an der Hufelandstraße. (Archiv EVAG)

Serie:	*143-153*	*Typ:*	*2x 2R*
Baujahr:	*1908*	*Firma:*	*Herbrand*
Motoren:	*U 104*		*AEG*

Nachdem der zweigleisige Streckenausbau bis 1908 erheblich fortgeschritten war und dadurch die Fahrplantakte verdichtet werden konnten, benötigte man auch neue Triebwagen. Lieferant der 11 neuen Fahrzeuge war noch einmal die Firma Herbrand, die bereits die Wagen 1-24 gebaut hatte.
Die Wagen hatten zwei 24-kW-Motoren und einen Fahrschalter vom Typ B3 OW (AEG). Durch die Verlängerung des Wagenkastens auf 8,56 m konnte das Platzangebot auf 39 erhöht werden. Die 24 Sitzplätze waren dabei erstmals auf Querbänken angeordnet. Der Achsstand betrug jetzt 3,20 m, das Gewicht 10,5 t.
1923 wurden die AEG-Motoren gegen SSW-Motoren vom Typ D 58 we mit einer Leistung von 33 kW ausgetauscht. 1930 baute man in die Wagen 666, 670 und 671 38-kW-Motoren vom Typ Du 531e (SSW) ein.

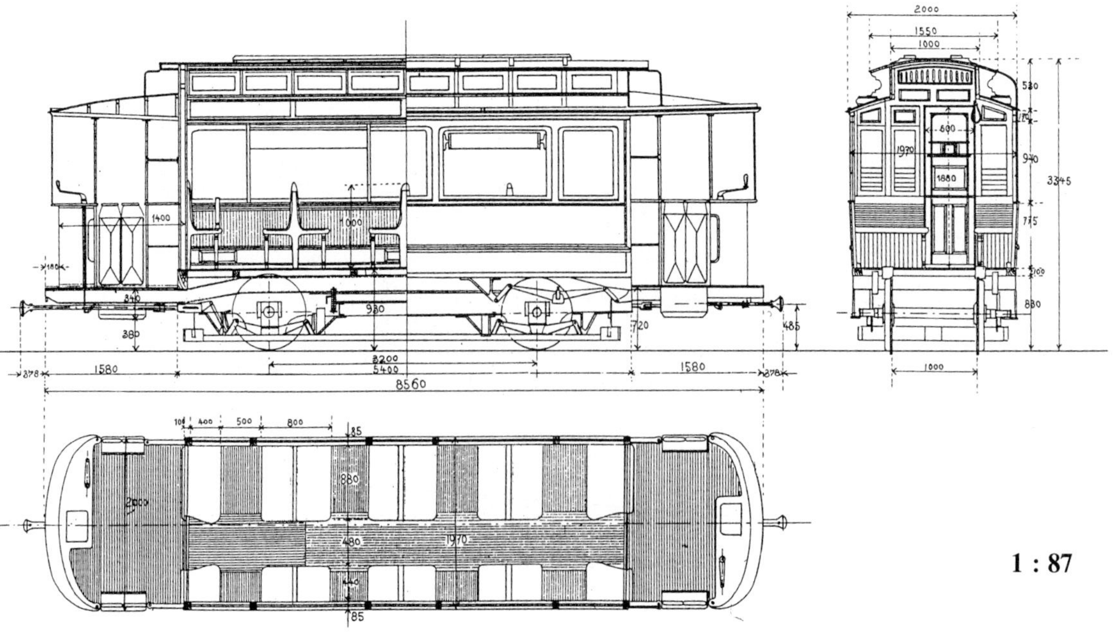

1 : 87

Nachkriegsaufnahme des Triebwagens 603 (ex 150) auf dem Gelände der Hauptwerkstatt Grillostraße. (Archiv EVAG)

Umbauten:

1924:	Schließung der offenen Plattformen
1930:	Große, runde Plattformen; Kastenlänge 8,78 m (nur Tw 671, Tw 673 und Tw 675)
1931:	Trapezförmige Plattformen, Schiebetüren, Kastenlänge 8,88 m (nur Tw A1200), bei Gastell
HU 1949/50:	Trapezförmige Plattformen, Schiebetüren, vier Seitenfenster, Kastenlänge 8,88 m (nur Tw 601^{II})
	Große, runde Plattformen, vier Seitenfenster, Kastenlänge 8,78 m (nur Tw 602^{II})

143 = 666 (1927) = 601^{II} (1950) = 787^{II} (9. 7. 1958) = A622 (18. 5. 1960)
144 = 667 (1927) = K (5. 3. 1943)
145 = 668 (1927) = K (5. 3. 1943)
146 = 669 (1927) = K (5. 3. 1943)
147 = 670 (1927) = A1200 (1931)
148 = 671 (1927) = 602^{II} (1950) = 861^{II} (9. 7. 1958) = a (28. 11. 1958)
149 = 672 (1927) = K (5. 3. 1943)
150 = 673 (1927) = 603^{II} (1950) = a (17. 11. 1956)
151 = 674 (1927) = 604^{II} (1950) = a (10. 12. 1954)
152 = 675 (1925) = 605^{II} (1950) = a (17. 11. 1956)
153 = 676 (1927) = 606^{II} (1950) = a (10. 12. 1954)

Serie:	***154-165***	***Typ:***	***2x 2R***
Baujahr:	***1910***	***Firma:***	***Herbrand***
Motoren:	***U 140***		***AEG***

Die 12 Fahrzeuge des Jahres 1910 waren die letzten für Essen gebauten Triebwagen der Firma Herbrand. Auffälligste Änderung war die neue vierfenstrige Seitenwand bei einer Kastenlänge von 9,18 m und einer Breite von 2,00 m. Das Platzangebot betrug jetzt 23 Steh- und 22 Sitzplätze, der Achsstand weiterhin 3,20 m. Die beiden 29-kW-Motoren waren als erste Motorenbauart mit Wendepolen ausgelegt. Die beiden Fahrschalter waren vom Typ B 36 wsp 3 (AEG).

Neue Motoren:

D 58 we	(SSW, 33 kW)	alle Fahrzeuge (1923)
Du 531e	(SSW, 38 kW)	685 (1931)
		607^{II}, 608^{II} (1951)
		613^{II} (1952)
DB 651a	(SSW, 44 kW)	701^{II}-703^{II} (1950)

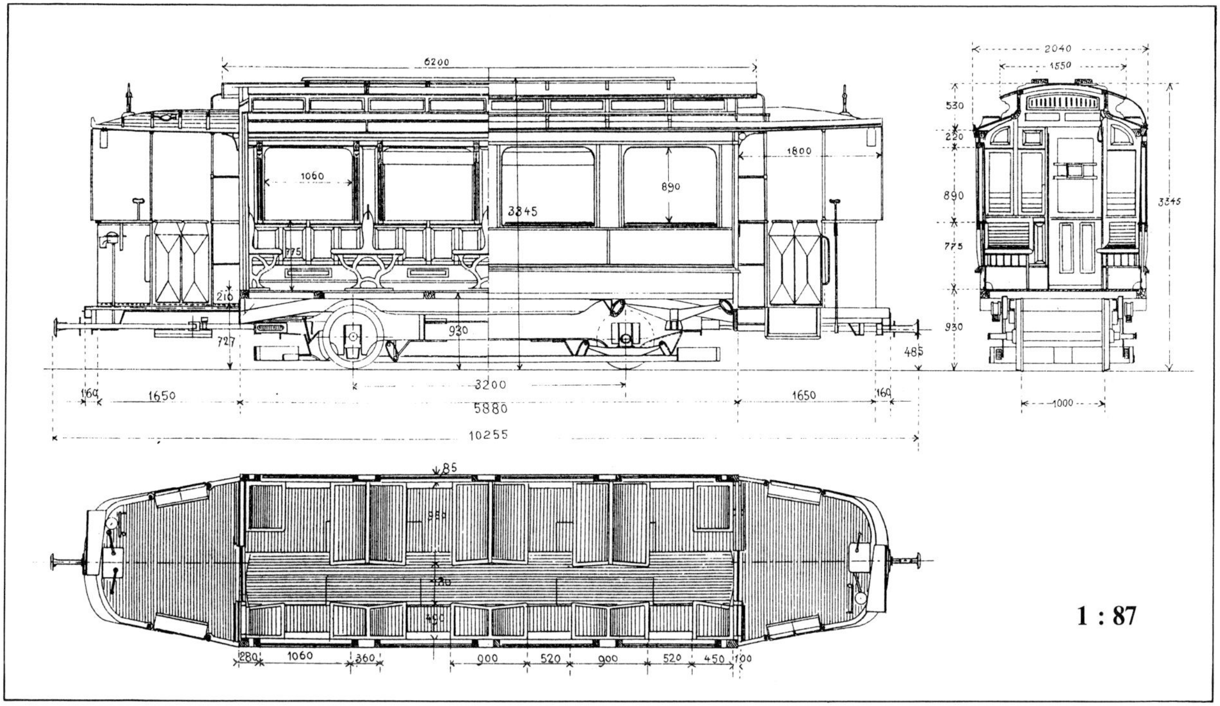

Umbauten:

1923: geschlossene, runde Plattformen mit Klapptüren, Kastenlänge 9,18 m (Eigenbau), 3 Frontfenster

1931: geschlossene, trapezförmige Plattformen mit Schiebetüren, 3 Frontfenster, Kastenlänge 9,28 m (nur 679, 685), Gastell

1949: wie 1931, jedoch einteiliges Frontfenster (nur 678, 683, 684), Eigenbau

1951: neuer Wagenkasten auf altem Kastenrahmen (10,28 m) bei Tw 607^{II}

1952: wie 1951 bei Tw 607, hier bei Tw 613^{II}

1957: geschlossene, trapezförmige Plattformen mit Schiebetüren, Kastenlänge 9,33 m (nur 701^{II}), Eigenbau; 701^{II} + 718^{II} = Zwillingszug mit Fahrschalter DK 3, Kastenlänge auf der A-Seite um 5 cm verlängert

1958: Zweiwagen-Zugsteuerung mit Scharfenbergkupplung und Kleinspannungsanlage (nur 776, 777)

685 = K (3. 1944), Wiederaufbau in Familleureux, Belgien (1944), überführt an SEG 1950.

Einen völlig neuen Wagenkasten mit integriertem Schilderkasten erhielt 1951 der Triebwagen 607 (ex 154, Baujahr 1910). Hier ist er am 8. Juni 1951 in der Nähe des Oberhausener Hauptbahnhofs zu sehen. (Boehm)

Der abgebildete Triebwagen 685 (ex 162) war von 1944 bis 1950 zum Wiederaufbau in Familleureux (Belgien). In Essen wurde er endgültig fertiggestellt, behielt dabei aber sein Aussehen wie vor dem Krieg. Das Foto zeigt ihn Mitte der fünfziger Jahre an der Haltestelle „Klarastraße" (Rüttenscheider Stern). (Archiv EVAG)

154 = 677 (1927) = 607^{II} (1950) = 776^{II} (7. 1958) = 1206 (7. 1960) = a (1.1.1964)
155 = 678 (1927) = 608^{II} (1950) = 788^{II} (7. 1958) = a (11.10.1959)
156 = 679 (1927) = 609^{II} (1950) = a (10.12.1954)
157 = 680 (1927) = 701^{II} (1950) = 791^{II} (7. 1958) = 1221 (7. 1960) = a (9.8.1962)
158 = 681 (1927) = 610^{II} (1950) = a (10.12.1954)
159 = 682 (1927) = 611^{II} (1950) = a (10.12.1954)
160 = 683 (1927) = 702^{II} (1950) = a (4. 4. 1959)
161 = 684 (1927) = 703^{II} (1950) = a (3. 4. 1959)
162 = 685 (1927) = 772^{II} (1956) = 786^{II} (7. 1958) = A621 (11.7.1960)
163 = 686 (1927) = 612^{II} (1950) = a (8. 7. 1957)
164 = 687 (1927) = K (30.9.1944)
165 = 688 (1927) = 613^{II} (1950) = 777^{II} (9.7.1958) = 1207 (1.7.1960) = a (1.1.1964)

Anmerkungen zur Gesamtserie 166-260, 800, 15^{II}-25^{II}

Die von 1911 bis 1915 gelieferten Wagen der Serien 166-260, 800 und 15^{II}-25^{II} prägten in den nächsten Jahren das Bild der Essener Straßenbahn. Da die Umbauten und technischen Daten dieser Serien von insgesamt 107 Exemplaren stark ineinander übergreifen, sind diese im folgenden zusammenhängend dargestellt.

Alle Fahrzeuge hatten bei ihrer Ablieferung eine Länge von 9,32 m, eine Breite von 2,04 m und einen Achsstand von 3,20 m. Das Gewicht lag zwischen 11,5 und 12,0 t, das Platzangebot betrug 23 Steh- und 22 Sitzplätze. Die Wagen waren die letzten Fahrzeuge mit offenen Plattformen. Äußerlich unterschieden sie sich nur wenig, lediglich die elektrische Ausrüstung war verschieden. Die erste Serie (166-176) besaß zwei 31-kW-Motoren des AEG-Typs U158. Bei der zweiten Serie (177-217) wurden diese bereits teilweise durch zwei Siemens-Motoren vom Typ D 58we (33 kW) ersetzt, die für die 3. und 4. Serie (218-232, 233-257) dann komplett benutzt wurden. Bei der letzten Serie von 1915 kamen schließlich bereits einige SSW-Motoren vom Typ D 561f (37 kW) zum Einbau. Als Fahrschalter gelangte bei allen Fahrzeugen der Typ OL (SSW) zum Einsatz.

Motorentausch:

166-176 = D 58 we (1930)
177-217 = Db 651 a (1923)
218-232 = Db 651 a (1923)
Db 651 a (1930) Austauschmotoren
233-257 = Db 651 a (1929/30)

258-260,
800,
15-25^{II} = Db 651 a (1923)
652^{II},653^{II} = Du 531 e (1950)
781^{II},783^{II} = Du 531 e (7.1958)
1209, 1210 = Du 531 e (7.1960)

Serien 154–260, 15–25, 800.
Von diesen 119 Triebwagen erhielten zwischen 1930 und 1958 insgesamt 82 Triebwagen trapezförmige Plattformen, außerdem bekamen 10 Triebwagen gänzlich neue Wagenkästen auf alten Fahrgestellen. 33 Triebwagen behielten bis zu ihrer Ausmusterung die Plattformverglasung und ihre Klapptüren. Insgesamt wurden zwischen 1930 und 1940 70 Triebwagen umgebaut (U1, U2 und U3).
Bei 7 Triebwagen wurden zwei Umbauten, bedingt durch Kriegsschäden, durchgeführt.

Die letzten Fahrzeuge dieser Serien kamen in Essen noch bis 1964 im Liniendienst zum Einsatz. Allerdings handelte es sich dabei fast um komplette Neubauten unter Verwendung von altbrauchbaren Teilen. Einige Fahrgestelle wurden außerdem 1959 für den Bau der 2+2x-Gel-2R-Triebwagen 701^{III}-712^{III} verwendet, von denen der Triebwagen 705 noch heute als Museumswagen vorhanden ist.

Umbauten des Wagenkastens:

U0 = geschlossene, runde Plattformen, Klapptüren, Kastenlänge 9,18 m
(Eigenbau, bei allen Triebwagen, ab 1923)

U1 = trapezförmige Plattformen, Schiebetüren, dreiteilige Frontscheibe, Kastenlänge 9,28 m
(Gastell, bei 24 Triebwagen, u. a. 705, 707, 722, 742, 746, 772 und 794, 1930-32)

U2 = trapezförmige Plattformen, Schiebetüren, einteilige Frontscheibe, Kastenlänge 9,28 m
(Eigenbau, bei 26 Triebwagen, u. a. 726, 730, 750, 764, 783, 786, 759, 762 und 763, 1937/38)

U3 = trapezförmige Plattformen, Schiebetüren, einteilige Frontscheibe, Rollbandbeschilderung, Kastenlänge 9,28 m
(Eigenbau, bei 20 Triebwagen, u. a. 691, 692, 720, 745 und 766, 1940)

UT = Wiederaufbau mit Tonnendach bei Triebwagen 749 (Westwaggon, 1944)
Wiederaufbau mit trapezförmigen Plattformen, Schiebetüren, einteiliger Frontscheibe, Kastenlänge 9,28 m
(Eigenbau/HU, bei den Triebwagen 707^{II}, 727^{II}, 731^{II}, 745^{II}, 767^{II}, 771^{II}, 1949/50)
Wiederaufbau mit neuem Wagenkasten auf altbrauchbarem Fahrgestell, Länge 10,28 m
(Eigenbau in der Wagenwerkstatt Kruppstraße, bei den Triebwagen 652^{II}, 740^{II} (1951), 615^{II}, 704^{II}, 736^{II}, 761^{II} (1952), 735^{II}, 770^{II} (1954)

Erprobung, Einbau und Anwendung der Zweiwagen-Zugsteuerung:

- Probebetrieb mit Albertkupplung, Tw 691 + 692 (1933)
- SL 6/66 Betrieb mit Scharfenbergkupplung, sonst Albertkupplung, insgesamt 26 Wagen (1938)
- Betrieb mit Scharfenberg-Kupplung, 20 Wagen (1940)
- Scharfenbergkupplung, elektr. Scheibenwischer, Tw 615^{II} + 652^{II} (1957)
- Umbau zum Zwillingszug 701 + 718 (8.1957)
- Z-Z-Einbau in 735 + 770, sowie Serie 771-783 (1958)

Serie:	*166-176*	*Typ:*	*2x 2R*
Baujahr:	*1911*	*Firma:*	*Gastell*
Motoren:	*U 158*		*AEG*

166 = 689 (1927) = 704^{II} (1950) = 778^{II} (7. 1958) = 1208 (7. 1960) = a (4.12.1963)
167 = 690 (1927) = 614^{II} (1950) = 862^{II} (7. 1958) = a (11.8.1959)
168 = 691 (1927) = 705^{II} (1950) = a (12.3.1959)
169 = 692 (1927) = 706^{II} (1950) = a (10.4.1959)
170 = 693 (1927) = 615^{II} (1950) = 771^{II} (7. 1958) = 1201 (7. 1960) = a (1966)
171 = 694 (1927) = 616^{II} (1950) = a (10.12.1954)
172 = 695 (1927) = 617^{II} (1950) = 863^{II} (9.7.1958) = a (11.8.1959)
173 = 696 (1927) = 618^{II} (1950) = a (8.5.1958)
174 = 697 (1927) = 619^{II} (1950) = A1256 (1955)
175 = 698 (1927) = 707^{II} (1950) = 718^{II} (7.1958) = a (1.4.1960)
176 = 699 (1927) = 620^{II} (1950) = a (17.11.1956)

1201 = Rangier-Tw A1201 (1964-66)
689 = ausgeliehen Oberhausen
693,695,696 = ausgeliehen Mülheim (28.10.1944–2.1945)

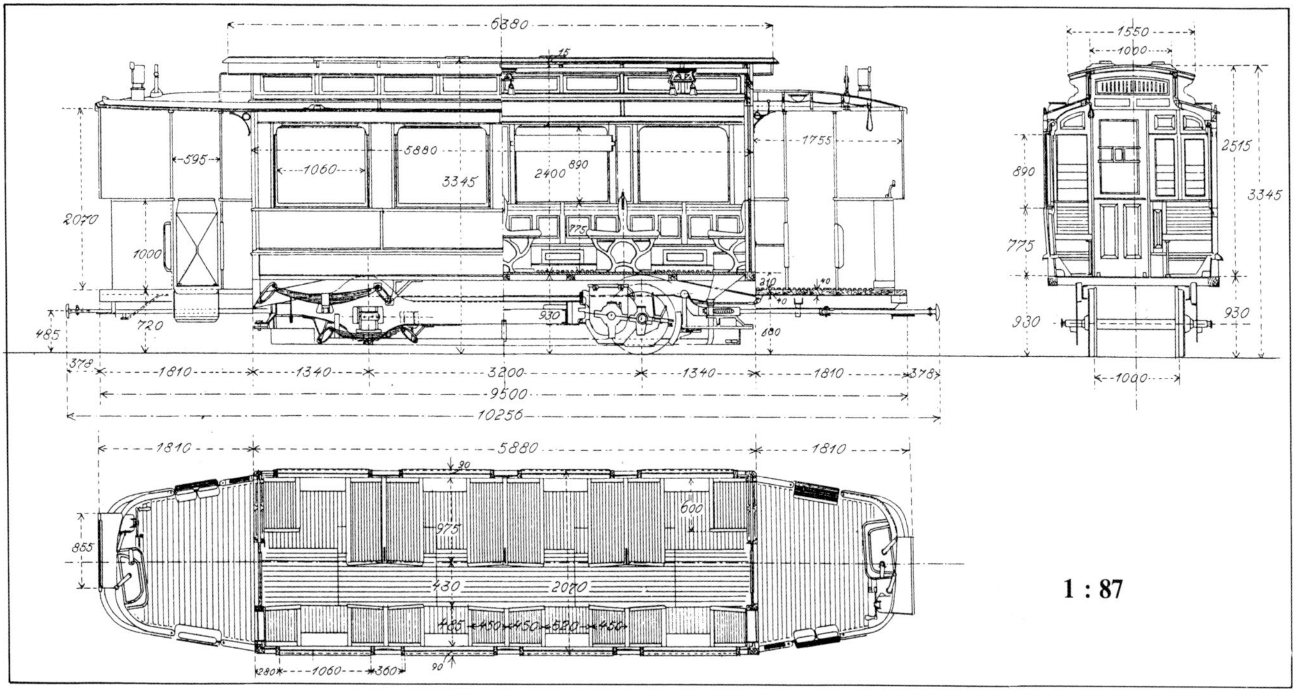

1 : 87

Blick in den Innenraum des Triebwagens 691. Die Fahrzeuge der Baujahre 1910–1915 besaßen Sitze aus hölzernen Latten in recht einfacher Ausführung. Auch der Lattenrost des Fußbodens wirkt roh. Dafür sind im Bereich der Fenster und der Decke feinere Hölzer verarbeitet. Die Leuchten befinden sich an der Innendecke des „Laternendaches“ mit den typischen Lüftungsklappen, die eine sehr wirksame Lüftung ermöglichten. Halteschlaufen und Klingelleine vervollständigen die Ausstattung. (Archiv EVAG)

Erstmalig erhielt im Jahre 1933 der Zugverband aus den beiden Triebwagen 691 + 692 eine Zweiwagen-Zug-Steuerung. Hier ist er zu sehen als Linie 2 auf der Altenessener Straße, kurz hinter der heutigen Haltestelle Seumannstraße. (Archiv EVAG)

Im Jahre 1940 erhielt der Zugverband 691 + 692 neue Plattformen, Kiekert-Türen und Rollbandbeschilderung. Auch der alte Lyrabügel wurde durch einen modernen Scherenstromabnehmer ersetzt (Betriebshof Grillostraße 1940). (Archiv EVAG)

Serie:	*177-217*	***Typ:***	*2x 2R*
Baujahr:	*1912*	***Firma:***	*Gastell*
Motoren:	*U 158/D 58we*		*AEG/SSW*

Ein typischer Gastellwagen, Baujahr 1912, im Ursprungszustand. Die Plattformen sind noch offen, nur eine kleine Glasscheibe schützt den Fahrer vor dem Fahrtwind (Endstelle Bredeney der Linie 1 um 1917). (Archiv EVAG)

177 = 700 (1927) = K (8.1.1943)
178 = 701 (1927) = 708^{II} (1950) = a (6.2.1959)
179 = 702 (1927) = 709^{II} (1950) = 735^{III} (4.1959) = a (1.4.1960)
180 = 703 (1927) = K (23.2.1945)
181 = 704 (1927) = K (5.3.1943)
182 = 705 (1927) = 710^{II} (1950) = 736^{III} (4.1959) = a (20.2.1960)
183 = 706 (1927) = 711^{II} (1950) = 740^{III} (4.1959) = a (1.1.1960)
184 = 707 (1927) = 712^{II} (1950) = 761^{III} (4.1959) = a (27.3.1960)
185 = 708 (1927) = K (26.3.1944)
186 = 709 (1927) = 713^{II} (1950) = 1281 (7.1960) = a (1963)
187 = 710 (1927) = 714^{II} (1950) = 1282 (7.1960) = a (1962)
188 = 711 (1927) = 715^{II} (1950) = a (16.3.1960)
189 = 712 (1927) = 716^{II} (1950) = a (1.4.1960)
190 = 713 (1927) = 717^{II} (1950) = a (10.2.1960)
191 = 714 (1927) = K (11.3.1945)
192 = 715 (1927) = 718^{II} (1950) = 792^{II} (7.1958) = 1222 (7.1960) = a (9.8.1962)
193 = 716 (1927) = 719^{II} (1950) = a (6.2.1959)
194 = 717 (1927) = 720^{II} (1950) = a (1.4.1960)
195 = 718 (1927) = 721^{II} (1950) = a (4.3.1959)
196 = 719 (1927) = K (11.3.1945)
197 = 720 (1927) = 722^{II} (1950) = a (16.3.1960)
198 = 721 (1927) = 723^{II} (1950) = a (10.4.1959)
199 = 722 (1927) = 724^{II} (1950) = a (27.11.1959)
200 = 723 (1927) = 725^{II} (1950) = a (1.1.1960)
201 = 724 (1927) = 726^{II} (1950) = a (1.1.1960)
202 = 725 (1927) = 727^{II} (1950) = a (11.3.1959)
203 = 726 (1927) = 728^{II} (1950) = a (1961)
204 = 727 (1927) = K (5.3.1943)
205 = 728 (1927) = K (5.3.1943)
206 = 729 (1927) = a (19.1.1960)
207 = 730 (1927) = a (27.11.1959)
208 = 731 (1927) = K (5.3.1943)
209 = 732 (1927) = K (5.3.1943)
210 = 733 (1927) = K (5.3.1943)
211 = 734 (1927) = K (5.3.1943)
212 = 735 (1927) = K (5.3.1943)
213 = 736 (1927) = 731^{II} (1950) = a (16.3.1960)
214 = 737 (1927) = K (5.3.1943)
215 = 738 (1927) = K (5.3.1943)
216 = 739 (1927) = 732^{II} (1950) = a (6.4.1960)
217 = 740 (1927) = K (5.3.1943)

728, 1281-1282 = Rangier-Tw A728, A1281-A1282 (ab 1960)

Der Wagen 701 (ex 157) erhielt bereits 1923 geschlossene, runde Plattformen und veränderte danach sein Aussehen nur wenig. Im Juni 1952 biegt er von der Freiheit kommend auf den Bahnhofsvorplatz ein. (Boehm)

Aus der gleichen Serie wie der Triebwagen 189 stammt der Wagen 723 (ex 198). Die runden Plattformen wurden bereits in den zwanziger Jahren geschlossen. Den Scherenstromabnehmer erhielt er allerdings erst nach dem Krieg (Endstelle Porscheplatz am 14. April 1955). (Archiv EVAG)

Serie:	*218-232*	*Typ:*	*2x 2R*
Baujahr:	*1911*	*Firma:*	*Gastell*
Motoren:	*D 58we*		*SSW*

218 = 741 (1927) = 733^{II} (1950) = a (11.1.1960)
219 = 742 (1927) = 734^{II} (1950) = a (6.1.1959)
220 = 743 (1927) = 735^{II} (1950) = 779^{II} (7.1958) = 1209 (7.1960) = a (1.1.1964)
221 = 744 (1927) = 736^{II} (1950) = 780^{II} (7.1958) = 1210 (7.1960) = a (4.12.1963)
222 = 745 (1927) = 737^{II} (1950) = a (13.2.1959)
223 = 746 (1927) = 738^{II} (1950) = a (6.1.1959)
224 = 747 (1927) = 739^{II} (1950) = 1283 (4.1960) = a (18.10.1961)
225 = 748 (1927) = 740^{II} (1950) = 781^{II} (7.1958) = 1211 (7.1960) = a (1.1.1964)
226 = 749 (1927) = 741^{II} (1950) = a (20.2.1960)
227 = 750 (1927) = 742^{II} (1950) = a (6.1.1959)
228 = 751 (1927) = 743^{II} (1950) = a (23.6.1959)

Der Triebwagen 751 (Baujahr 1913) hat soeben eine Hauptuntersuchung erhalten und steht am 20. August 1934 frisch lackiert auf dem Gelände der Hauptwerkstatt Grillostraße. (Archiv EVAG)

Insgesamt 20 Fahrzeuge erhielten 1939/40 eine Rollbandbeschilderung auf dem Dach. Ebenfalls neu ist beim Triebwagen 755 auch der Scherenstromabnehmer. (Archiv EVAG)

229 = 752 (1927) = 744^{II} (1950) = a (16.3.1959)
230 = 764 (1927) = 753^{II} (1950) = a (1.4.1960)
231 = 765 (1927) = 754^{II} (1950) = a (10.11.1959)
232 = 766 (1927) = 755^{II} (1950) = a (20.4.1959)

Triebwagen 736 und Beiwagen 134 in der Schleife Zeche Ludwig am 8. Mai 1959. (Waltking)

Serie:	*233-257*	*Typ:*	*2x 2R*
Baujahr:	*1914*	*Firma:*	*Gastell*
Motoren:	*D 58we*		*SSW*

233 = 767 (1927) = K (26.7.1943)
234 = 768 (1927) = K (23.2.1945)
235 = 769 (1927) = 756^{II} (1950) = a (1.4.1960)
236 = 770 (1927) = 757^{II} (1950) = a (1.4.1960)
237 = 771 (1927) = 758^{II} (1950) = a (24.4.1959)
238 = 772 (1927) = 759^{II} (1950) = 1284 (7.1960) = a (9.8.1962)
239 = 773 (1927) = 760^{II} (1950) = a (1.6.1956) nach Unfall
240 = 774 (1927) = 761^{II} (1950) = 782^{II} (7.1958) = 1212 (7.1960) = a (4.12.1963)
241 = 775 (1927) = K (5.3.1943)
242 = 776 (1927) = 762^{II} (1950) = a (1.1.1960)
243 = 777 (1927) = a (1947)
244 = 778 (1927) = K (11.3.1945)
245 = 779 (1927) = 763^{II} (1950) = A620 (7.1960)
246 = 780 (1927) = 764^{II} (1950) = a (1.1.1960)
247 = 781 (1927) = 765^{II} (1950) = a (28.4.1959)
248 = 782 (1927) = K (26.3.1944)
249 = 783 (1927) = 766^{II} (1950) = a (1.1.1960)
250 = 784 (1927) = 767^{II} (1950) = a (1.4.1960)
251 = 785 (1927) = 768^{II} (1950) = a (1.1.1960)
252 = 786 (1927) = 769^{II} (1950) = a (6.4.1960)
253 = 787 (1927) = 770^{II} (1950) = 783^{II} (7.1958) = 1213 (7.1960) = a (1.1.1964)
254 = 788 (1927) = K (26.7.1943)
255 = 789 (1927) = 771^{II} (1950) = 785^{II} (7.1958) = a (12.3.1959)
256 = 790 (1927) = K (5.3.1943)
257 = 791 (1950) = K (25.10.1944)

Die auf der Doppellinie 6/66 eingesetzten Fahrzeuge erhielten statt der üblichen Albert- moderne Scharfenberg-Kupplungen, damit sie an der Kronprinzenstraße schneller ge- bzw. entkuppelt werden konnten (Triebwagen 730 + 763 im Jahre 1938 in der Grillostraße). (Archiv EVAG)

Nachkriegsaufnahme des Wagens 759 am Limbecker Platz in Richtung Hamburger Straße (heute Hauptwerkstatt Schweiner Straße). Die Plattformen weisen noch die Umbauvariante mit dreiteiligem, statt einteiligem Frontfenster auf. (Riefenstahl)

In den zwanziger Jahren wurden die Plattformen ohne größeren Umbau nur mit einer einfachen Verglasung versehen. Der Triebwagen 251 behielt bis zu seiner Ausmusterung im Jahre 1960 seine runden Plattformen (Hauptpost, Mitte der dreißiger Jahre). (Archiv EVAG)

Während der Beiwagen 153 (Baujahr 1912) nach dem Krieg einen neuen Wagenkasten mit Tonnendach erhalten hat, präsentiert sich der Triebwagen 758 bis auf den Stromabnehmer noch im Gewand von 1925 (Betriebshof Kruppstraße 1958). (Archiv EVAG)

Einige Gastellwagen der Baujahre 1910-15 erhielten in den dreißiger Jahren eckige Plattformen und einteilige Frontfenster, die ihnen ein moderneres Aussehen verliehen. (Triebwagen 769 mit Beiwagen 138 am 14. April 1955 vor der alten Synagoge am Porscheplatz.) (Boehm)

Serie:	*258-260, 800; 15^II-25^II*	*Typ:*	*2x 2R*
Baujahr:	*1915*	*Firma:*	*Gastell*
Motoren:	*D 58we; D 561f*		*SSW*

258 = 792 (1927) = 652^{II} (1950) = 772^{III} (7.1958) = 1202 (7.1960) = a (4.12.1963)
259 = 793 (1927) = K (25.10.1944)
260 = 794 (1927) = K (25.10.1944)

800 = 795 (1927) = 653^{II} (1950) = 789^{II} (7.1958) = a (9.10.1958)

15^{II} = 754 (1927) = K (4.1.1943)
16^{II} = 755 (1927) = 746^{II} (1950) = a (23.3.1959)
17^{II} = 756 (1927) = 747^{II} (1950) = a (10.11.1959)
18^{II} = 757 (1927) = 748^{II} (1950) = a (1.4.1960)
19^{II} = 758 (1927) = 749^{II} (1950) = a (7.1.1959)
20^{II} = 759 (1927) = 750^{II} (1950) = a (23.3.1960)
21^{II} = 760 (1927) = K (26.7.1943)
22^{II} = 761 (1927) = K (26.7.1943)
23^{II} = 762 (1927) = 751^{II} (1950) = a (1.1.1960)
24^{II} = 763 (1927) = 752^{II} (1950) = a (18.4.1959)
25^{II} = 753 (1927) = 745^{II} (1950) = a (31.3.1959)

Serie:	*550-567*	*Typ:*	*2x 2R*
Baujahr:	*1917*	*Firma:*	*MAN*
Motoren:	*D 561 f*		*SSW*

Die Wagen sollten ursprünglich nach Konstantinopel geliefert werden. 18 der insgesamt 28 Fahrzeuge wurden dann aber vom Kriegsministerium beschlagnahmt und zunächst nach Essen geliefert. Erst nach Beendigung des Ersten Weltkrieges gelangten sie 1919/20 in die Türkei.
Die von MAN gebauten gebauten Wagen unterschieden sich äußerlich stark von den anderen Essener Fahrzeugen. Die 8,0 m langen Fahrzeugen hatten nur einen Achsstand von 2,20 m. Die Plattformen waren teilweise geschlossen und besaßen ein Faltgitter als Türersatz. An den Seiten befanden sich drei große Fenster. Die Farbe der Wagen war Kardinalrot.
Als Antrieb fanden zwei 37-kW-Motoren (SSW) und Fahrschalter vom Typ OB 12 (SSW) Verwendung.

550-567 = 801-818 (1919) = v Konstantinopel (1919/20)

Einer der fünfzig für die Straßenbahn Konstantinopel bestellten Motorwagen auf dem Gelände der MAN in Nürnberg. 18 der 28 gebauten Fahrzeuge liefen von 1917 bis 1920 in Essen. (MAN)

Innenansicht des „Türkenwagens" mit Vorhang zum Trennen von Frauen- und Männerabteil. Die Sitze konnten umgelegt werden, so daß man immer in Fahrtrichtung saß. (MAN)

Serie:	*819-832*	*Typ:*	*2x 2R*
Baujahr:	*1921*	*Firma:*	*Gastell*
Motoren:	*Db 651 a*		*SSW*

Mit den 1921 von Gastell gelieferten Fahrzeugen 819-832 begann eine neue Fahrzeuggeneration. Erstmals kamen vollständig geschlossene Fahrzeuge mit eckigen Plattformen, Schiebetüren und elektrischen Schienenbremsen zum Einsatz. Auch die beiden Motoren von je 44 kW Leistung waren erheblich stärker als ihre Vorgänger. Die Länge betrug 9,28 m, die Breite 2,1 m. Das Gewicht lag bei 12,5 t, 45 Personen fanden Platz (22 Sitzplätze).
Noch bis 1967 waren vier Wagen dieses Typs als E-Wagen im Personenverkehr im Einsatz, als Arbeitswagen sogar noch bis Anfang der 70er Jahre (2 Wagen).

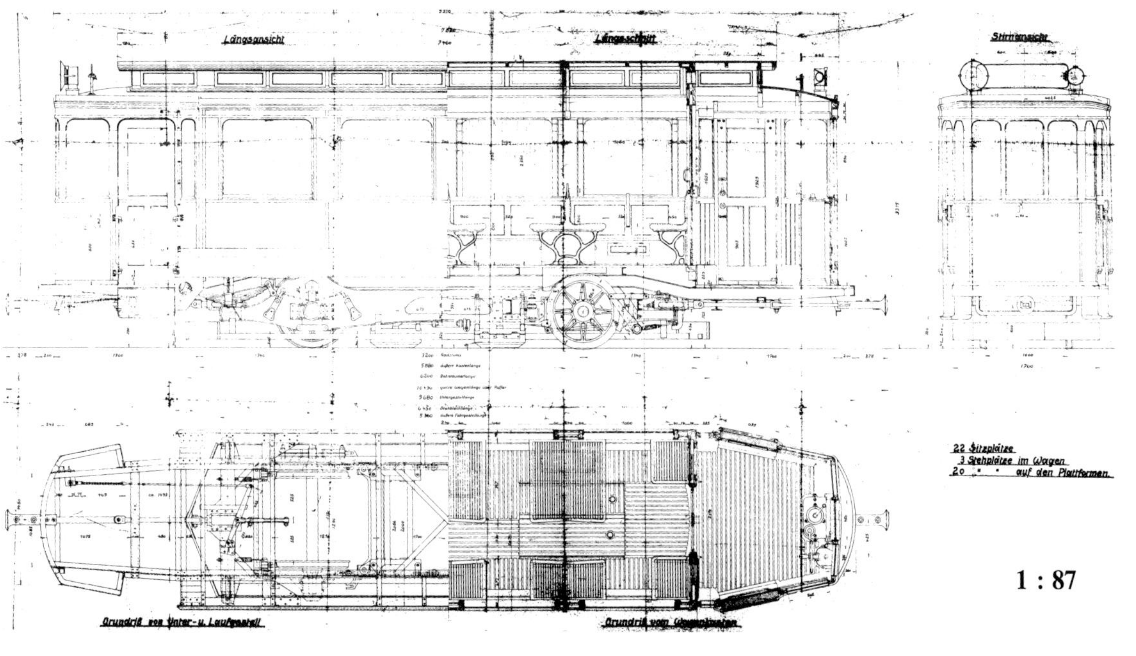

1 : 87

Der Tw 797 war von Oktober bis November 1944 an Mülheim ausgeliehen.

Motorentausch:

806^{IV}	=	Us 533 aD	(1950)
838^{IV},843^{II},844^{II}	=	Us 533 aD	(7.1958)
805^{IV}	=	Sb 51	(1950)
811^{II}	=	Du 531 e	(1950)

Umbauten:

Wiederaufbau mit neuem Wagenkasten auf altbrauchbaren Fahrgestellen, Prototyp mit Kastenlänge 9,33 m beim Triebwagen 800^{III} = 805^{IV} (1949/50).

Wiederaufbau mit neuem Wagenkasten auf altbrauchbaren Fahrgestellen, Serie mit Kastenlänge 10,28 m bei den Triebwagen 654^{II}-656^{II} (1951), 806^{IV} (1951), 811^{IV} (1950).

819 = 796 (1927) = K (3.1943)
820 = 797 (1927) = 654^{II} (1950) = 843^{II} (7.1958) = 1107 (7.1960) = A695 (31.8.1967)
821 = 798 (1927) = 655^{II} (1950) = 844^{II} (7.1958) = 1108 (7.1960) = a (10.6.1967)
822 = 799 (1927) = 656^{II} (1950) = 838^{IV} (7.1958) = 1102 (7.1960) = (18.10.1965)
823 = 800^{II} (1927) = a (12.10.1949)
824 = 801^{III} (1927) = K (26.7.1943)
825 = 802^{III} (1927) = K (25.10.1944)
826 = 803^{III} (1927) = 811^{IV} (1950) = 858^{II} (7.1958) = 1123 (7.1960) = a (13.5.1963)
827 = 804^{III} (1927) = 800^{III} (1.1950) = 805^{IV} (8.2.1950) = 836^{IV} (7.1958) = 1151 (7.1960) = A 696 (29.11.1967)
828 = 805^{III} (1927) = K (11.3.1945)
829 = 806^{III} (1927) = K (26.7.1943)
830 = 807^{III} (1927) = K (5.3.1943)
831 = 808^{III} (1927) = K (5.3.1943)
832 = 809^{III} (1927) = 806^{IV} (1950) = 842^{II} (7.1958) = 1106 (7.1960) = a (27.5.1967)

Der Triebwagen 796 besaß von Anfang an geschlossene Plattformen und Schiebetüren, hier zu sehen ca. 1930 an der damaligen Endstelle der Linie 9 in Frohnhausen an der Kieler Straße. (Van Heekern/Archiv EVAG)

Serie:	*833-846*	*Typ:*	*2x 2R*
Baujahr:	*1922*	*Firma:*	*Gastell*
Motoren:	*Db 651 a*		*SSW*

Die Fahrzeuge der Serie 833-846 entsprachen denen der Vorserie von 1921. Als Fahrschalter dienten die Typen OL bzw. OB 35 (SSW). Die Tw 813^{III}, 819^{II} und 822^{II} wurden im März 1944 durch Kriegseinflüsse fast vollständig zerstört und nach Familleureux (Belgien) zum Wiederaufbau transportiert. Da sie hier nicht mehr fertiggestellt werden konnten, erfolgte der Wiederaufbau erst 1950 in Essen in eigener Werkstatt.
Das Fahrgestell des kriegszerstörten Tw 820^{II} wurde nach dem Krieg für die Lok A1202 verwendet (Sb 51-Motoren). Der Tw 1121 diente 1965 während der Bundesgartenschau in Essen zusammen mit den Bw 2116 und 2121 als „Blümchenzug".

Motorentausch:

658^{II}	=	Du 531 e	(1950)
807^{IV}-809^{IV}, 812^{IV}	=	Sb 51	(1950)
833^{III}-835^{III}	=	Us 533aD	(1950)
839^{IV}	=	Us 533aD	(7.1958)
1121	=	Sb 51	(1.4.1964)

Umbauten:

Wiederaufbau nach Kriegsschäden mit Tonnendach, Tw 813^{III}, 819^{III}, 822^{III} (1949/50)

Wiederaufbau mit neuem Wagenkasten auf altbrauchbarem Fahrgestell, Kastenlänge 10,28 m, Tw 657^{II} (1951), 658^{II} (1952), 807^{IV}-808^{IV} (1951), 809^{III} (1951), 812^{IV} (1951)

833 = 810^{III} (1927) = 657^{II} (1950) = 839^{IV} (7.1958) = 1103 (7.1960) = a (1.5.1966)
834 = 811^{III} (1927) = K (25.10.1944)
835 = 812^{III} (1927) = 658^{II} (1950) = 854^{III} (7.1958) = 1121 (7.1960) = A691 (5.1966)
836 = 813^{III} (1927) = 833^{III} (1950) = 805^{V} (7.1958) = a (18.9.1959)
837 = 814^{III} (1927) = 807^{IV} (1950) = 845^{III} (7.1958) = 1109 (7.1960) = a (28.7.1965)
838 = 815^{III} (1927) = K (5.3.1943)
839 = 816^{III} (1927) = 808^{IV} (1950) = 846^{III} (7.1960) = 1110 (7.1960) = a (1.1.1964)
840 = 817^{III} (1927) = 812^{IV} (1950) = 849^{III} (7.1958) = 1113 (7.1960) = a (1.5.1966)
841 = 818^{III} (1927) = a (1946)
842 = 819^{II} (1927) = 834^{III} (1950) = 806^{V} (7.1958) = a (9.4.1959)
843 = 820^{II} (1927) = K (5.3.1943)
844 = 821^{II} (1927) = 809^{III} (1950) = 847^{III} (7.1958) = 1111 (7.1960) = a (27.5.1967)
845 = 805^{II} (1926) = 822^{II} (1927) = 835^{III} (1950) = 807^{V} (7.1958) = a (1.1.1960)
846 = 806^{II} (1926) = 823^{II} (1927) = K (5.3.1943)

Der Triebwagen 657 (ex 833) erhielt 1951 einen neuen, verlängerten Wagenkasten mit einteiligem Frontfenster und integriertem Schilderkasten. Im Jahre 1957 kommt er gerade aus Kray und fährt am Wasserturm vorbei in Richtung Haarzopf. (Archiv EVAG)

In den zwanziger Jahren wurde die Ausstattung des Innenraumes verfeinert, hier am Beispiel des Wagens 838 zu sehen. Zur Plattform führte eine breite Doppelschiebetür, natürlich mit der Zahlklappe zum Abkassieren der Vorderplattform. Eine Besonderheit stellten jetzt die Leuchten an den Fenstersäulen sowie die herablaßbaren Fenster dar. (Archiv EVAG)

Serie:	***807^{II}-818^{II}***	***Typ:***	***2x 2R***
Baujahr:	***1924***	***Firma:***	***Gastell***
Motoren:	***Sb 51***		***MSW***

Durch die Beschaffung der 12 Triebwagen in gleicher Ausführung (siehe Serien 819-832, 833-846) im Jahre 1924 konnten die ersten älteren Wagen der Baujahre 1897-1900 ausgemustert werden.
Im Gegensatz zu den beiden Vorgängerserien besaßen die neuen Fahrzeuge erstmalig belüftete Motoren vom Typ Sb 51 (60 kW) der Maffei-Schwartzkopff-Werke. Geblieben waren die Länge von 9,28 m, die Breite von 2,10 m und der Achsstand von 3,20 m. Es standen 45 Plätze zur Verfügung, und das Leergewicht betrug 14,0 t.
Sämtliche Wagen wurden im Krieg zerstört, allerdings erfolgte bei vier Fahrzeugen 1951 ein Wiederaufbau mit verändertem Aussehen. Die so veränderten Triebwagen blieben noch bis 1966/67 im Personenverkehr (Einsatzwagen und Hauptverkehrszeitlinien).

Umbauten:
Wiederaufbau mit neuem Wagenkasten auf altbrauchbarem Fahrgestell, Kastenlänge 10,28 m, bei den Fahrzeugen 810^{IV} und 813^{IV}-815^{IV} (1951).

807^{II} = 824^{II} (1927) = K (23.2.1945)
808^{II} = 825^{II} (1927) = 813^{IV} (1950) = 850^{III} (7.1958) = 1114 (7.1960) = a (8.5.1967)
809^{II} = 826^{II} (1927) = K (5.3.1943)
810^{II} = 827^{II} (1927) = 814^{IV} (1950) = 851^{III} (7.1958) = 1115 (7.1960) = a (19.5.1967)
811^{II} = 828^{II} (1927) = 810^{IV} (1950) = 848^{II} (7.1958) = 1112 (7.1960) = a (31.12.1966)
812^{II} = 829^{II} (1927) = 815^{IV} (1950) = 852^{III} (7.1958) = 1116 (7.1960) = a (1.5.1966)
813^{II} = 830^{II} (1927) = K (5.3.1943)
814^{II} = 831^{II} (1927) = K (5.3.1943)
815^{II} = 832^{II} (1927) = K (30.9.1944)
816^{II} = 833^{II} (1927) = K (5.3.1943)
817^{II} = 834^{II} (1927) = K (4.1.1943)
818^{II} = 835^{II} (1927) = K (3.3.1943)

Triebwagen 824^{II} (ex 807^{II}) an der Endstelle Kray–Sparkasse im Jahre 1937. (Van Heekern/Archiv EVAG)

Serie:	***860-871***	***Typ:***	***2x 2R***
Baujahr:	***1925***	***Firma:***	***Gastell***
Motoren:	***Du 531 e***		***SSW***

Die 1925 gelieferten 12 Fahrzeuge entsprachen wiederum dem bekannten Gastell-Typ der Jahre 1921-24. Lediglich der Wagenboden wurde tiefer gelegt und die Stirnwände etwas verbreitert. Mit einem Gewicht von 13,5 t waren sie etwas leichter als die Vorserie. Schwach waren die Motoren vom Typ Du 531 mit nur 38 kW. Sie waren ursprünglich nach Wiesbaden geliefert worden.

Motorentausch:

659^{II}	= Db 651a	(1950)
816^{III}, 817^{III}	Sb 51	(1950)

Umbauten:
Wiederaufbau nach Kriegsschäden mit Tonnendach, Tw 840^{II} (1950)
Wiederaufbau mit neuem Wagenkasten und neuem Rahmen bei der HU durch die SEG bei Tw 659^{II} (1952)

839^{II} und 842^{II} = ausgeliehen nach Mülheim (28.10.1944–11.1944)
840^{II} = K (3.1944) = Wiederaufbau Familleureux, Belgien (1950)

860 = 836^{II} (1927) = 659^{II} (1950) = 855^{III} (7.1958) = 1118 (7.1960) = a (9.8.1962)
861 = 837^{II} (1927) = 660^{II} (1950) = 811^{V} (7.1958) = a (6.8.1959)
862 = 838^{II} (1927) = K (2.1945)
863 = 839^{II} (1927) = 661^{II} (1950) = 812^{V} (7.1958) = a (1.1.1960)
864 = 840^{II} (1927) = 819^{III} (1950) = 810^{V} (7.1958) = a (1.1.1960)
865 = 841^{II} (1927) = 662^{II} (1950) = 813^{V} (7.1958) = a (1.1.1960)
866 = 842^{II} (1927) = 816^{III} (1950) = 808^{V} (7.1958) = a (26.12.1959)
867 = 843^{II} (1927) = K (3.1943)
868 = 844^{II} (1927) = 663^{II} (1950) = a (9.11.1953) nach Unfall
869 = 845^{II} (1927) = 817^{IV} (1950) = 809^{V} (7.1958) = a (1.1.1960)
870 = 803^{II} (1926) = 846^{II} (1927) = 664^{II} (1950) = 815^{V} (7.1958) = a (1.1.1960)
871 = 804^{II} (1926) = 847 (1927) = 665^{II} (1950) = 816^{V} (7.1958) = a (19.10.1959)

Der hier als Triebwagen 401 für Wiesbaden gezeigte Wagen gehört zu einer Serie von 12 Triebwagen, die 1925 bei Gastell gebaut wurden. Sie kamen in Wiesbaden jedoch kaum zum Einsatz und gingen als Serie 860–871 nach Essen. Sie entsprechen den Serien 807–846. (Sammlung Christ)

Der Triebwagen 664 entspricht dem typischen Gastell-Typ der zwanziger Jahre. In den fünfziger Jahren verkehrten diese Wagen meist als E-Kurse oder auf Verstärkungslinien (Betriebshof Borbeck 1951). (Archiv EVAG)

Serie:	***850-859***	***Typ:***	***2x 2R***
Baujahr:	***1926***	***Firma:***	***Union***
Motoren:	***Du 531 e***		***SSW***

Im Jahre 1926 wurden erstmals Fahrzeuge der Firma Dortmunder Union beschafft. Ausgerüstet waren die 13,5 t schweren Wagen mit je zwei 38-kW-Motoren der Siemens-Schuckert-Werke. Die Abmessungen (Länge 9,28 m, Breite 2,1 m und Achsstand 3,2 m) entsprachen denen der Gastell-Wagen, von denen sie auch sonst kaum zu unterscheiden waren.
Die vier nicht im Krieg zerstörten Wagen wurden in den Jahren 1959 bis 1966 ausgemustert, wobei die Tw 817^{IV} und 1122 danach noch als Rangier- und Arbeitswagen zum Einsatz kamen.

Motorentausch:

818^{IV}	=	Sb 51 (1950)	
663^{III}	=	wieder Du 531 e	(1956)
1119	=	Db 651 a	(1960)

Umbauten:
Wiederaufbau mit neuem Wagenkasten und neuem Rahmen (Kastenlänge 10,28 m) bei der HU durch die SEG bei den Wagen 666^{II}-667^{II} (1953)

850 = K (3.1943)
851 = 818^{IV} (1950) = 663^{III} (10.1956) = 814^{V} (7.1958) = (10.11.1959)
852 = K (26.3.1944)
853 = K (26.7.1943)
854 = 667^{II} (1950) = 857^{II} (7.1958) = 1119 (7.1960) = a (19.11.1965)
855 = 668^{II} (1950) = 817^{V} (7.1958) = Rangier-Tw 817 (1.1.1960) = a (1961)
856 = K (26.7.1943)
857 = K (26.3.1944)
858 = 848 (1927) = 666^{II} (1950) = 856^{II} (7.1958) = 1122 (7.1960) = A693 (1.5.1966)
859 = 849 (1927) = K (12.4.1943)

Stolz präsentiert der Fahrer im Jahre 1931 seinen Dreiwagenzug, bestehend aus dem Dortmunder Union-Triebwagen 848 (ex 858) und den Beiwagen 238 und 132, dem Fotografen. (Archiv EVAG)

Der im Krieg zerstörte Triebwagen 810 wurde später mit neuem Wagenkasten und Tonnendach als Triebwagen 814 in der Wagenwerkstatt Kruppstraße wieder aufgebaut. Das Foto zeigt ihn 1952 an der Endstelle „Kanalbrücke“ in Gerschede. Da die Brücke über den Rhein-Herne-Kanal erst 1954 wieder befahrbar war, verkehrte auf Bottroper Gebiet als Anschlußlinie die Linie E3, mit Fahrzeugen des Betriebshofes Horst. (Archiv EVAG)

Der abgebildete Triebwagen 857 stammt von der „Dortmunder Union“ und unterscheidet sich kaum von den Gastell-Wagen aus dieser Zeit. Im Jahre 1944 wurde der Wagen bei Fliegerangriffen zerstört. (Archiv EVAG)

Serie:	*801-802*	*Typ:*	*2x 2R*
Baujahr:	*1926*	*Firma:*	*Gastell*
Motoren:	*Dy 341 a*		*SSW*

Von Gastell kamen 1926 zwei Fahrzeuge mit einem völlig neuen Antriebssystem, da die beiden 37-kW-Motoren die Achsen über je eine Kardanwelle antrieben (Bauart Albrecht-Krupp). Allerdings wurde der Kardanantrieb bereits 1934 wieder aufgegeben. Die beiden Triebwagen erhielten ein neues Fahrgestell der Firma Krupp mit einem Achsstand von 3,2 m und neue 38-kW-Motoren vom Typ Du 531 e mit Tatzlagerantrieb.
Als Besonderheit hatten die beiden Fahrzeuge bei einer Länge von 9,90 m, einer Breite von 2,10 m und einem Fassungsvermögen von 49 Personen einen Radstand von 4,0 m aufzuweisen, welcher dadurch möglich war, daß die Achsen sich in den Kurven teilweise radial einstellen konnten.
Gesteuert wurden die Motoren durch einen Schleifring-Fahrschalter vom Typ OB 32 (SSW).

801^{II} = 501 (1927) = 651^{II} (1950) = 790^{III} (7.1958) = 1290 (7.1960) = a (9.8.1962)
802^{II} = 502 (1927) = K (1945)

Die Wagen 501 und 502 besaßen bis 1934 einen Kardanantrieb, eingebaut in einem Fahrgestell des Systems „Albrecht-Krupp“, hier zu sehen am Triebwagen 501, aufgenommen im Juli 1928 vor der Halle des Betriebshofs Bredeney. (Archiv EVAG)

Wieder der Triebwagen 501, jetzt allerdings mit einem „normalen" Fahrgestell der Firma Krupp (Betriebshof Kruppstraße 1934). (Archiv EVAG)

Serie:	*871^{II}, 872-875*	*Typ:*	*2x 2R*
Baujahr:	*1927*	*Firma:*	*Gastell*
Motoren:	*Dw 491 c*		*SSW*

Die von der Firma Gastell 1927 gebauten Wagen 871-875 besaßen einen Mitteleinstieg und zwei einfache Schiebetüren an den Plattformen. Erstmalig kam ein einteiliges Stirnfenster zum Einbau. Der mit Quersitzen ausgerüstete Innenraum war stufenlos, der Wagenboden abgesenkt („Niederflurwagen").

Der Achsstand betrug 3,2 m, die Kastenlänge 10,64 m und die Breite wie üblich 2,10 m. Das Gewicht lag bei 14,8 t, das Fassungsvermögen betrug 54 Plätze, davon 20 Sitzplätze.

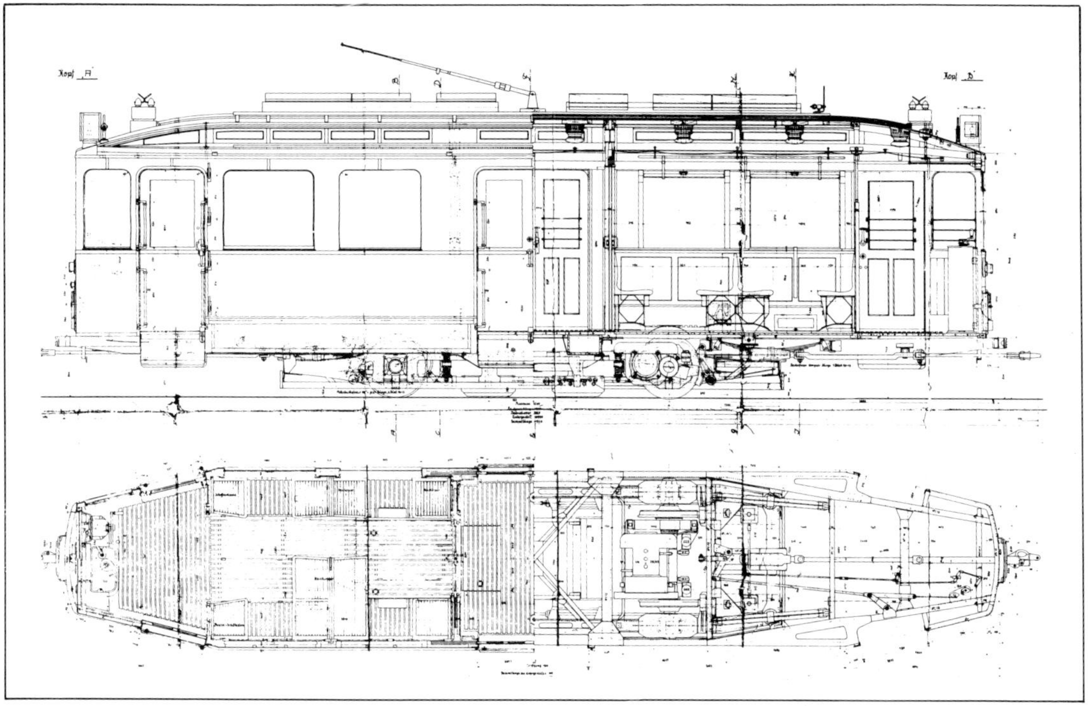

1 : 87

Auch eine serienmäßige Albert-Kupplung war vorhanden. Der Lyrabügel konnte allerdings erst zwischen 1936 und 1950 durch einen Scherenstromabnehmer abgelöst werden. Als nicht mehr zeitgemäß ist auch der verwendete Holzaufbau (mit durchgehender Seitenbeblechung) auf Stahlprofilrahmen zu bezeichnen. Moderner war dagegen der Vielstufen-Nockenfahrschalter vom Typ OF Br 61 (SSW).
Alle Fahrzeuge erhielten 1949 neue 60-kW-Motoren vom Typ EM 60/600 der Firmen AEG/BBC und zum Teil auch Einheits-Fahrschalter vom Typ EF 52 (SSW).

Triebwagen 874 mit Mitteleinstieg und „Fahrgastfluß", wegen des durchgehenden Fußbodens auch als „Niederflurwagen" bezeichnet, in Essen besser bekannt als „Schonnebecker Wagen" (Betriebshof Schonnebeck, 1928). (Archiv EVAG)

871^{II} = 908^{II} (1950) = 1351 (7.1960) = Rangier-Tw 1351 (1.5.1966) = a (1967)
872 = 909^{II} (1950) = 1352 (7.1960) = a (1.5.1966)
873 = 910^{II} (1950) = 1353 (7.1960) = a (26.7.1965)
874 = 911^{II} (1950) = 1354 (7.1960) = a (1.5.1966)
875 = 912^{II} (1950) = 1355 (7.1960) = a (9.8.1962)

Serie:	*901-920*	*Typ:*	*2x 2R*
Baujahr:	*1927*	*Firma:*	*Gastell*
Motoren:	*Dw 491 c*		*SSW*
	USL 253 a		*AEG*

Neben den 5 Triebwagen mit Mitteleinstieg erhielt die SEG 1927 noch 20 weitere „Niederflurwagen". Statt der Mitteltüren kamen hier doppelte Schiebetüren an den Plattformen zum Einbau. Im Innenraum befand sich nur eine Mittelwand mit einer Schiebetür, aber keine Türen mehr zwischen Perron und Wageninnerem.

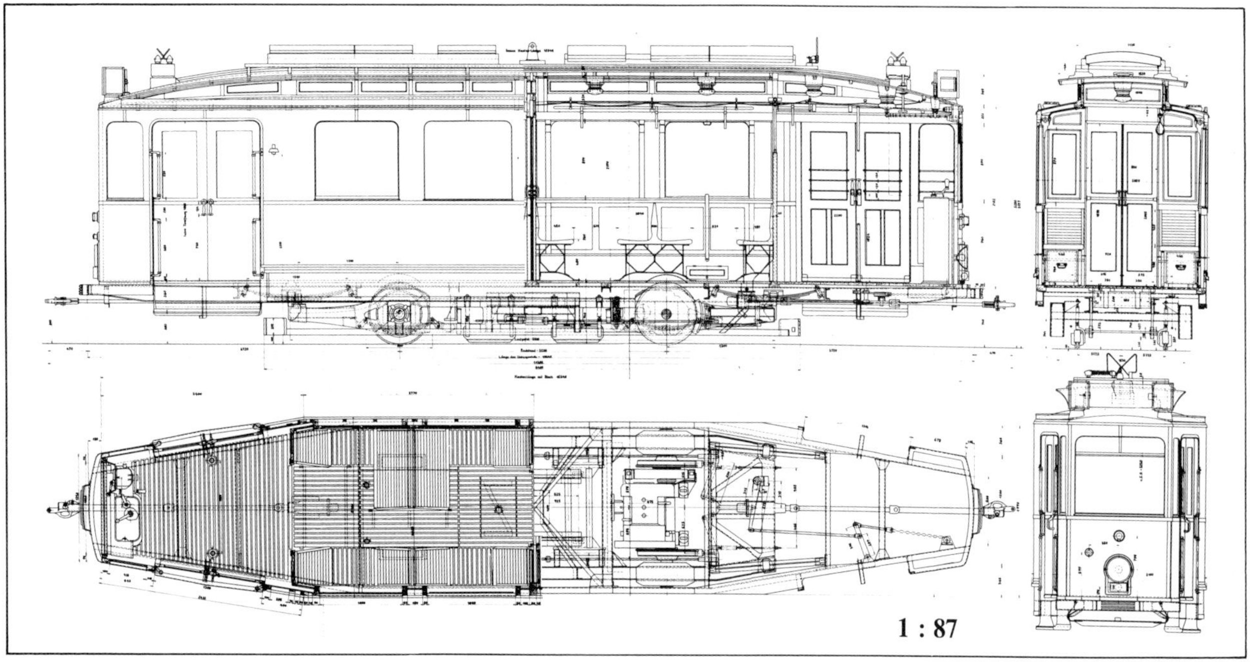

Als die Aufnahme vom Triebwagen 912 mit dem Beiwagen 307 im Jahre 1931 entstand, war der Personalaufwand bei der Straßenbahn noch sehr hoch. Heute sind die beiden Schaffner bereits seit über 20 Jahren durch den „Eisernen Schaffner" (Fahrausweisentwerter) ersetzt (Endstelle Margarethenhöhe). (Archiv EVAG)

Da der Beiwagen nicht bis zur Endstelle Bottrop-Pferdemarkt mitgenommen werden konnte, wurde er am Bottroper Hauptbahnhof umgehängt (8. Mai 1959). (Waltking)

Die Kastenlänge betrug 10,34 m, die Breite 2,10 m. Das Fassungsvermögen von 59 verteilte sich auf 24 Sitz- und 35 Stehplätze. Der Achsstand war 3,20 m, das Gewicht 13,5 t. Der Aufbau war auch hier noch aus Holz mit einer durchgehenden Seitenbeblechung. Der Lyrabügel konnte Mitte der dreißiger Jahre durch einen modernen Scherenstromabnehmer ersetzt werden.

Bei den Wagen 901-910 wurden die Motoren (Dw 491c) durch einen Vielstufen-Nockenfahrschalter vom Typ OF Br 61 (SSW), bei den Tw 911-920 (Motoren: USL 253a) von einem Schleifring-Fahrschalter vom Typ FBv sp 63 (AEG) gesteuert.

Motorentausch:

901-907	=	EM 60/600	(1949/59)
920...930	=	GDTM 1303 a	(1937...1950)
923	=	GDTM 1303 a	(1953)

901 = 1301 (7.1960) = a (1.5.1966)
902 = 923^{II} (1953) = 1313 (7.1960) = a (15.2.1963)
903 = K (10.1944)
904 = 903^{II} (1950) = 1303 (7.1960) = a (21.7.1965)
905 = K (12.1944)
906 = 926^{II} (1950) = 1314 (7.1960) = a (15.7.1963)
907 = 904^{II} (1950) = 1304 (7.1960) = a (1.5.1966)
908 = K (3.1943)
909 = 905^{II} (1950) = 1305 (7.1960) = a (1.5.1966)
910 = K (5.1943)
911 = 906^{II} (1950) = 1306 (7.1960) = a (1.5.1966)
912 = K (3.1943)
913 = 907^{II} (1950) = 1307 (7.1960) = a (1.5.1966)
914 = K (3.1945)
915 = 927^{II} (1950) = 1315 (7.1960) = a (9.8.1962)
916 = 921^{II} (1950) = 1311 (7.1960) = a (15.7.1963)
917 = 922^{II} (1950) = 1312 (7.1960) = a (1.5.1966)
918 = 928^{II} (1950) = 1316 (7.1960) = a (1.5.1966)
919 = 929^{II} (1950) = 1317 (7.1960) = a (1.5.1966)
920 = 930^{II} (1950) = 1318 (7.1960) = a (15.7.1963)

Serie:	*531/532-599/600*	*Typ:*	*2x 2R*
Baujahr:	*1898; 1900*	*Firma:*	*Falkenried oder Herbrand*
Motoren:	*D 53wk (551-564)*		*SSW*
	D 56c (565-584)		*SSW*
	D 58we (531-550, 595-600)		*SSW*
	U 158 (585-595)		*AEG*

Die zu Zwillingszügen umgebauten ehemaligen Wiesbadener Wagen wurden im Volksmund als „Max und Moritz" bzw. „Doppeltes Lottchen" bezeichnet. Von den Betriebshöfen in Borbeck und Schonnebeck aus kamen sie noch bis Ende der fünfziger Jahre zum Einsatz (Triebwagen 589 + 590 im Jahre 1938 in der Grillostraße). (Archiv EVAG)

1929 wurden von der ebenfalls zur Süddeutschen Eisenbahngesellschaft gehörenden Straßenbahn in Wiesbaden nach der dortigen Betriebseinstellung der Stadtlinien 70 Fahrzeuge (201-203, 204-270) übernommen, die entweder von Falkenried oder laut anderen Angaben von Herbrand gebaut wurden.
Vor ihrem Einsatz in Essen baute die Firma Gastell die Wagen wie folgt um:
Neue Plattformen (Länge 9,4 m) mit Schiebetüren, Verlängerung des Achsstandes von 2,0 auf 3,0 m, Einbau von Fahrschaltern der Firma Dick, Kerr & Co. Je 2 Fahrzeuge wurden festgekuppelt („Zwillingszug", im Volksmund „Doppeltes Lottchen") und mit Zweiwagenzug-Steuerung ausgerüstet:
531-564 = 1929
565-600 = 1930

Das Gewicht der Fahrzeuge betrug 12,0 t, die Platzzahl war 48.
Einige Fahrzeuge erreichten ein Alter von fast 60 Jahren und wurden erst 1959 ausgemustert.
575/576 und 581/582 = ausgeliehen nach Mülheim (28.10-11.1944).

531 = 551^{III} (1950) = 581^{III} (1953) = a (1.1.1959)
532 = K (9.1944)
533 = 553^{III} (1950) = 583^{III} (1953) = a (12.1.1956)
534 = 554^{III} (1950) = 584^{III} (1953) = a (12.1.1956)
535 = 555^{III} (1950) = 585^{III} (1953) = a (9.10.1958)
536 = 556^{III} (1950) = 586^{III} (1953) = a (9.10.1958)
537 = 557^{III} (1950) = 587^{II} (1953) = a (1.1.1959)
538 = 558^{III} (1950) = 588^{II} (1953) = a (1.1.1959)
539 = K (23.10.1944)
540 = a (1946)
541 = a (1946)
542 = 552^{III} (1950) = 582^{III} (1953) = a (1.1.1959)
543 = K (11.3.1945)
544 = K (11.3.1945)
545 = 559^{III} (1950) = 589^{II} (1953) = a (1.1.1959)
546 = 560^{III} (1950) = 590^{II} (1953) = a (1.1.1959)
547 = a (1946)
548 = a (1946)
549 = 561^{III} (1950) = 591^{III} (1953) = a (1.1.1959)
550^{II} = 562^{III} (1950) = 592^{III} (1953) = a (1.1.1959)
551^{II} = a (1946)
552^{II} = a (1946)
553^{II} = a (1946)
554^{II} = a (1946)
555^{II} = 594^{II} (1950) = a (1.4.1951)
556^{II} = 592^{II} (1950) = 580^{II} (1953) = a (9.10.1958)
557^{II} = a (1946)
558^{II} = a (1946)
559^{II} = 593^{II} (1950) = a (1.4.1951)
560^{II} = 591^{II} (1950) = 579^{II} (1953) = a (9.10.1958)
561^{II} = a (1946)
562^{II} = a (1946)
563^{II} = a (1946)
564^{II} = a (1946)
565^{II} = a (1946)
566^{II} = a (1946)
567^{II} = a (1946)
568^{II} = a (1946)
569 = 571^{II} (1950) = a (1.1.1959)
570 = 572^{II} (1950) = a (1.1.1959)
571 = 573^{II} (1950) = a (12.1.1956)
572 = 574^{II} (1950) = a (12.1.1956)
573 = 575^{II} (1950) = a (1.4.1951)
574 = 576^{II} (1950) = a (1.4.1951)
575 = 577^{II} (1950) = 575^{III} (1953) = a (9.10.1958)
576 = 578^{II} (1950) = 576^{III} (1953) = a (9.10.1958)
577 = K (5.3.1943)
578 = K (5.3.1943)

579 = K (12.4.1943)
580 = K (12.4.1943)
581 = a (1946)
582 = a (1946)
583 = a (1946)
584 = K (1945)
585 = 581^{II} (1950) = 577^{III} (1953) = a (1.1.1959)
586 = 582^{II} (1950) = 578^{III} (1953) = a (1.1.1959)
587 = 583^{II} (1950) = a (1.4.1951)
588 = 584^{II} (1950) = a (1.4.1951)
589 = a (1946)
590 = a (1946)
591 = 585^{II} (1950) = a (1.4.1951)
592 = 586^{II} (1950) = a (1.4.1951)
593 = a (1946)
594 = a (1946)
595 = 563^{III} (1950) = 593^{III} (1953) = a (12.11.1958)
596 = 564^{III} (1950) = 594^{III} (1953) = a (12.11.1958)
597 = a (1946)
598 = K (23.2.1945)
599 = 565^{III} (1950) = 595^{II} (1953) = a (7.1957)
600 = 566^{III} (1950) = 596^{III} (1953) = a (7.1957)

Serie:	***503-504***	***Typ:***	***4x 2R***
Baujahr:	***1933***	***Firma:***	***Uerdingen***
Motoren:	***GLM 1303***		***BBC***

Mit den beiden vierachsigen Triebwagen von 1933 begann in Essen das Zeitalter der modernen „Großraumwagen“. Die beiden Wagen waren 2,16 m breit und 12,63 m lang, weswegen sie auch als „Lange Essener“ bezeichnet wurden. Das Gewicht der beiden in Leichtstahl-Bauweise erstellten Fahrzeuge lag bei nur 11,6 t. In vielen technischen Merkmalen waren diese Fahrzeuge neuartig und richtungsweisend. Sie stellen eine Pionierleistung der Straßenbahntechnik dar.

Vollkommen neuartig waren die Triebdrehgestelle mit dem hier erstmals verwendeten Zweiachs-Längsantrieb, der in abgewandelter Form bis heute als „DUEWAG“-Antrieb gebaut wird.

Die beiden Triebachsen in jedem Drehgestell wurden von einem bei BBC gebauten, längsliegenden 41-kW-Motor über beidseitige Kupplungen und spiralverzahnte Winkelgetriebe angetrieben. Der Achsstand betrug in den beiden rahmenlosen Drehgestellen 1,45 m, der Drehzapfenabstand 6,0 m.
Gesteuert wurden die Motoren durch einen vollautomatischen Nockenfahrschalter (BBC) im Wagenboden (System Bäseler), der auch für Zweiwagen-Zug-Steuerung ausgerüstet war.
Auf den Plattformen befanden sich elektrisch betätigte Doppel-Teleskoptüren, auf dem Tonnendach erstmals in Essen, ein Scherenstromabnehmer. Die Sitze waren mit Kunstleder gepolstert.
Bereits 1936 wurde die Z-Z-Steuerung wieder entfernt und ein BBC-Feinstufen-Fahrschalter eingebaut:
FS 1/0 (Kurbel) bei Tw 503
FS 1/1 (Hebel) bei Tw 504

Während der Wagen 504 im Krieg verlorenging, war der Tw 503 noch bis 1962 im Einsatz.

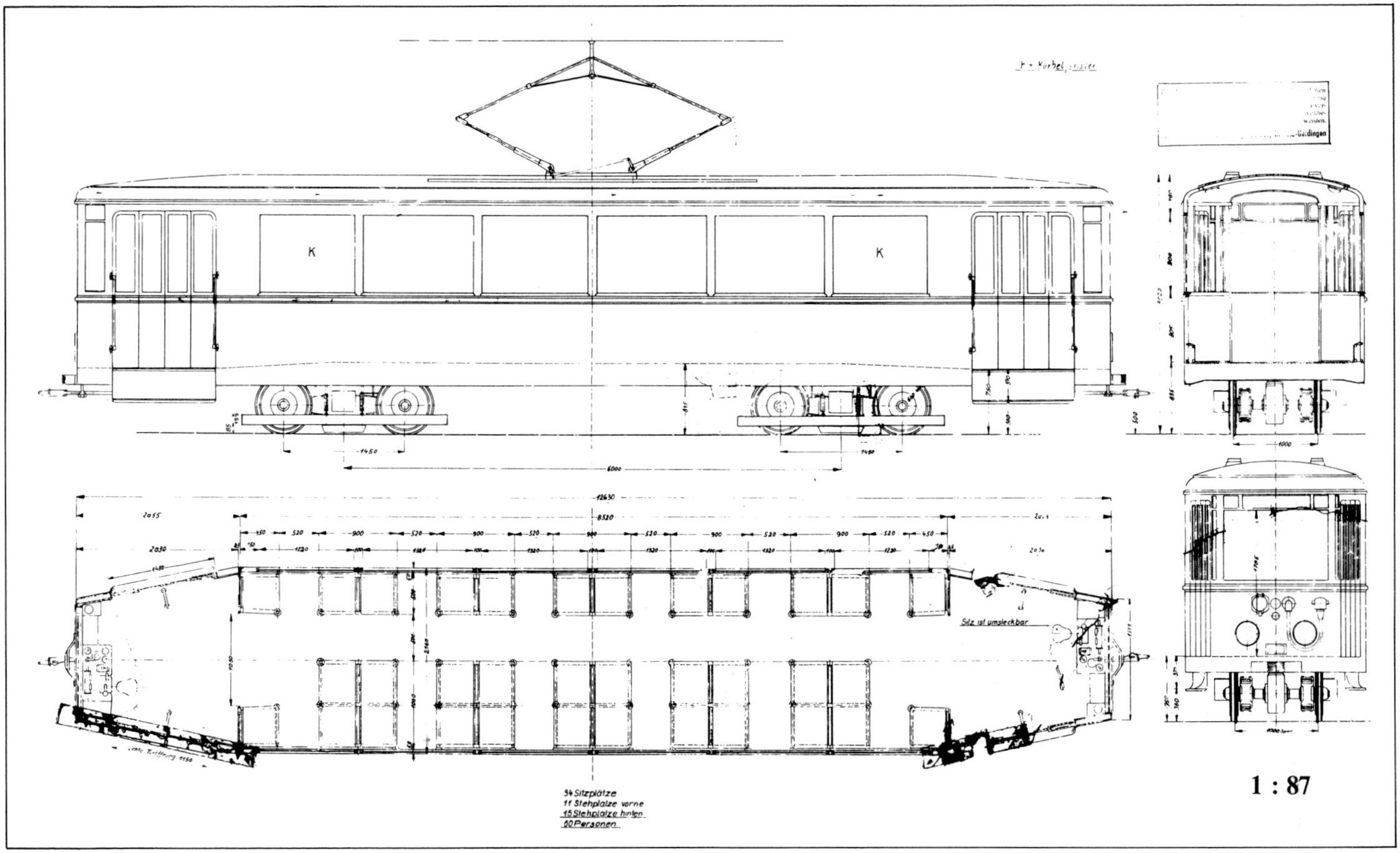

503 = 501^{II} (1950) = 1951 (7.1960) = a (9.8.1962)
504 = K (3.1943)

Serie:	*505*	*Typ:*	*4 Räder (System Montos)*
Baujahr:	*1934*	*Firma:*	*Orenstein & Koppel*
Motoren:	*USC 253 a*		*AEG*

Ein Wagentyp ganz besonderer Bauart war der zu Beginn der dreißiger Jahre entwickelte „Montos"-Wagen, benannt nach dem Erfinder, dem Oberingenieur **Mont**rose-**Os**ter.
Bereits im Jahre 1932 fanden erste Versuche mit dem System „Montos" statt. Hierzu hatte die SEG, unter teilweiser Verwendung des Aufbaus eines ausgemusterten Zweiachsers (616), ein Probefahrzeug (1250) mit einem völlig neuartigen Fahrgestell erbaut.
Der Wagen besaß zwei Lenkgestelle, in denen zwei einander gegenüberliegende, von jeweils einem liegenden Längsmotor angetriebene Losräder durch zentrale Lenkhebel, Lenk- und Spurstangen so miteinander verbunden waren, daß sie auf geraden Strecken parallel zur Längsachse standen und sich in Kurven bei konstantem Radebenenabstand radial zum Krümmungsmittelpunkt einstellten.
Angetrieben wurden die Räder durch vier 33-kW-Motoren. Der Fahrschalter besaß getrennte Fahr-, Brems- und Umschaltwalzen, einen Kontrollautomaten und wurde über Pedal- und Handradbeschleuniger bedient.

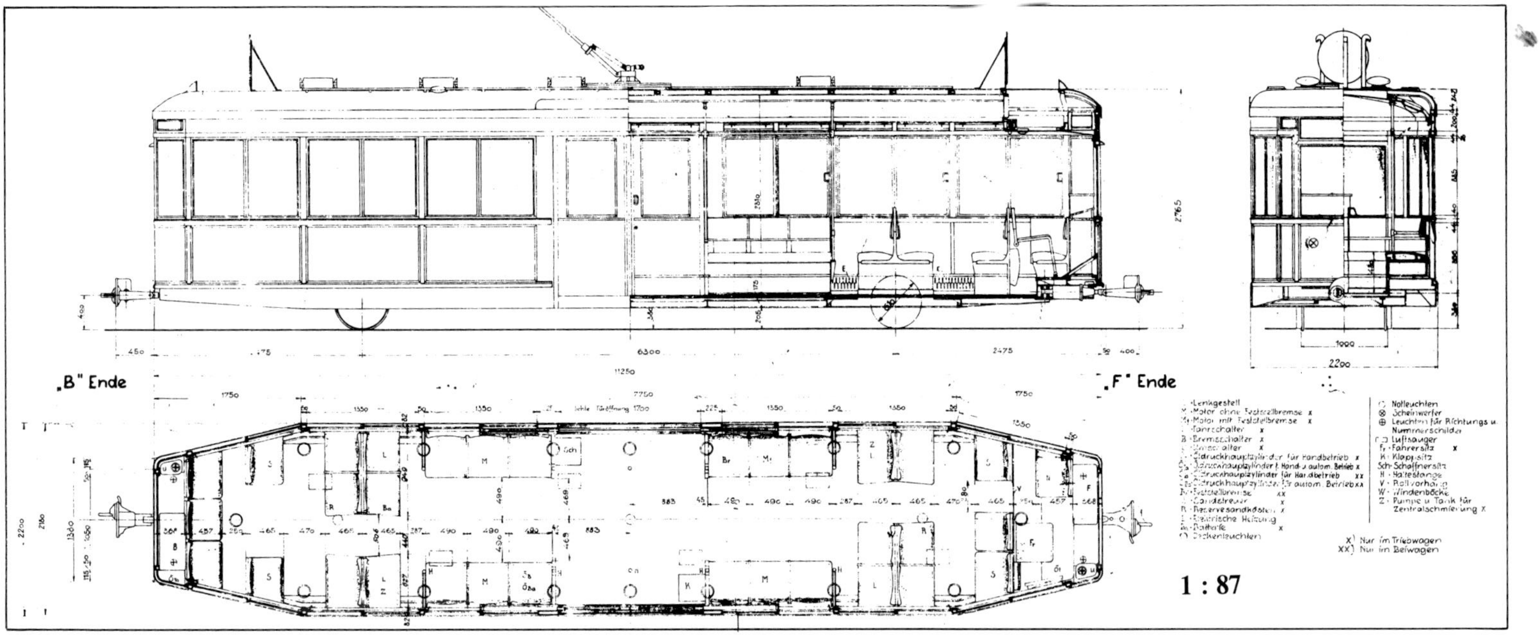

Im Jahre 1934 ließ die SEG bei der Firma Orenstein & Koppel einen Zug, bestehend aus Trieb- und Beiwagen, anfertigen. Der Aufbau war aus Stahl, auf dem Tonnendach befanden sich zwei Stromabnehmer in Sonderbauart mit Schleifleiste auf einer Stromabnehmerstange, die später durch einen Scherenstromabnehmer ersetzt wurden.
Im Innenraum befanden sich jetzt Quer- und Längssitze, die Platz für 34 Personen boten; dazu kamen noch 30 Stehplätze. Eingestiegen wurde über 1,70 m breite, elektrisch bediente Schiebetüren im Mittelteil. Durch den niedrigen Wagenboden (380 mm) waren Trittstufen entbehrlich. Diese Fußbodenhöhe konnte durch die achslosen Einzelradlaufwerke erzielt werden. Es handelt sich hier um den ersten Niederflur-Straßenbahnwagen, bei dem der niedrige Fußboden sich über die gesamte Wagenlänge erstreckt.
Der große Radstand von 6,3 m bei einer Wagenlänge von 11,25 m beschränkte den Einsatz auf die Strecke Betriebshof Alfredusbad - Horst.
Ein zweiter Wagen (506) wurde 1942 als Beiwagen fertiggestellt.

505 = K (3.1943)
506 = K (vermutlich auch 3.1943)

Für immer ein Einzelgänger blieb der Tiefflurwagen vom System „Montos". Über kein anderes Fahrzeug wurde soviel geschrieben und geforscht. Zum Einsatz gelangte er, abgesehen von Probe- und Vorführungsfahrten, allerdings nur sehr selten (Burgplatz 1935). (Van Heekern)

Serie:	*858^{II}-865^{II}*	*Typ:*	*2x 2R*
Baujahr:	*1930*	*Firma:*	*Gastell*
Motoren:	*Du 531 e*		*SSW*

Im Jahre 1936 konnten von der Straßenbahn in Wiesbaden acht Fahrzeuge des Baujahres 1930 übernommen werden (ex Wiesbaden 420-427).
Die Steuerung der Motoren geschah über Nockenfahrschalter mit Umkehrgetriebe (Typ OF 95). Im Innenraum befanden sich als Besonderheit Polstersitze. Die restlichen Wiesbadener Wagen der Gesamtserie 401-427 gelangten nach dem Zweiten Weltkrieg zunächst nach Mainz, soweit sie nicht noch in Wiesbaden benötigt wurden. Nach der vollständigen Betriebseinstellung in Wiesbaden kamen die restlichen Fahrzeuge auch nach Herne und Krefeld.

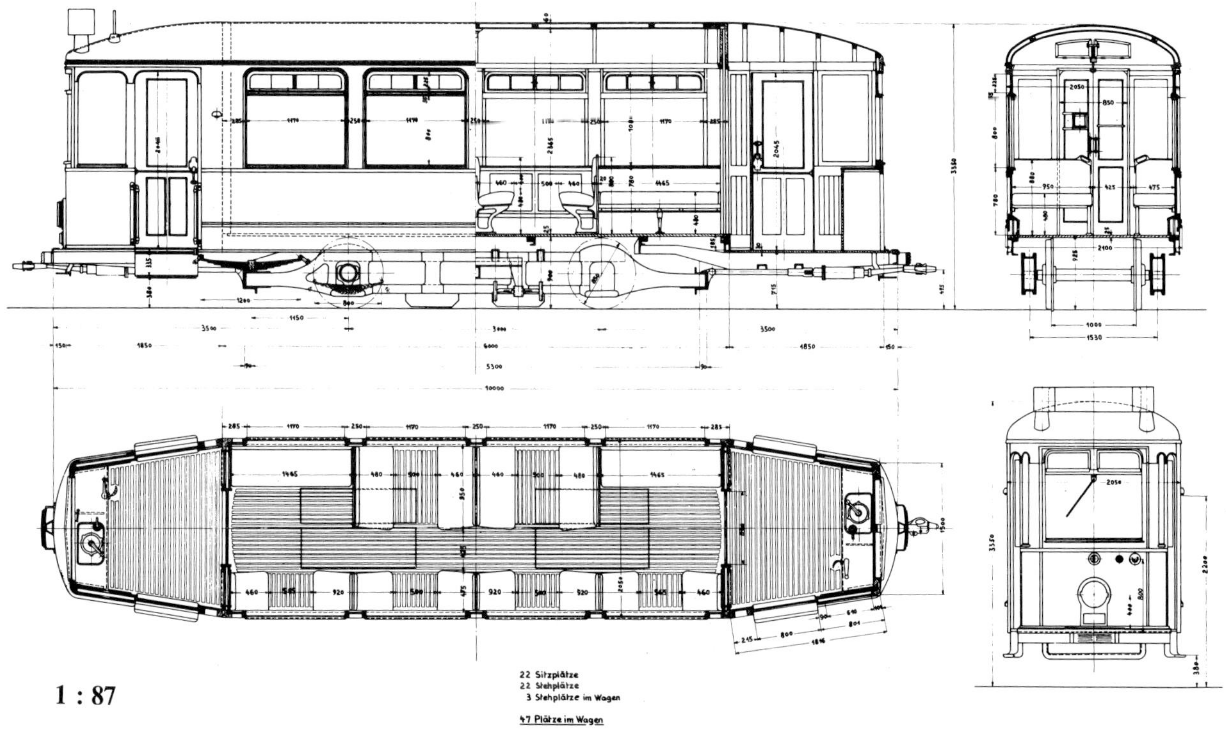

1 : 87

Nach Ende der Betriebserlaubnis für den Personenverkehr am 1. Januar 1960 dienten die Fahrzeuge kurze Zeit als Rangierwagen, bevor sie im Juli 1960 auch nummernmäßig in den Bestand der Arbeits-Tw übernommen wurden (Einbau neuer Motoren vom Typ Db 651 a [SSW]).

858^{II} = K (3.1943)
859^{II} = 669^{II} (1950) = A625 (7.1960)
860^{II} = 670^{II} (1950) = A626 (7.1960)
861^{II} = K (25.10.1944)
862^{II} = K (1945)
863^{II} = 671^{II} (1950) = A627 (7.1960)
864^{II} = 672^{II} (1950) = A628 (7.1960)
865^{II} = a (1946)

Der 1936 von der SEG in Wiesbaden übernommene Triebwagen 671 verkehrte, zuletzt als Arbeitswagen 627, noch bis in die sechziger Jahre in Essen. Die Aufnahme zeigt den Wagen im Februar 1951 auf der Gemeinschaftslinie 25 in Oberhausen. (Boehm)

Serie:	*921-935*	*Typ:*	*2x 2R*
Baujahr:	*1936/37*	*Firma:*	*Gastell/Eigenbau/MAN*
Motoren:	*GDTM 1303 a*		*BBC*

Aufgrund von Triebwagenmangel, hervorgerufen durch die Ausmusterung älterer Fahrzeuge, baute die SEG bzw. MAN 1936 (331-340) und 1937 (326-330) insgesamt 15 Bw des Baujahres 1927 in Triebwagen um.
Die Fahrzeuge erhielten hierzu Motoren vom Typ GDTM 1303 a, Fahrschalter vom Typ OF Br61 (SSW) und, als erste Triebwagenserie in Essen, abgesehen von den „Langen Essenern", einen Scherenstromabnehmer.

Äußerlich glichen die Wagen denen der Serie 901-920 (Baujahr 1927): Länge 10,34 m, Breite 2,1 m, Achsstand 3,2 m, 4 Seitenfenster, Doppelschiebetüren an den Wagenenden und tiefer gelegter Fußboden („Niederflurwagen").
Der Aufbau bestand aus Holz, jedoch mit einer durchgehenden Seitenbeblechung. Das Gewicht lag jetzt bei 14,3 t.

Der Umbau zu Triebwagen wurde bei drei Fahrzeugen dann 1960/61 wieder rückgängig gemacht; sie wurden wieder Beiwagen.

Die verbleibenden Triebwagen wurden bis 1965 ausgemustert und anschließend verschrottet.

921: aus Bw 331 (1936) = 931^{II} (1950) = 1319 (7.1960) = a (9.8.1962)
922: aus Bw 332 (1936) = K (5.3.1943)
923: aus Bw 333 (1936) = K (28.5.1943)
924: aus Bw 334 (1936) = K (5.3.1943)
925: aus Bw 335 (1936) = 932^{II} (1950) = 1320 (7.1960) = a (15.2.1963)
926: aus Bw 336 (1936) = K (5.3.1943)
927: aus Bw 337 (1936) = 933^{II} (1950) = 1321 (7.1960) = a (27.12.1962)
928: aus Bw 338 (1936) = 934^{II} (1950) = 1322 (7.1960) U = Bw 2312 (13.12.1960)
929: aus Bw 339 (1936) = K (5.3.1943)
930: aus Bw 340 (1936) = a (26.7.1943)
931: aus Bw 330 (1937) = 935^{II} (1950) = 1323 (7.1960) U = Bw 2313 (13.12.1960)
932: aus Bw 329 (1937) = 936 (1950) = 1324 (7.1960) U = Bw 2314 (8.4.1961)
933: aus Bw 328 (1937) = 937 (1950) = 1325 (7.1960) = a (1.7.1965)
934: aus Bw 327 (1937) = K (5.3.1943)
935: aus Bw 326 (1937) = K (5.3.1943)

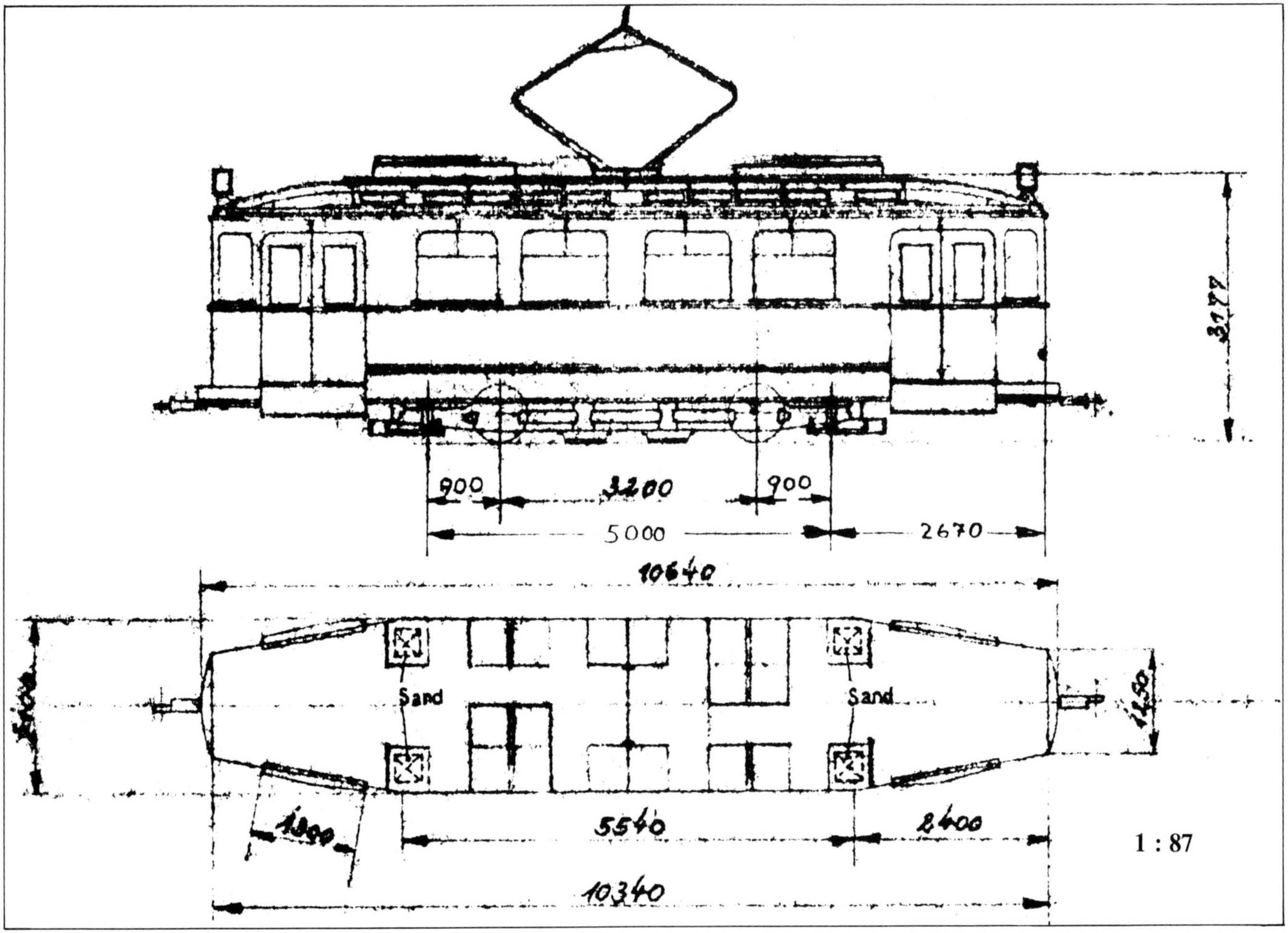
3177
900
3200
900
5000
2670
10640
Sand
Sand
1250
5540
2400
10340
1 : 87

Gastell-Triebwagen 927 mit zugehörigem Beiwagen bei einer Luftschutzübung am Kettwiger Tor (1938). (Van Heekern)

Serie:	*511-520; 521-529; 530*	*Typ:*	*4x Gr 2R*
Baujahr:	*1938; 1939; 1940*	*Firma:*	*Uerdingen*
Motoren:	*GLM 1303*		*BBC*

Basierend auf den beiden Prototypen des Jahres 1933 (503-504) lieferte die Waggonfabrik Uerdingen in den Jahren 1938-40 insgesamt 20 vierachsige Großraumwagen nach Essen (vorgesehen waren 50 Fahrzeuge).
Die Fahrzeuge waren etwas schwerer (12,8 t) und etwas kürzer (11,8 m) als die „Langen Essener“. Sie besaßen teilweise Zweiwagenzug-Steuerung.
Bei 18 Wagen kamen Vielstufen-Nockenfahrschalter, vorbereitet für Z-Z-Steuerung (durch Stellmotor) des AEG-Typs VNFB 3.80 zum Einbau. Die beiden restlichen Tw (519 + 520) besaßen einen BBC-Feinstufer vom Typ FS 7 (ein Tw zunächst FS 4), bei denen keine Z-Z-Steuerung vorgesehen war.
Die Drehgestelle entsprachen vollständig denen der Tw 503 und 504. Diese Drehgestelle wurden nach dem Krieg unverändert für die ersten sieben modernen DUEWAG-Großraumwagen (513-519) verwendet. Der Achsstand betrug 1,45 m, der Drehzapfenabstand 5,20 m.
Das Platzangebot betrug 28 sitzende und 32 stehende Fahrgäste. Der Einstieg bestand aus zwei Doppel-Schiebetüren auf den Plattformen, die in Fahrtrichtung vorn elektrisch betätigt wurden.
Im März 1943 gingen neun Fahrzeuge bei schweren Luftangriffen verloren. Die ebenfalls stark beschädigten Tw 519, 522, 523 und 529 kamen 1950 zur Firma Talbot nach Aachen und wurden dort auf ihren alten Drehgestellen als Tw 509-510, 511^{II}-512^{II} neu aufgebaut. 1959 wurde der Tw 504^{II} bei der DÜWAG für Fahrgastfluß mit Schaffnerplatz umgebaut. 1961 baute ihn die EVAG dann noch zum Einrichtungswagen um, bevor er als Tw 1901 im Jahre 1967 verschrottet wurde. Fünf Wagen verkehrten nach Ausbau der Elektrik von 1961 bis 1974 als Beiwagen.

511-518, 520 = K (5.3.1943)

519 = 509 (1950) = 1908 (7.1960). U = Bw 2902 (16.8.1961)
521 = 502^{II} (1950) = 1909 (7.1960), U = Bw 2905 (19.10.1961)
522 = 510 (1950) = 1905 (7.1960), U = Bw 2903 (17.8.1961)
523 = 511^{II} (1950) = 1907 (7.1960), U = Bw 2904 (21.8.1961)
524 = 503^{II} (1950) = a (1.4.1960)
525 = 504^{II} (1950) = 1901 (7.1960) = a (18.5.1967)
526 = 505^{II} (1950), U = Bw 2901 (8.5.1961)
527 = 506^{II} (1950) = 1903 (7.1960) = a (9.8.1962)
528 = 507 (1950) = 1902 (7.1960) = a (2.2.1961) nach Brand
529 = 512^{II} (1950) = 1906 (7.1960) = a (18.10.1961)
530 = 508 (1950) = 1904 (7.1960) = a (10.6.1966)

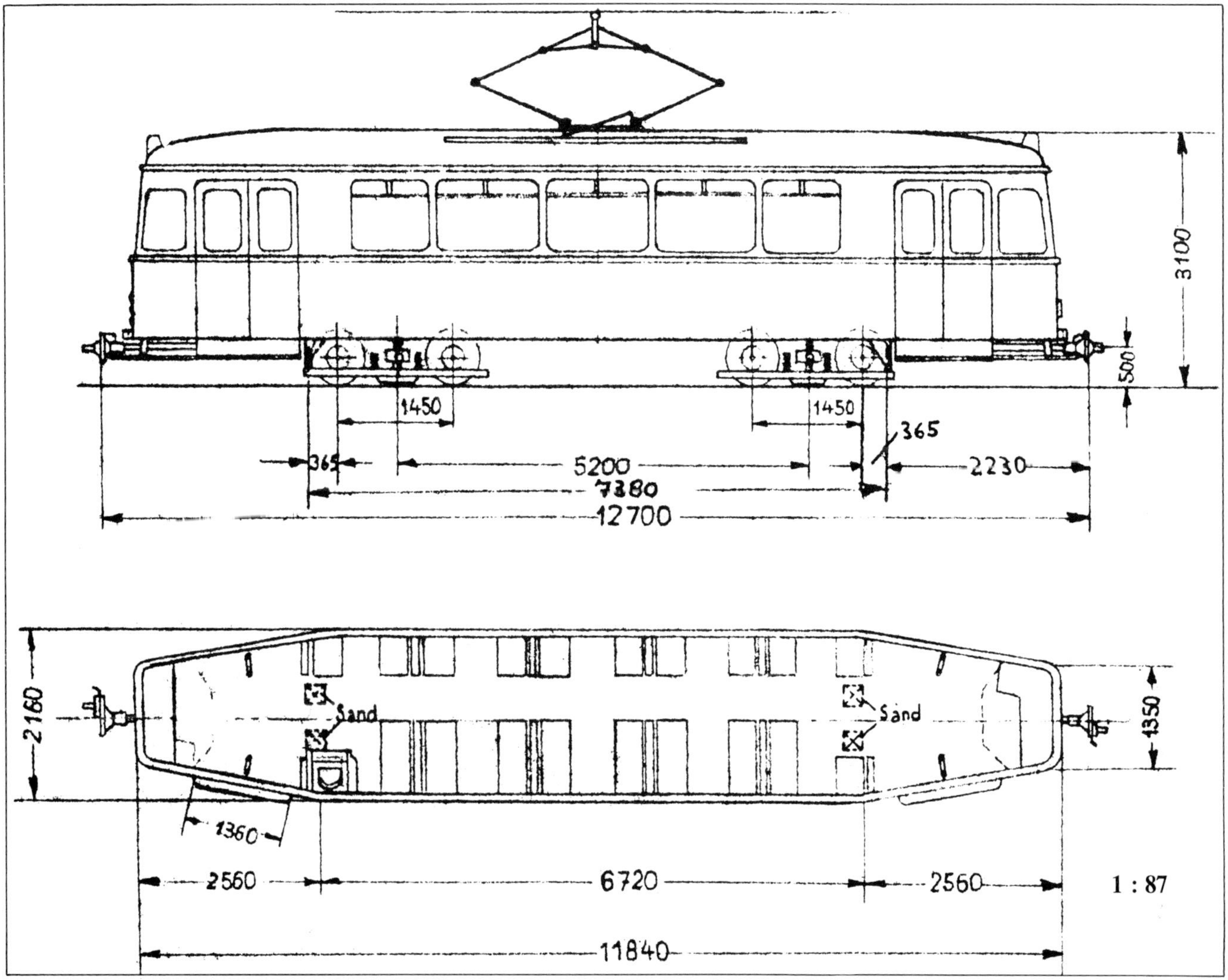
3100
500
1450
1450
365
365
5200
7380
2230
12700
2160
Sand
Sand
1350
1360
2560
6720
2560
11840
1 : 87

Der Großraumwagen 511 bei einer Probefahrt auf der Norbertstraße in Rüttenscheid, dort, wo sich heute die Messe befindet. Im Jahre 1938 standen dort Villen mit großen Gärten. (BBC)

Triebwagen 502 aus der Serie der Großraumwagen mit den ursprünglichen Nummern 511–530 steht 1958 in der Endstelle auf dem Jahnplatz. (Waltking)

Wagenübernahmen in den Jahren 1943–45 aufgrund des Reichsleistungsgesetzes

Das „Reichsleistungsgesetz“, genauer das „Gesetz über Sachleistungen für Reichsaufgaben“ wurde bei Kriegsausbruch am 1. September 1939 erlassen. Es regelte die Verteilung und den Bedarfsanspruch von Leistungen zur Stärkung der Wirtschafts- und Wehrkraft des Reiches. Zuständig für die Requirierung von Fahrzeugen war das Oberkommando der Wehrmacht. Im Bereich des Nahverkehrs bestimmte das Gesetz die gegenseitige Hilfeleistung der Nahverkehrsbetriebe durch Gestellung von Verkehrsfahrzeugen.

Da die Straßenbahn während des Krieges immer mehr an Bedeutung für den Transport von Arbeitern zu den Produktionsstätten gewann, die meisten Autobusse waren ja von der Wehrmacht beschlagnahmt worden, mußten Maßnahmen getroffen werden, den Betrieb auch bei den zu erwartenden Luftangriffen aufrechtzuerhalten.

Ab März 1943 stieg die Zahl der Fliegerangriffe insbesondere auf die Industrieregion Ruhrgebiet sprunghaft an. Die dadurch entstandenen empfindlichen Fahrzeugverluste führten dazu, daß der Bedarf aus eigenen Betriebsmitteln nicht mehr gedeckt werden konnte. So erhielt Essen 1943 10 Trieb- und 5 Beiwagen aus Stuttgart, 4 Triebwagen aus Hagen und 7 Trieb- und 3 Beiwagen aus Erfurt. Wenig später kamen dazu noch 10 Triebwagen der Belgischen Vicinalbahnen (SNCV) und 3 Beiwagen aus Krefeld. Bis auf die Erfurter Tw 45 und Tw 46 waren die Wagen fast täglich im Einsatz. Allerdings gingen einige Wagen bei Luftangriffen verloren.

Auf der Kopframpe in der Mathiasstraße (Zeche Viktoria Mathias, Anschlußgleis vom Güterbahnhof Essen-Segeroth) wurden im September 1943 außerdem 5 Triebwagen (Nr. 237, 242, 248, 249, 250) und 5 Beiwagen (Nr. 607, 618, 624, 651, 655) der Straßenbahn Antwerpen abgeladen. Sie erwiesen sich aufgrund ihrer schwachen Motoren für Essen als nicht geeignet. Im Einvernehmen mit der Aufsichtsbehörde wurden sie an die Oberhausener Straßenbahn weitergegeben.

Als dann ab 1944 die Angriffe auch auf die Kleinstädte immer stärker wurden, reichten die innerdeutschen Maßnahmen zur Verteilung der Fahrzeuge nicht mehr aus. Als letzte und radikale Maßnahme beschlagnahmte man daraufhin fast den kompletten Wagenpark der niederländischen Großstädte Amsterdam, Den Haag, Rotterdam und Arnheim, sowie der Nederlandschen Buurtspoorweg Maatschappij (NBM) in Zeist. Die Fahrzeuge wurden zum größten Teil zur zentralen Vergabestelle in Bremen geschafft und von dort aus den deutschen Verkehrsbetrieben zugeführt. Die Süddeutsche Eisenbahngesellschaft in Essen erhielt aus dieser „Holland-Aktion“ den vierachsigen Gütertriebwagen 59 der NBM (siehe Arbeitsfahrzeuge).

Während die nicht durch Kriegsverlust verlorengegangenen Personenfahrzeuge nach 1945 an ihre Eigentümer zurückgegeben wurden, blieb der Gütertriebwagen 59 (= Essen 1250) in Essen.

1946 wurde ein weiterer, gleichartiger Gütertriebwagen, der von der NBM zu den Vestischen Straßenbahnen gelangt war, durch die SEG angekauft. Er erhielt die Nummer 1251^{II}, ex 61.

SNCV (Belgien), Gruppe Antwerpen			
Serie:	***9700-9709***	***Typ:***	***2 x 2R***
Baujahr:	***1928***	***Firma:***	***Ateliers de Seneffe/ACEC***
Motoren:	***MTV 343/III 2 x 33 kW***		

Die genaueren Daten der 1943 von der SNCV, Gruppe Antwerpen, übernommenen 10 Triebwagen der Serie 7900-7909 sind folgende:
Zur Serie 9695-9714 gehörend; Baujahr: 1928; Hersteller: Seneffe; elektr. Ausrüstung: ACEC; Motoren: ACEC MTV 343, 2 x 33 kW.

Die belgischen Wagen der SNCV waren im Betriebshof Borbeck stationiert und fuhren meist auf der Linie 3 nach Bottrop. Hier zu sehen der Triebwagen 9708 am Germaniaplatz. (Stetza)

Mit diesen Fahrzeugen wurden 1928-1929 Züge in Vielfachsteuerung gebildet, die aus zwei Triebwagen mit drei dazwischengekuppelten Beiwagen bestanden und auf der Linie Ni: Brüssel - Ninove verkehrten. Später, nach Beendigung dieser Versuche, wurden die Fahrzeuge nach Antwerpen versetzt.

9700, 9703, 9707, 9708 = K (10.1944) (Rest 1946 zurückgegeben)

Hagener Straßenbahn AG			
Serie:	*53, 56, 57, 60*	*Typ:*	*2 x 2R*
Baujahr:	*1912*	*Firma:*	*Uerdingen*
Motoren:	*D 58 we*		*SSW*

(Alle 1945 zurückgegeben)

Auch aus Hagen kamen Fahrzeuge zur SEG. Hier der Triebwagen 56 im Jahre 1943 an der „Freiheit", im Hintergrund der zum Teil zerstörte Handelshof. (Stetza)

Erfurter Verkehrs-AG			
Serie:	*43, 45, 46; 58, 60, 61, 63*	*Typ:*	*2 x 2R*
Baujahr:	*1904*	*Firma:*	*Düsseldorfer Eisenbahnbedarf*
	1911		*AG für Eisenbahn- und Militärbedarf Weimar*
Motoren:	*VNB 125(?); U158*		*AEG*

45, 46 = al Oberhausen (10.1944–2.1945) (alle 1948 zurückgegeben)

Ebenfalls kriegsbedingt verkehrte der Erfurter Triebwagen 61 im Jahre 1943 in Essen, hier am Berzeliusplatz. Daneben ein Stuttgarter Zug nach Haarzopf. (Stetza)

Stuttgarter Straßenbahnen AG			
Serie:	*590-599*	*Typ:*	*2 x 2R*
Baujahr:	*1913*	*Firma:*	*Herbrand*
Motoren:	*U 158 c*		*AEG*

595 = K (12.1944)
599 = K (3. 1944)
(Rest 1946 zurückgegeben)

Serie:	***876-885; 886-888***	***Typ:***	***2 x 2R***
Baujahr:	***1948; 1949***	***Firma:***	***DÜWAG***
Motoren:	***US 533a***		***AEG***
	US 533aD		***AEG***

Als erste Nachkriegsbauserie beschaffte die SEG 1948/49 dreizehn Wagen des sogenannten Aufbautyps, der in verschiedenen Variationen bei fast allen Straßenbahnbetrieben Westdeutschlands zum Einsatz gelangte.
Die Fertigung erfolgte unter Verwendung von Fahrgestellen und Motoren kriegszerstörter Wagen. Der Aufbauwagen leitete sich aus dem Kriegsstraßenbahnwagen ab, hatte jedoch verkürzte Plattformen, dafür einen verlängerten Innenraum mit vier Fenstern. Als Nachfolger mit neuen Fahrgestellen ist der ab 1949/50 gebaute Verbandstyp I anzusehen.
Von den 13 Essener Aufbauwagen besaßen 8 Fahrzeuge neue AEG-Motoren vom Typ US 533 a mit 69 kW (ab 1960 Tw 1401-1408) und 5 Fahrzeuge alte AEG-Motoren vom gleichen Typ, aber mit nur 60 kW, von der SEG als US 533 aD bezeichnet (ab 1960 Tw 1421-1425). Die Fahrschalter vom Typ EF 43 (SSW) wurden 1952 gegen fabrikneue Fahrschalter vom Typ EF 52 ausgewechselt.
Von dieser Wagenserie befinden sich noch vier Fahrzeuge als Arbeitswagen (614-615, 617-618) im Einsatz. Für Sonderfahrten steht außerdem der Tw 888 (Museumswagen) zur Verfügung.

876 = 832^{III} (1950) = 1425 (7.1960) = a (31.8.1967)
877 = 831^{III} (1950) = 1408 (7.1960) = A698 (1.12.1970)
878 = 830^{III} (1950) = 1424 (7.1960) = 1428 (1970) = A695^{II} (7.4.1974)
879 = 829^{III} (1950) = 1407 (7.1960) = A699 (16.11.1967)
880 = 820^{III} (1950) = 1401 (7.1960) = a (11.9.1967)
881 = 821^{III} (1950) = 1421 (7.1960) = a (18.10.1968)
882 = 822^{III} (1950) = 1402 (7.1960) = a (11.9.1967)
883 = 823^{III} (1950) = 1403 (7.1960) = A697 (29.12.1970)
884 = 824^{III} (1950) = 1404 (7.1960) = a (1.3.1968)
885 = 825^{III} (1950) = 1422 (7.1960) = 1427 (1970) = a (16.12.1972) nach Unfall
886 = 826^{III} (1950) = 1405 (7.1960) = A694 (1971)
887 = 827^{III} (1950) = 1406 (7.1960) = a (12.6.1967)
888 = 828^{III} (1950) = 1423 (7.1960) = a (1.4.1974) = M888 (9.1974) nach Umbau

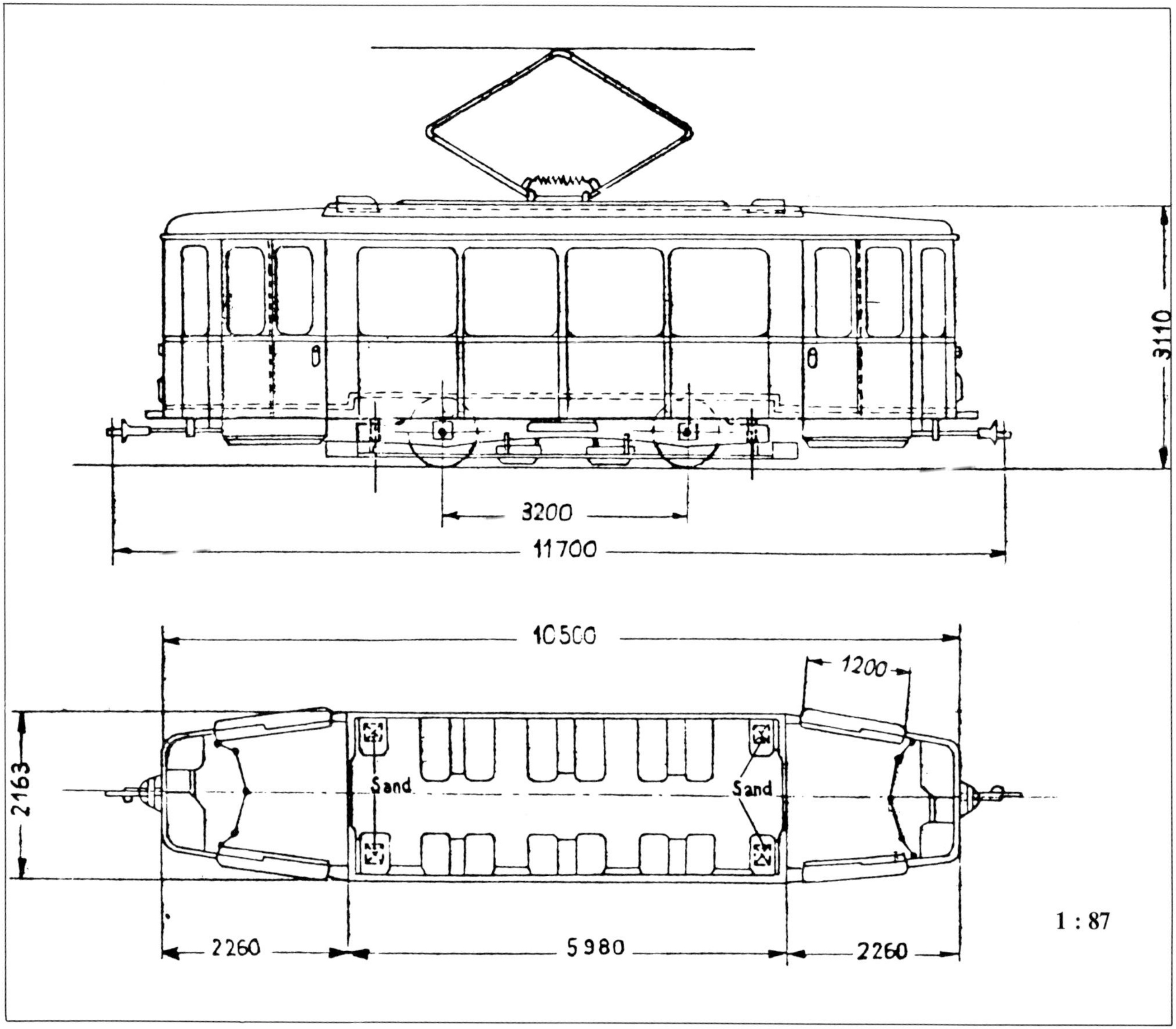
3110
3200
11700
10500
1200
2163
Sand
Sand
2260
5980
2260
1 : 87

Ein typischer Straßenbahnzug der Nachkriegszeit, wie er bei vielen Betrieben in Westdeutschland eingesetzt wurde. Das Foto zeigt den „Aufbauwagen“ 878 mit zwei „KSW-Beiwagen“ der Serie 341-350 im Jahre 1957. (Archiv EVAG)

Serie:	*797^II-798^II*	*Typ:*	*2x 2R*
Baujahr:	*1949*	*Firma:*	*Westwaggon*
Motoren:	*Db 651 a*		*SSW*

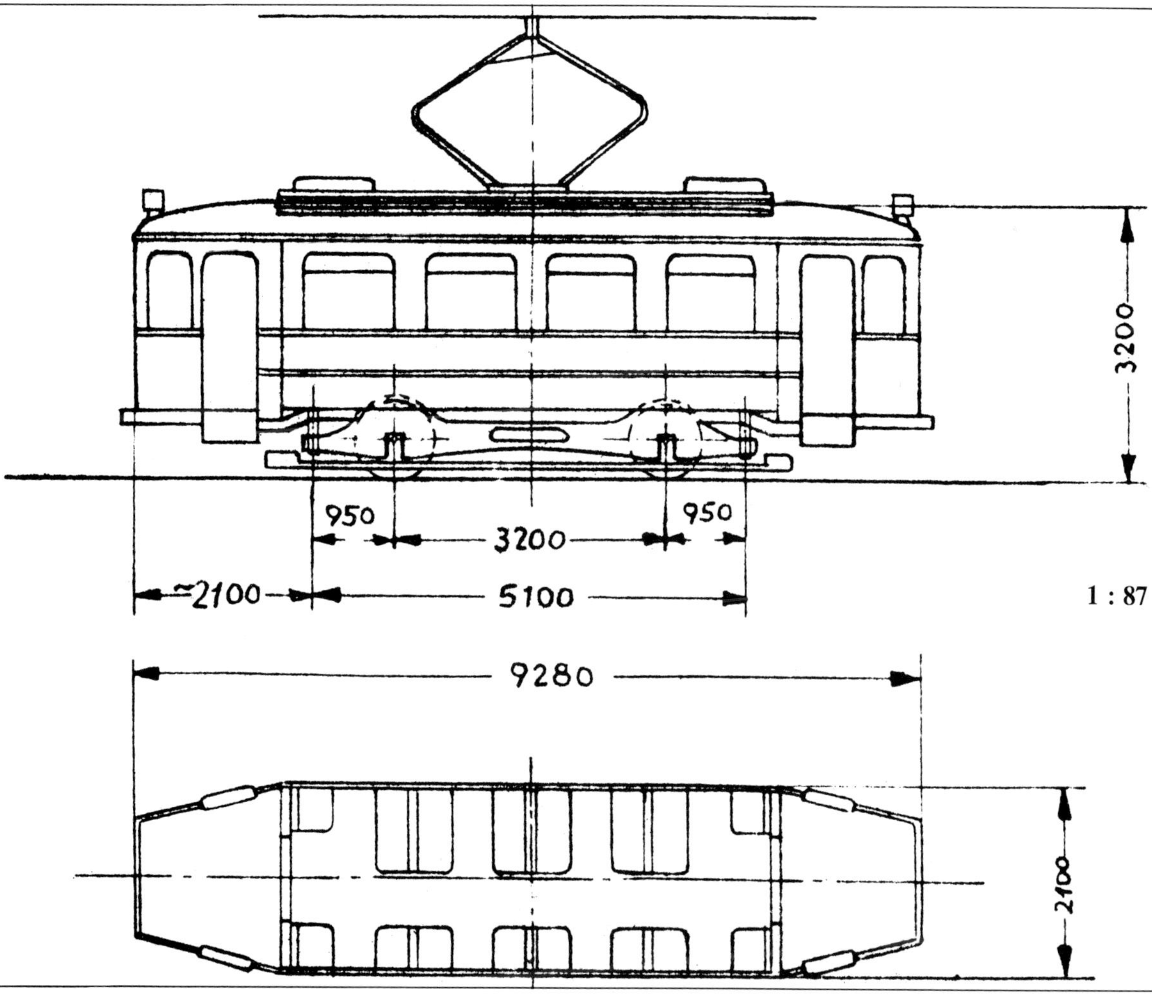

1 : 87

Außer den bei der DÜWAG gebauten Aufbauwagen ließ die SEG in den Jahren 1949-50 bei Westwaggon in Mainz-Mombach auf Fahrgestellen kriegszerstörter Wagen der Baujahre 1910-15 (793-798) bzw. 1921-26 (799-803) und unter Verwendung von alten Wagenkastenteilen Wiederaufbauten errichten, die zwischen 1960 und 1966 ausgemustert wurden.

797^{II} = 1254 (7.1960) = a (9.8.1962)
798^{II} = 1255 (7.1960) = a (9.8.1962)

Serie:	***799^{II}, 800^{III}, 801^{IV}***	***Typ:***	***2x 2R***
Baujahr:	***1949***	***Firma:***	***Westwaggon***
Motoren:	***Sb 51***		***MSW***

799^{II} = a (15.5.1955) nach Unfall am 17.12.1954
800^{III} = 804^{IV} (1950) = a (28.9.1959)
801^{IV} = 866^{II} (1.1960) = 1153 (3.1960) = a (1.7.1965)

(Fahrgestell von Tw 799^{II} für Tw 818^{IV} [1956] verwendet)

Im Jahre 1952 wartet der Triebwagen 801 vor dem Betriebshof Borbeck auf seinen nächsten Einsatz nach Bottrop. Das Fahrzeug wurde 1949 bei Westwaggon auf alten Fahrgestellen wieder aufgebaut. (Archiv EVAG)

Serie:	*793^{II}-796^{II}*	*Typ:*	*2x 2R*
Baujahr:	*1950*	*Firma:*	*Westwaggon*
Motoren:	*Db 651 a*		*SSW*

793^{II} = 1251 (3.1960) = a (9.8.1962)
794^{II} = a (1.1.1960)
795^{II} = 1252 (3.1960) = Rangier-Tw 1252 (1.1.1964) = a (1965)
796^{II} = 1253 (3.1960) = a (9.8.1962)

Serie:	*800^{IV}, 802^{IV}-803^{IV}*	*Typ:*	*2x 2R*
Baujahr:	*1950*	*Firma:*	*Westwaggon*
Motoren:	*Sb 51*		*MSW*

800^{IV} = 865^{II} (1.1960) = 1152 (3.1960) = a (1.5.1966)
802^{IV} = a (1.1.1960)
803^{IV} = 867^{II} (1.1960) = 1154 (3.1960) = a (1.7.1965)

Serie:	*836^{III}-840^{III}*	*Typ:*	*2x 2R*
Baujahr:	*1951/52*	*Firma:*	*Eigenbau*
Motoren:	*Us 533 aD*		*AEG*
	SB 51 (nur 838)		*MSW*
	Du 531 e (nur 839)		*SSW*

Entsprechend den bei Westwaggon gebauten Fahrzeugen baute die SEG in den Jahren 1951 (836-839) und 1952 (840) insgesamt fünf Fahrzeuge aus altbrauchbaren Teilen kriegszerstörter Wagen wieder auf. Der Tw 859^{III} erhielt 1960 statt der leistungsschwachen Du531e-Motoren (38 kW) Motoren vom Typ Db 651a (44 kW).

836^{III} = 841^{III} (7.1958) = 1105 (7.1960) = a (10.6.1966)
837^{III} = 1101 (7.1960) = a (27.12.1962)
838^{III} = 853^{III} (7.1958) = 1117 (7.1960) = a (31.8.1967)
839^{III} = 859^{III} (7.1958) = 1120 (7.1960) = A692 (1.5.1966)
840^{III} = 1104 (7.1960) = a (9.8.1962)

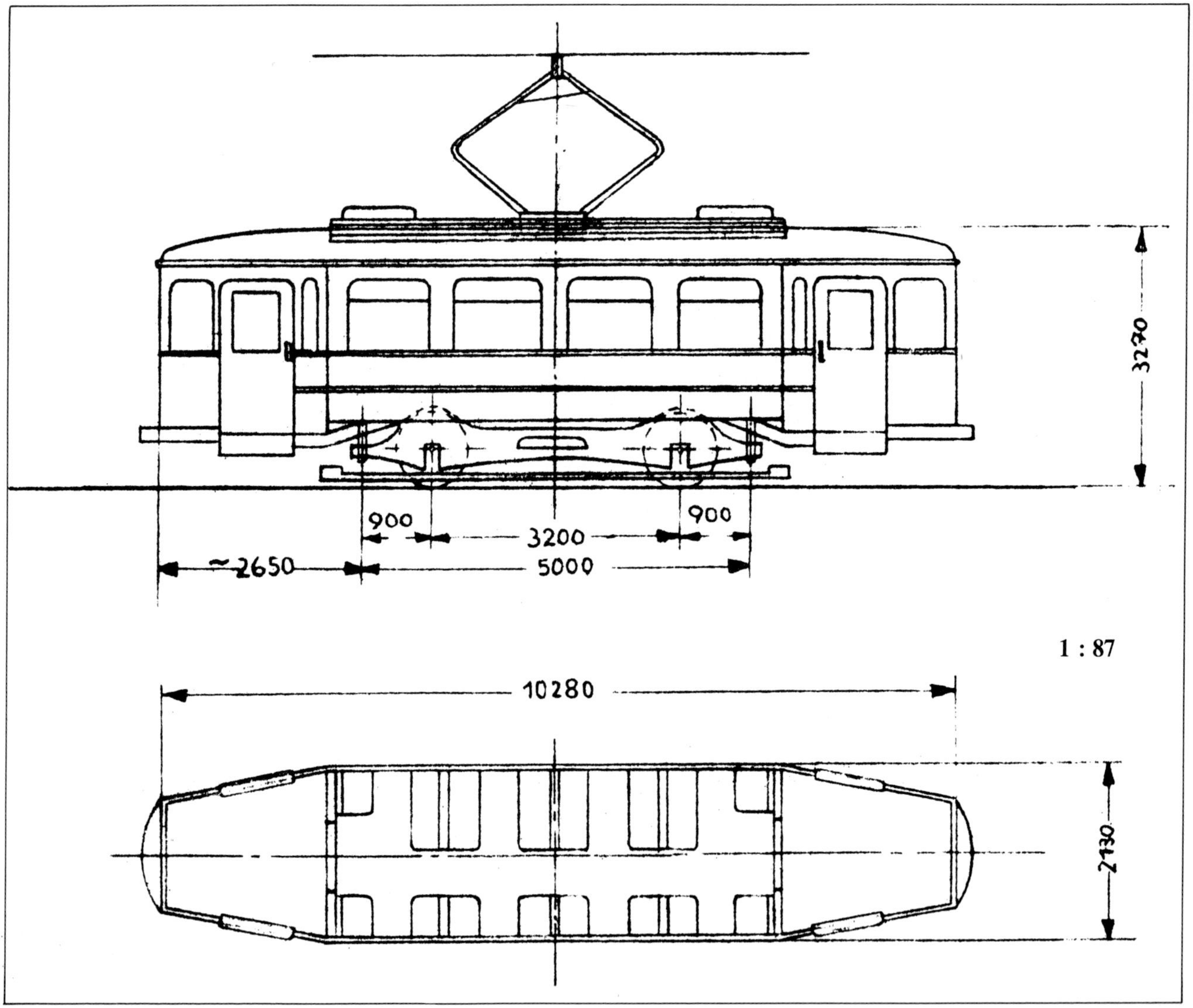

1 : 87

Serie:	*513^{II}-519^{II}*	*Typ:*	*4xGr 1R*
Baujahr:	*1951-53*	*Firma:*	*DÜWAG/BBC*
Motoren:	*GLM 1303*		*BBC*

Die erste Serie von Nachkriegsgroßraumwagen wurde in den Jahren 1952-53 nach Essen geliefert. Der Tw 513 war allerdings schon 1951 auf der Verkehrsausstellung in Essen ausgestellt. Es handelt sich hierbei um den ersten meterspurigen Großraumwagen der DÜWAG nach dem Zweiten Weltkrieg.
Da neue DÜWAG-Drehgestelle noch nicht verfügbar waren, erhielten die Wagen die Drehgestelle alter Vorkriegsvierachser mit einseitigem Pendelrollenlager. Der Achsstand betrug dementsprechend 1,45 m, der Drehzapfenabstand 6,0 m. Erst 1959 wurden diese Drehgestelle durch neue DÜWAG-Drehgestelle (Achsstand 1,8 m) ersetzt.
Als Fahrschalter diente im Tw 513 zunächst ein Feinstufer vom Typ FS 7, der aber 1955 durch einen liegenden Nockenfahrschalter vom Typ NF 55 abgelöst wurde. Die Wagen 514-519 besaßen einen FS-512.2-Feinstufer. 1953 erfolgte bei ihnen auch der Einbau einer Z-Z-Steuerung für Doppeltraktion bei getrennter Stromentnahme (in Betrieb bis 1959).
Die BBC-Motoren (59 kW) wurden 1959 gegen Garbe-Lahmeyer-Motoren vom Typ BG 75 dmff (100 kW) ausgetauscht, damit die Triebwagen auch vierachsige Beiwagen ziehen konnten.
Vom Aussehen entsprachen die Fahrzeuge dem Typ Hannover: Sitzschaffner mit Fahrgastfluß von hinten nach vorne, elektrisch bediente Falttüren (hinten und in der Mitte zweifach, vorne einfach, bei Tw 513 bis ca. 1967 hinten dreifach), abgerundete Plattformen, schräge Frontscheibe und Einrichtungsbauweise, was den Bau von Wendeschleifen erforderte.
Die Länge der Triebwagen betrug 14,1 m, die Breite 2,20 m und das Gewicht 17,9 t. Es waren 33 Sitz- und 76 Stehplätze vorhanden.
Während die Triebwagen 1502-1507 im Jahre 1977 verschrottet wurden, gelangte der Prototyp Tw 1501 (ex 513) zum DGEG-Museum nach Viernheim bei Mannheim. Nach der Aufgabe dieses Museums im Frühjahr 1989 kam der Wagen auf dem Wasserwege wieder zurück nach Essen und befindet sich nach seiner Aufarbeitung im Museumsbestand der EVAG.

513^{II} = 1501 (3.1960) = a (28.3.1977) = Viernheim (1977-89) = M 1501 (6.1989)
514^{II} = 1502 (3.1960) = a (26.1.1977)
515^{II} = 1503 (3.1960) = a (26.10.1976)
516^{II} = 1504 (3.1960) = a (14.1.1977)
517^{II} = 1505 (3.1960) = a (3.3.1977)
518^{II} = 1506 (3.1960) = a (9.2.1977)
519^{II} = 1507 (3.1960) = a (28.3.1977)

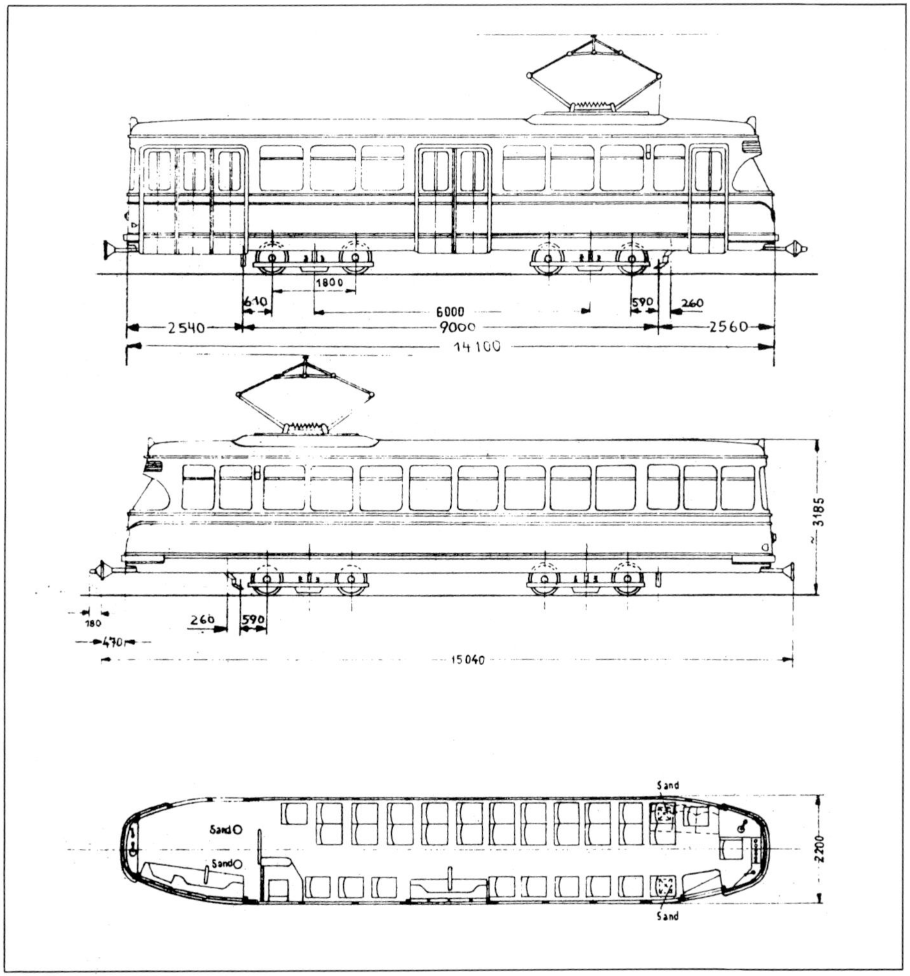
1800
610
6000
590
260
2540
9000
2560
14100
3185
180
470
260
590
15040
Sand
Sand
Sand
Sand
2200

1 : 160

Eine neue Fahrzeuggeneration hält Einzug in Essen: Der Großraum-Fahrgastflußwagen 513 steht im Juni 1952 auf der Linie 2 in der Schleife am Betriebshof Alfredusbad (Einigkeitstraße). (Boehm)

Serie:	*520^{II}-559^{II}*	*Typ:*	*4xGr 1R*
Baujahr:	*1953/54*	*Firma:*	*DÜWAG/BBC*
Motoren:	*GLMd 1303 a*		*BBC*

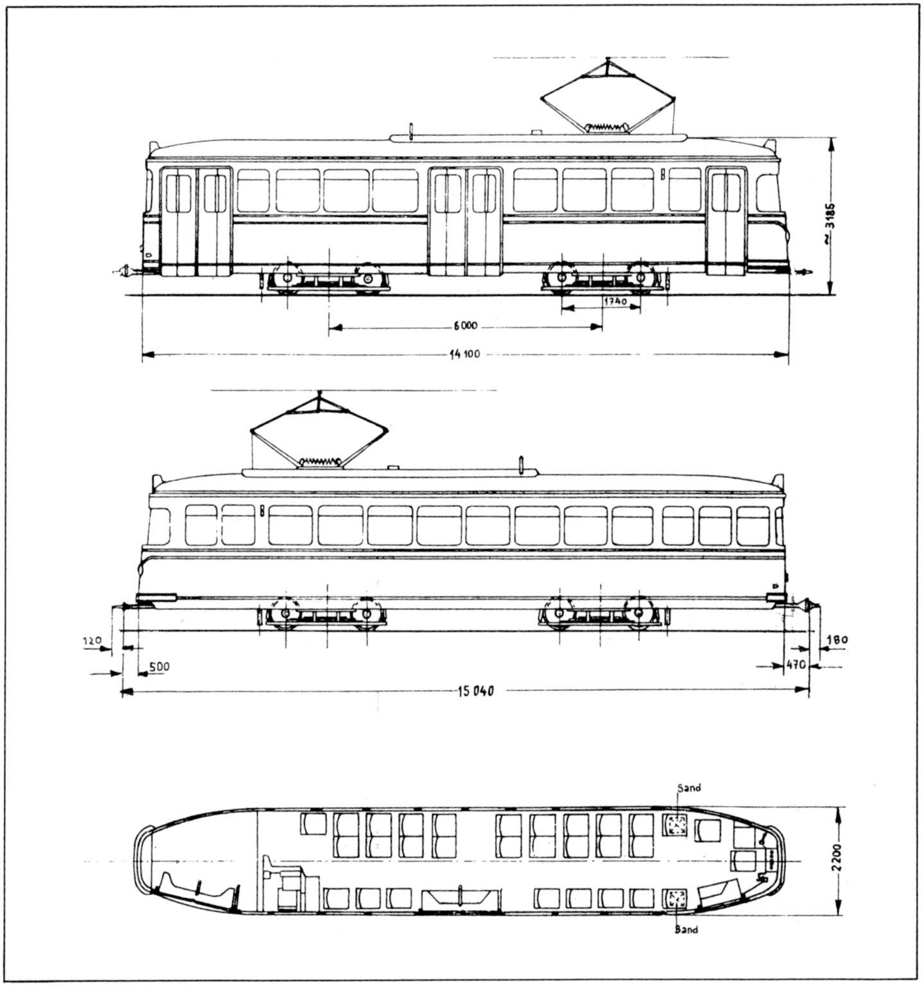

1 : 160

Die zweite Serie von Großraumwagen unterschied sich von den Triebwagen 513-519 bereits äußerlich durch die gerade Frontscheibe (Typ Düsseldorf).
Auch die Motoren in den neuen DÜWAG-Drehgestellen waren mit 72,5 kW stärker als die der ersten Serie (59 kW). Gesteuert wurden die Motoren von Feinstufern des Typs FS 512.12 (bei 520-554) und FS 761.1 (bei 555-559). Alle Wagen waren von 1953/54 bis 1965 mit Z-Z-Steuerung ausgerüstet. Teilweise verkehrten Züge aus zwei Triebwagen und einem zweiachsigen Beiwagen (ein geplanter Betrieb mit vierachsigen Beiwagen wurde nicht aufgenommen).
Der Achsstand betrug 1,74 m, der Drehzapfenabstand 6,0 m.
Im Jahre 1962 rüstete die EVAG fünf Triebwagen (1511-1515) mit neuen DÜWAG-Drehgestellen (Achsstand 1,8 m) und neuen Motoren vom Typ BG 75 dmff (100 kW, Garbe-Lahmeyer & Co., Aachen) aus, desgleichen auch 1977 die Triebwagen 1516-1520, allerdings mit Drehgestellen der Tw 1502, 1504-1507.
Umgebaut wurde 1963 auch der Tw 1535, er dient seitdem als Ersatz für den alten zweiachsigen Fahrschulwagen 1200. Die Umnumerierung 1566/1568^{II} bzw. 1568/1566^{II} wurde nur buchungsmäßig durchgeführt. Die Verschrottung des Tw 1519 erfolgte erst im August 1985.

520^{II} = 1531 (7.1960) = a (5.7.1979)
521^{II} = 1532 (7.1960) 1511 (11.4.1962) = a (8.1982)
522^{II} = 1533 (7.1960) = a (5.7.1979)
523^{II} = 1534 (7.1960) = a (11.1979)
524^{II} = 1535 (7.1960) = A670 (1963)
525^{II} = 1536 (7.1960) = 1516 (23.4.1977) = a (10.1982)
526^{II} = 1537 (7.1960) = a (1978)
527^{II} = 1538 (7.1960) = 1513 (21.5.1962) = a (9.1982)
528^{II} = 1539 (7.1960) = 1519 (3.2.1977) = a (11.1982)
529^{II} = 1540 (7.1960) = a (12.7.1979)
530^{II} = 1541 (7.1960) = a (13.6.1977)
531^{II} = 1542 (7.1960) = 1515 (7.7.1962) = a (10.1982)
532^{II} = 1543 (7.1960) = a (12.1980)
533^{II} = 1544 (7.1960) = a (12.7.1979)
534^{II} = 1545 (7.1960) = a (11.1979)
535^{II} = 1546 (7.1960) = a (11.1979)
536^{II} = 1547 (7.1960) = 1517 (12.3.1977) = a (8.1982)
537^{II} = 1548 (7.1960) = 1514 (13.6.1962) = a (11.1982)
538^{II} = 1549 (7.1960) = a (11.1979)
539^{II} = 1550 (7.1960) = a (13.7.1977)
540^{II} = 1551 (7.1960) = 1512 (1962) = a (10.1982)
541^{II} = 1552 (7.1960) = a (13.7.1977)
542^{II} = 1553 (7.1960) = 1528 (5.1971) = a (20. 7.1979)
543^{II} = 1554 (7.1960) = a (1979)
544^{II} = 1555 (7.1960) = 1520 (17.3.1977) = a (10.1982)
545^{II} = 1556 (7.1960) = a (13.7.1977)
546^{II} = 1557 (7.1960) = a (12.1980)
547^{II} = 1558 (7.1960) = a (7.6.1977)
548^{II} = 1559 (7.1960) = 1518 (27.5.1977) = a (5.1982)
549^{II} = 1560 (7.1960) = a (10.3.1977)
550^{II} = 1561 (7.1960) = a (7.6.1977)
551^{IV} = 1562 (7.1960) = a (3.1979)
552^{IV} = 1563 (7.1960) = a (3.1979)
553^{IV} = 1564 (7.1960) = a (12.1980)
554^{IV} = 1565 (7.1960) = a (12.1980)
555^{IV} = 1566 (7.1960) = 1568^{II} (9.1979) = a (9.1979)
556^{IV} = 1567 (7.1960) = a (12.1980)
557^{IV} = 1568 (7.1960) = 1566^{II} (9.1979) = a (12.1980)
558^{IV} = 1569 (7.1960) = a (12.1980)
559^{IV} = 1570 (7.1960) = a (1979)

Ein typischer Großraumzug der sechziger und siebziger Jahre steht im Jahre 1965 auf dem Gelände des Betriebshofes Stadtmitte. Er besteht aus dem DÜWAG-Triebwagen 1513 und dem DWM-Beiwagen 2503. (Boehm)

Serie:	***773^{II}-775^{II}***	***Typ:***	***2x 2R***
Baujahr:	***1953***	***Firma:***	***Eigenbau***
Motoren:	***Du 531 e***		***SSW***

Auf Fahrgestellen der Baujahre 1910-15 baute die SEG im Jahre 1953 noch einmal drei Triebwagen in eigener Werkstatt. Ab 10.1958 erfolgte der Einbau von Z-Z-Steuerung, Kleinspannungsanlage und Scharfenbergkupplung für den Einsatz im Zugverband, entsprechend der Serie 771, 776-783.

Zum Einbau gelangten Fahrschalter vom Typ EF 52 (SSW). Das Gewicht dieser Wagen betrug 13,5 t.

773^{II} = 1203 (7.1960) = a (1.1.1964)
774^{II} = 1204 (7.1960) = a (1.1.1964)
775^{II} = 1205 (7.1960) = a (1.1.1964)

Wiederaufbau-Triebwagen 775 auf Linie 29 in Frohnhausen (15. März 1958). (Waltking)

Serie:	***902, 913, 915, 916^{II}***	***Typ:***	***2x 2R***
Baujahr:	***1953***	***Firma:***	***Eigenbau***
Motoren:	***EM 60/600***		***AEG/BBC***

Entsprechend den Umbauten von Beiwagen zu Triebwagen in den Jahren 1936/37 (siehe Serie 921-935) wurden 1953 noch einmal vier Beiwagen der Baujahre 1927 (314) und 1928 (302, 304, 307) zu Triebwagen umgebaut.

902^{II}: aus Bw 302 (1953) = 1302 (7.1960) = a (15.9.1965)
913^{II}: aus Bw 304 (1953) = 1308 (7.1960) = a (1.5.1966)
915^{II}: aus Bw 307 (1953) = 1309 (7.1960) = a (4.3.1966)
816^{II}: aus Bw 314 (1953) = 1310 (7.1960) = a (28.7.1965)

Serie:	***560^{IV}-562^{IV}***	***Typ:***	***4xGr 1R***
Baujahr:	***1956***	***Firma:***	***DÜWAG/BBC***
Motoren:	***GLMd 1303 a***		***BBC***

Die drei letzten im Jahre 1956 beschafften vierachsigen Triebwagen besaßen bereits ein Merkmal der späteren DÜWAG-Gelenkwagen; die jeweils drei großen Fenster zwischen den Türen. Zur Fortführung der geplanten größeren Serie kam es aufgrund der inzwischen verfügbaren Gelenkwagen nicht mehr.

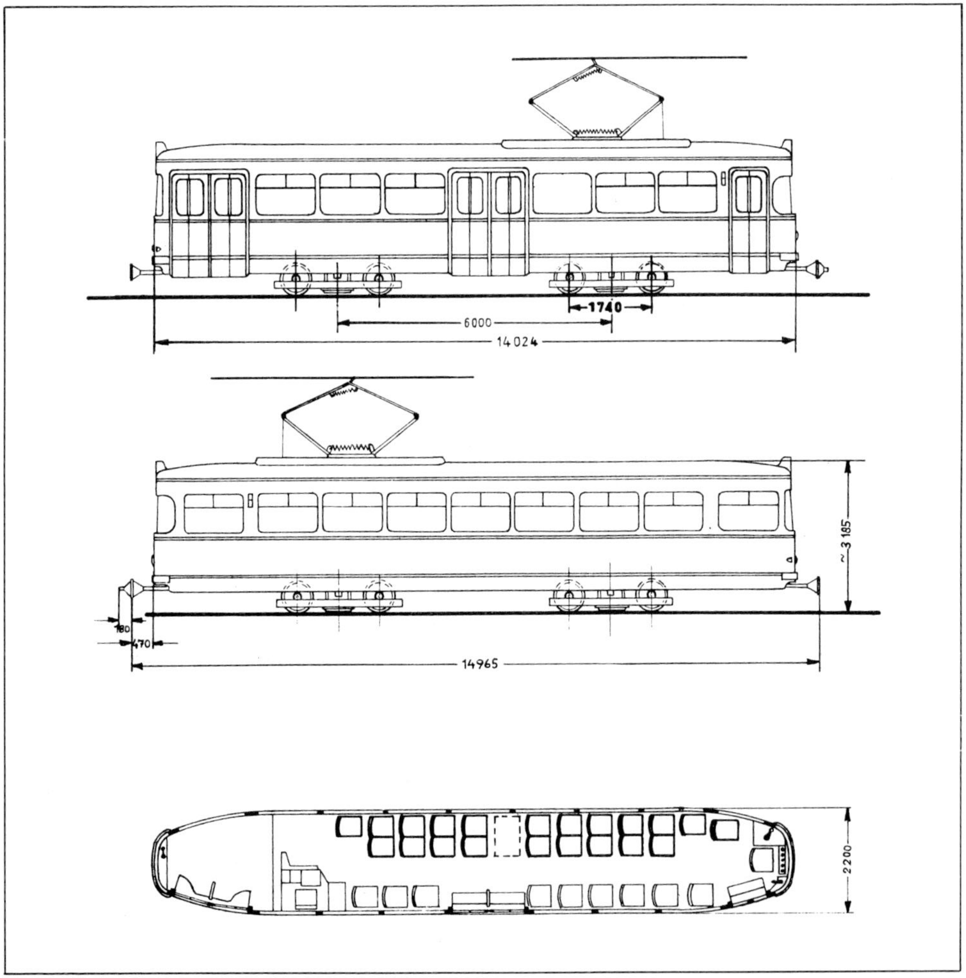

1 : 160

Außerdem waren die 72,5-kW-Motoren bereits von Anfang an in Drehgestellen mit MEGI-Federung, wie sie in den Triebwagen 513-519 erst 1959 eingebaut wurden, angeordnet, der Achsstand betrug 1,80 m, der Drehzapfenabstand 6,0 m. Die über Gelenkwellen bedienten Feinstufer vom Typ FS 761.8 waren bis 1965 für Z-Z-Steuerung ausgerüstet.
1978 erhielten die Triebwagen 1580 und 1587 = 1521-1522 die DÜWAG-Drehgestelle aus den DWM-Gelenkwagen 1619 und 1620 (Achsstand 1,80 m) und 110 kW starke Motoren vom Typ BG 75 dmff, sowie Feinstufer vom Typ FS512. 1977 erhielt der Tw 1588 altbrauchbare Drehgestelle mit Federspeicher aus der Serie 1531-1570.
Nach seiner Ausmusterung im Jahre 1980 wurde der Tw 1588 von einem Privatmann erworben und von Februar bis November 1981 in der Bogestra-Hauptwerkstatt (Bochum-Gerthe) untergestellt. Nach seiner Rückkehr sollte er am Bundesbahnhof Essen-Borbeck als Denkmal aufgestellt werden, jedoch bereits nach wenigen Tagen von Unbekannten völlig zerstört und anschließend verschrottet.
Die seit 1982 abgestellten Triebwagen 1521 und 1522 wurden 1986 bzw. 1988 verschrottet.

560^{IV} = 1581 (3.1960) = 1580 (1970) = 1521 (5.1978) = a (11.1982)
561^{IV} = 1582 (3.1960) = 1587 (1970) = 1522 (7.1978) = a (11.1982)
562^{IV} = 1583 (3.1960) = 1588 (1970) = a (12.1980)

1982 endete der Einsatz von Großraumwagen in Essen. der abgestellte Triebwagen 1522 wartet im November 1982 auf seinen Abtransport zum Schrottplatz. (Giesen)

Serie:	*818^{IV}*	*Typ:*	*2x 1R*
Baujahr:	*1956*	*Firma:*	*DÜWAG*
Motoren:	*Sb 51*		*MSW*

Als Ersatz für den 1954 durch einen Unfall zerstörten Tw 799^{II} baute die DÜWAG 1956 auf dem noch intakten Fahrgestell den neuen Tw 818^{IV}. Das Aussehen entsprach dem der Aufbauwagen 876-888.

818^{V} = 833^{IV} (9.7.1958) = 1426 (1.7.1960) = a (12.6.1967)

Der 1956 auf dem Fahrgestell des unfallbeschädigten Triebwagens 799 aufgebaute Triebwagen 818 ist ebenfalls ein DÜWAG-Aufbauwagen wie die Serie von 1948/49. Inzwischen in 1426 umgenummert steht er 1965 im Betriebshof Stadtmitte, beschildert als HVZ-Linie 22 (Altenessen - Humboldtstraße). (Boehm)

Serie:	*601^{III}-618^{III}*	*Typ:*	*6xGel 1R*
Baujahr:	*1958*	*Firma:*	*DÜWAG/KIEPE*
Motoren:	*BG 75 dmff*		*G–L*

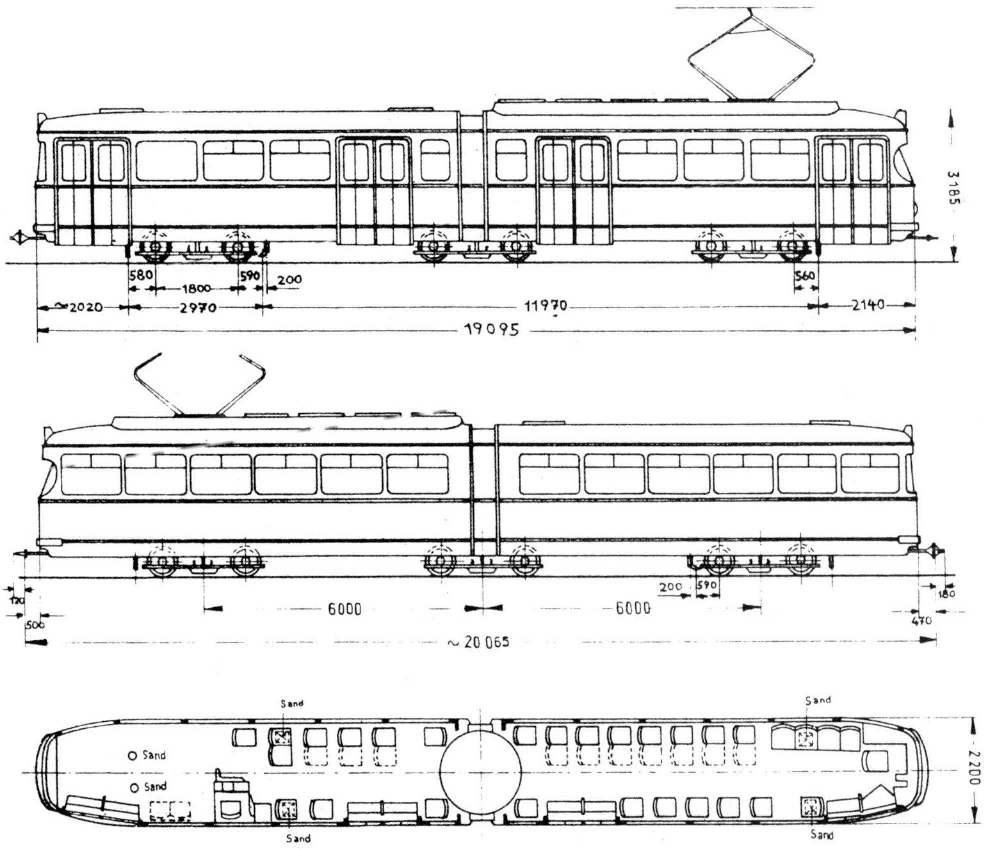

1 : 160

Im Jahre 1958 trafen mit der Serie 601-618 die ersten Gelenkwagen in Essen ein. Der 1956 zum ersten Mal von der DÜWAG in Deutschland vorgestellte Wagentyp mit zwei über Tandemmotoren angetriebenen Drehgestellen und einem ungebremsten Laufgestell unter dem Gelenk, sollte in den folgenden Jahren das Bild der Straßenbahn in Essen bestimmen, sowohl in der sechsachsigen als auch in der achtachsigen Version. Der Achsabstand betrug in den Drehgestellen 1,80 m und der Drehzapfenabstand 6,0 m.
Die verwendeten Fahrschalter vom Typ NF 52 waren bis 1965 mit Geber für Z-Z-Steuerung ausgerüstet. Der Einsatz im Zugverband erfolgte allerdings nur kurzzeitig, wobei der Zug aus einem führenden Sechsachser und einem „geführten" Großraumwagen der Serie 520-559 bestand.

Frisch gewaschen und reklamefrei präsentiert sich der Gelenkwagen 1602 im Mai 1965 auf einer Sonderfahrt in Haarzopf-Fängershof. (Boehm)

Das 19,1 m lange und 2,20 m breite Fahrzeug bietet Platz für 163 Personen, davon 43 sitzende. Zusammen mit einem vierachsigen Beiwagen können somit über 280 Personen befördert werden.

Der Fahrgastfluß erfolgte wie beim Großraumwagen von hinten nach vorne, wobei die elektrischen Doppel-Falttüren vom Schaffner bedient wurden. Der Beiwagen wurde oft schaffnerlos mitgeführt und war bis zur Umstellung auf Einmannbetrieb Ende der sechziger Jahre Sichtkarteninhabern vorbehalten.

Im Jahre 1974 wurden beim Triebwagen 1615 einige Umbauten vorgenommen. Der Scherenstromabnehmer wurde durch einen motorisch betriebenen Einholmstromabnehmer ersetzt, an der zweiten Tür wurde eine ausfahrbare Trittstufe installiert, der runde Scheinwerfer gegen zwei rechteckige Halogen-Scheinwerfer ausgetauscht und eine neue Armaturentafel mit Pictogramm-Tasten eingebaut. Außerdem bekam der Wagen einen rot-weiß-grauen Anstrich, ähnlich der späteren Stadtbahnlackierung. Die Änderungen dienten als Test für den in Planung befindlichen Stadtbahnwagen M/N, bei dem die vorgenannten Einrichtungen dann zum serienmäßigen Einbau kamen.

Die Ausmusterung der Fahrzeuge begann 1982. Bedingt durch den Bau der U-Bahnstrecke Porscheplatz–Rampe Westendstraße mit Mittelbahnsteigen in den Bahnhöfen endete der Betriebseinsatz dieser Einrichtungswagen im September 1991.

Der Wagen 1601 wurde 1982 zwecks Eingleisungsübungen an die Feuerwehr Essen-Kray abgegeben und dort 1987 verschrottet.

601^{III} = 1601 (7.1960) = a (9.1982)
602^{III} = 1602 (7.1960) = a (22.11.1982)
603^{III} = 1603 (7.1960) = a (15.12.1983)
604^{III} = 1604 (7.1960) = a (9.1984)
605^{III} = 1605 (7.1960) = a (12.1983)
606^{III} = 1606 (7.1960) = a (6.1.1986)
607^{III} = 1607 (7.1960) = a (12.1983)
608^{III} = 1608 (7.1960) = a (22.1.1986)
609^{III} = 1609 (7.1960) = a (17.1.1986)
610^{III} = 1610 (7.1960) = a (29.6.1989)
611^{III} = 1611 (7.1960) = a (30.9.1985)
612^{III} = 1612 (7.1960) = a (15.12.1983)
613^{III} = 1613 (7.1960) = a (12.1983)
614^{III} = 1614 (7.1960) = a (12.1983)
615^{III} = 1615 (7.1960) = 1865, sofern ein Einbau linksseitiger Türen und eines Mittelteils erfolgt;
Wagen vorerst abgestellt (9. 1991)
616^{III} = 1616 (7.1960) = a (9.1985)
617^{III} = 1617 (7.1960) = a (24.1.1986)
618^{III} = 1618 (7.1960) = a (6.1986)

Serie:	*619^{III}-620^{III}*	*Typ:*	*6xGel 1R*
Baujahr:	*1959*	*Firma:*	*DWM/KIEPE*
Motoren:	*BG 75 dmff*		*G-L*

Um in Berlin ansässige Betriebe zu unterstützen, beschaffte die EVAG im Jahre 1959 zwei sechsachsige Gelenkwagen bei der DWM in Berlin. Die Fahrzeuge unterschieden sich äußerlich von den DÜWAG-Fahrzeugen durch den größeren Abstand zwischen Fenster und Dach. Die Fahrzeuge besaßen Drehgestelle mit Schraubenfedern statt Blattfedern und einen neuartigen Antrieb mit Getriebe mit sperrbarem Differential.
Wegen der schlechteren Fahreigenschaften wurden die Drehgestelle 1963 gegen DÜWAG-Drehgestelle ausgetauscht. 1977 wurden die Drehgestelle dann noch einmal gegen die der Triebwagen 1521 und 1522 gewechselt.
Bereits 1978 bzw. 1979 gelangten die beiden Wagen aufgrund der fortgeschrittenen Korrosion zum Schrotthändler.

619^{III} = 1619 (7.1960) = a (10.1978)
620^{III} = 1620 (7.1960) = a (2.1979)

Gegenüber den DÜWAG-Sechsachsern ist beim DWM-Wagen deutlich der größere Abstand zwischen Dach und Fenster zu erkennen. Der Triebwagen 1619 ca. 1961 in der Endschleife Finefraustraße in Rellinghausen. (Boisserée)

Serie:	*621^{II}-650^{II}, 651^{III}-660^{III}*	*Typ:*	*6xGel 1R*
Baujahr:	*1959; 1960*	*Firma:*	*DÜWAG/KIEPE*
Motoren:	*BG 75 dmff*		*G–L*

Die nächste Serie der sechsachsigen Gelenkwagen entsprach wieder dem DÜWAG-Typ von 1958.
Die Triebwagen 1624, 1635 und 1645 wurden von 1981 bis 1984 an die Verkehrsbetriebe Mainz verliehen. Nach der Rückkehr wurden zwei Fahrzeuge sofort verschrottet und das dritte (Tw 1635 = Mainz 251) für Versuchszwecke im Rahmen eines Brandschutz-Forschungsvorhabens an das Bundesbahn-Ausbesserungswerk Krefeld-Oppum abgegeben.
Der Wagen 1622 wurde 1983 an eine Schule in Essen-Frohnhausen abgegeben und auf dem Schulhof aufgestellt.
Die Triebwagen 1651-1660 wurden durch Einfügen eines neuen Mittelteiles im Jahre 1977 zu achtachsigen Gelenkwagen (1821-1830) umgebaut.

621^{II} = 1621 (7.1960) = a (28.9.1990)
622^{II} = 1622 (7.1960) = a (15.12.1983), abgegeben an Schule Hamburger Straße
623^{II} = 1623 (7.1960) = a (10.1991)
624^{II} = 1624 (7.1960) = al nach Mainz, dort 250 (1981-84) = a (7.1984)
625^{II} = 1625 (7.1960) = a (16.8.1984)
626^{II} = 1626 (7.1960) = a (16.8.1984)
627^{II} = 1627 (7.1960) = a (16.8.1984)
628^{II} = 1628 (7.1960) = abgestellt (11.1991)
629^{II} = 1629 (7.1960) = a (9.1988)
630^{II} = 1630 (7.1960) = a (6.1986)
631^{II} = 1631 (7.1960) = a (5.11.1990)
632^{II} = 1632 (7.1960) = a (6.1986)
633^{II} = 1633 (7.1960) = a (8.1984)
634^{II} = 1634 (7.1960) = a (8.1985)
635^{II} = 1635 (7.1960) = al nach Mainz, dort 251 (1981-84) = a (7.1984), abgegeben an DB (Krefeld-Oppum), dort nach Abschluß der Versuche 1990 verschrottet
636^{II} = 1636 (7.1960) = abgestellt (11.1991)
637^{II} = 1637 (7.1960) = a (2.1985)
638^{II} = 1638 (7.1960) = abgestellt (11.1991)
639^{II} = 1639 (7.1960) = abgestellt (11.1991)
640^{II} = 1640 (7.1960) = a (10.1985)
641^{II} = 1641 (7.1960) = a (6.1986)
642^{II} = 1642 (7.1960) = a (6.1986)
643^{II} = 1643 (7.1960) = abgestellt (11.1991)
644^{II} = 1644 (7.1960) = a (15.12.1983)

645^{II} = 1645 (7.1960) = al nach Mainz, dort 252 (1981-84) = a (7.1984)
646^{II} = 1646 (7.1960) = a (6.1986)
647^{II} = 1647 (7.1960) = abgestellt (11.1991)
648^{II} = 1647 (7.1960) = a (5.1987)
649^{II} = 1649 (7.1960) = a (6.1986)
650^{II} = 1650 (7.1960) = a (6.1986)
651^{III} = 1651 (7.1960), U = 1821 (12.7.1977) = 1851 (1991)
652^{III} = 1652 (7.1960), U = 1822 (14.11.1977) = 1852 (1991)
653^{III} = 1653 (7.1960), U = 1823 (25.11.1977) = a (31.12.1988); Mittelteil in 1759 (1992)
654^{III} = 1654 (7.1960), U = 1824 (11.11.1977) = 1854 (17.8.1990)
655^{III} = 1655 (7.1960), U = 1825 (19.10.1977) = 1855 (6.1991)
656^{III} = 1656 (7.1960), U = 1826 (7.10.1977) = a (27.3.1979)
657^{III} = 1657 (7.1960), U = 1827 (18.11.1977) = 1857 (3.1991)
658^{III} = 1658 (7.1960), U = 1828 (15.11.1977) = a (8.6.1989); Mittelteil für 1865 vorgesehen
659^{III} = 1659 (7.1960), U = 1829 (29.9.1977) = 1859 (7.1991)
660^{III} = 1660 (7.1960), U = 1830 (25.10.1977) = 1860 (21.8.1990)

Der Sechsachser 1651 steht im Jahre 1977 abgestellt im Betriebshof Stadtmitte und wartet auf seinen Umbau zum Achtachser, der einige Wochen später erfolgte. Seit 1991 verkehrt der Wagen als Triebwagen 1851, mit Türen auch auf der linken Seite. (Elias)

Serie:	*701^III-712^III*	*Typ:*	*2+2xGel 2R*
Baujahr:	*1959*	*Firma:*	*DÜWAG/KIEPE*
Motoren:	*Db 651 a*		*SSW*

Im Jahre 1956 trat eine neue Straßenbahn-Bau- und Betriebsordnung in Kraft. Diese sah u. a. vor, daß bis zum 1. Januar 1960 die Betriebserlaubnis der noch vorhandenen Vorkriegszweiachser erlosch, wenn sie nicht mit Sicherheitsglasscheiben, elektrischen Bremsen usw. ausgerüstet waren. Da ein Umbau alter Wagen zu teuer war, verschrottete man bei einigen Fahrzeugen die Wagenkästen und setzte auf die Fahrgestelle Neubauten der DÜWAG auf. Dabei entstanden durch den Einbau eines „schwebenden" Mittelteils Doppelgelenktriebwagen mit je einem zweiachsigen Fahrgestell unter dem A- und B-Teil. Verwendet wurden für die zwölf Essener Triebwagen Fahrgestelle der 24 Vorkriegswagen 703, 705, 708, 711, 719, 721, 727, 728, 734, 737, 738, 742, 744, 745, 746, 747, 749, 752, 785, 789, 861-864 (Baujahre 1910-1915).

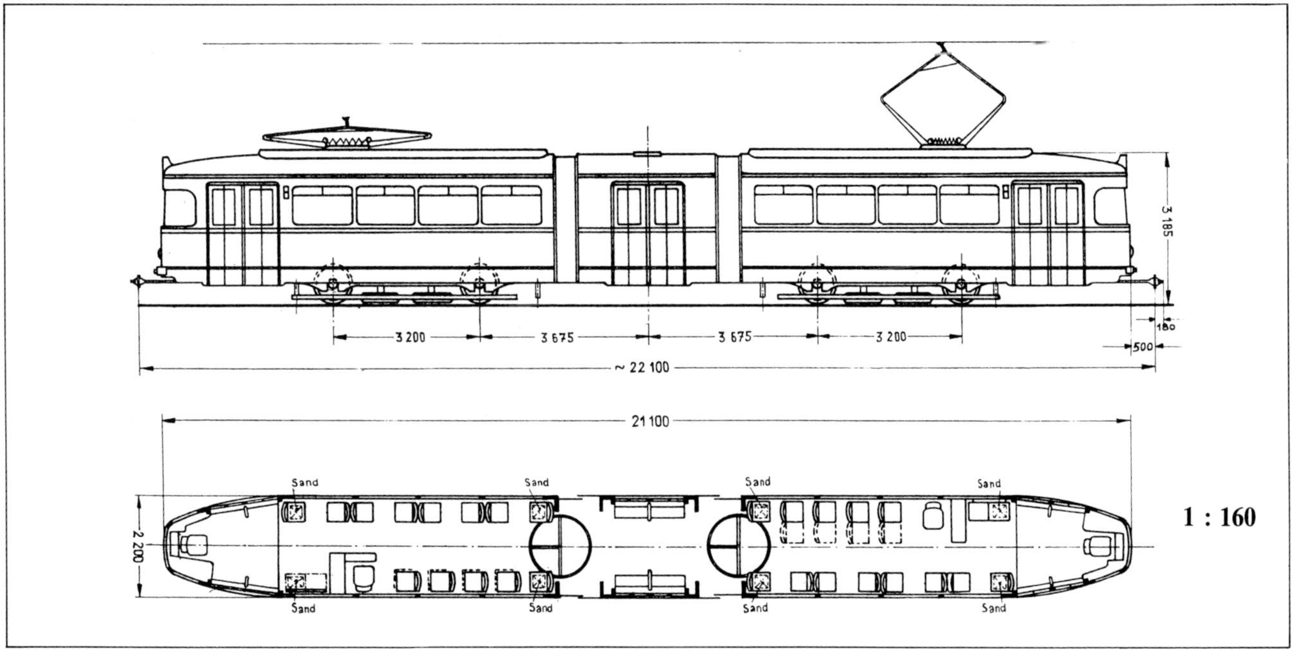

Der neue Wagenkasten wirkte recht modern, mit runden Stirnseiten, großen Fenstern und auf jeder Seite mit drei Doppel-Falttüren. Die als Zweirichtungswagen konzipierten Fahrzeuge hatten jeweils vorne und hinten einen Scherenstromabnehmer.
Aufgrund schlechter Fahreigenschaften baute die DÜWAG die Fahrgestelle im Jahre 1960 auf MEGI-Federung um. Die Wagen hatten bei einer Länge von 21,1 m und einer Breite von 2,20 m ein Fassungsvermögen von 172 Personen. Durch den Ausbau des Schaffnerplatzes und die Umrüstung auf Einmannbetrieb ab 1970 besaßen die zuletzt noch eingesetzten Triebwagen 1713-1715 ein Fassungsvermögen von 179 Plätzen. Die restlichen Wagen fuhren bis zu ihrer Ausmusterung 1976 als letzte Essener Straßenbahnen noch mit Schaffner, meist auf den Linien 22 und 28.
Nach seiner Ausmusterung 1977 stand der Wagen 1715 etwa drei Jahre abgestellt im Betriebshof Borbeck, bevor er nach erfolgter HU und dem Einbau von Fahrsperre und Meldeempfänger für Tunnelbetrieb als Historischer Triebwagen 705 wieder in Betrieb genommen werden konnte. Nach erneuter, gründlicher HU im Jahre 1989, kann der Wagen wieder für Sonderfahrten eingesetzt werden.

701^{III} = 1701 (7.1960) = a (31.5.1976)
702^{III} = 1702 (7.1960) = a (24.3.1976)
703^{III} = 1703 (7.1960) = a (18.6.1976)
704^{III} = 1704 (7.1960) = 1714 (8.4.1971) = a (20.10.1977)
705^{III} = 1705 (7.1960) = 1715 (8.4.1971) = a (1977) = M705 (1981)
706^{III} = 1706 (7.1960) = 1713 (8.4.1971) = a (23.8.1976)
707^{III} = 1707 (7.1960) = a (12.7.1976)
708^{III} = 1708 (7.1960) = a (2.8.1976)
709^{III} = 1709 (7.1960) = a (9.8.1976)
710^{III} = 1710 (7.1960) = a (16.8.1976)
711^{III} = 1711 (7.1960) = 1704^{II} (8.4.1971) = a (29.3.1976)
712^{III} = 1712 (7.1960) = 1705^{II} (8.4.1971) = a (20.4.1976)

Auf der Gemeinschaftslinie 5 gelangten die „Schüttelrutschen" auch nach Oberhausen-Hauptbahnhof, wie hier am 17. März 1963 der Triebwagen 1708. (Boehm)

Serie:	*1801-1806*	*Typ:*	*8xGel 1R*
Baujahr:	*1960*	*Firma:*	*DÜWAG/KIEPE*
Motoren:	*BG 75 dmff*		*G-L*

Als Weiterentwicklung bzw. Verlängerung des schon vorhandenen sechsachsigen Gelenkwagens erhielt die EVAG 1960 sechs achtachsige Doppelgelenkwagen des bekannten DÜWAG-Typs.
Durch das eingefügte Mittelteil, ohne Türen, hatte der Wagen jetzt eine Länge von 25,645 m und konnte 248 Fahrgäste aufnehmen.
Als erster Wagen dieser Serie wurde 1989 der Tw 1804 ausgemustert und an die Betriebe der Stadt Mülheim an der Ruhr abgegeben. Dort wurde das C-Teil ausgebaut und zusammen mit dem eigenen sechsachsigen Gelenktriebwagen 254 an die ZWM nach Mannheim gesandt, wo ein neuer achtachsiger Doppelgelenktriebwagen (264) mit Türen auf beiden Seiten entstand.

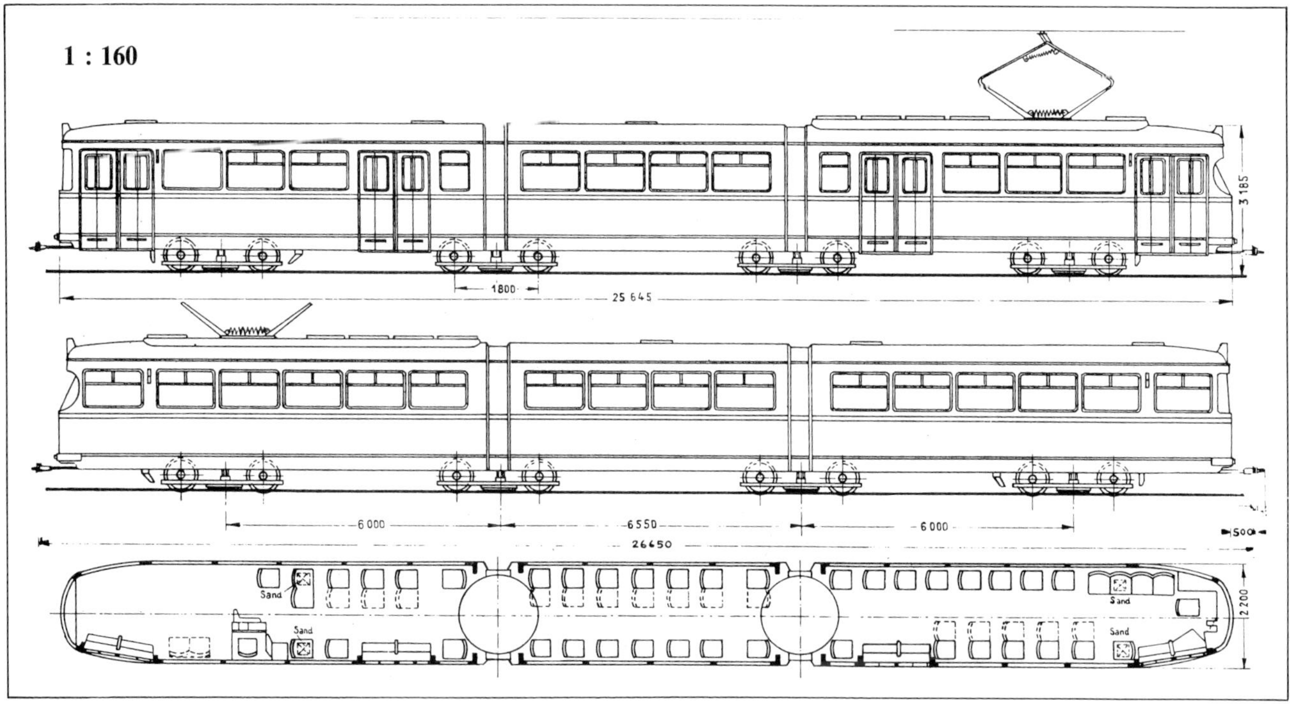

Die Mittelteile aller ausgemusterten Wagen bleiben für den Einbau in sechsachsige Gelenkwagen (z. B. Essen 1721-1730) erhalten.

1801 = a (12.1991); Mittelteil in 1724 = 1754 (1992)
1802 = a (2.1992); Mittelteil in 1725 = 1755 (1992)
1803 = abgestellt (11.1991); a (4.1992); Mittelteil in 1726 = 1756 (1992)
1804 = a (22.5.1989), verkauft an Mülheim
1805 = abgestellt (11.1991); a (4.1992); Mittelteil in 1722 = 1752 (1993)
1806 = a (13.7.1989) nach Unfall; Mittelteil verkauft an Mülheim

Nur etwa für ein Jahr (Juni 1977 - April 1978) kamen die achtachsigen Gelenkwagen des Baujahres 1960 auf der Linie 7 (Bredeney - GE-Rotthausen - GE-Musiktheater) zum Einsatz, da die Strecke durch Rotthausen danach stillgelegt wurde (Triebwagen 1803 im April 1978 in Rotthausen) (Archiv Giesen)

Serie:	*1721-1724; 1725-1730*	*Typ:*	*6xGel 2R*
Baujahr:	*1962; 1963*	*Firma:*	*DÜWAG/KIEPE*
Motoren:	*BG 75 dmff*		*G–L*

Neben den inzwischen vorhandenen 60 sechsachsigen Einrichtungswagen bestellte die EVAG 1962 auch 10 Zweirichtungswagen für die Doppellinie 26/36 (Bottrop - Borbeck - Essen Hbf - Borbeck - Dellwig - Frintrop, Unterstraße), die an beiden Endstellen keine Wendeschleife besaß.
Die Wagen haben eine Länge von 20,1 m und eine Breite von 2,20 m, die Türanordnung ist 2–2–1–2 (von vorne gesehen).
Die Steuerung der Motoren erfolgt durch Fahrschalter vom Typ NF 561.
Wie bei den Einrichtungsgelenkwagen werden nur das erste und das dritte Drehgestell angetrieben, das zweite ist ein reines Laufgestell.
Die äußere Form entspricht denen zweier zusammengebauter Großraumwagen mit abgerundeten Plattformen und geraden Frontscheiben. Der Stromabnehmer ist am Gelenk angeordnet.
Sämtliche Wagen wurden bei der letzten HU in den Jahren 1982–83 vollkommen modernisiert (Fahrersitze, Armaturenbretter, Verkabelung usw.), um sie noch einige Jahre in Betrieb zu halten. Außerdem ist beabsichtigt, die ganze Serie durch Einfügen von Mittelteilen zu achtachsigen Zweirichtungs-Gelenktriebwagen zu erweitern.
Die Mittelteile werden teilweise aus abgestellten Fahrzeugen der Serie 1801...1830, teilweise aus Fahrzeugen der Duisburger Verkehrsgesellschaft AG (DVG) gewonnen. Die Fahrzeuge werden dann in die Nummernserie 1751...1760 eingereiht.

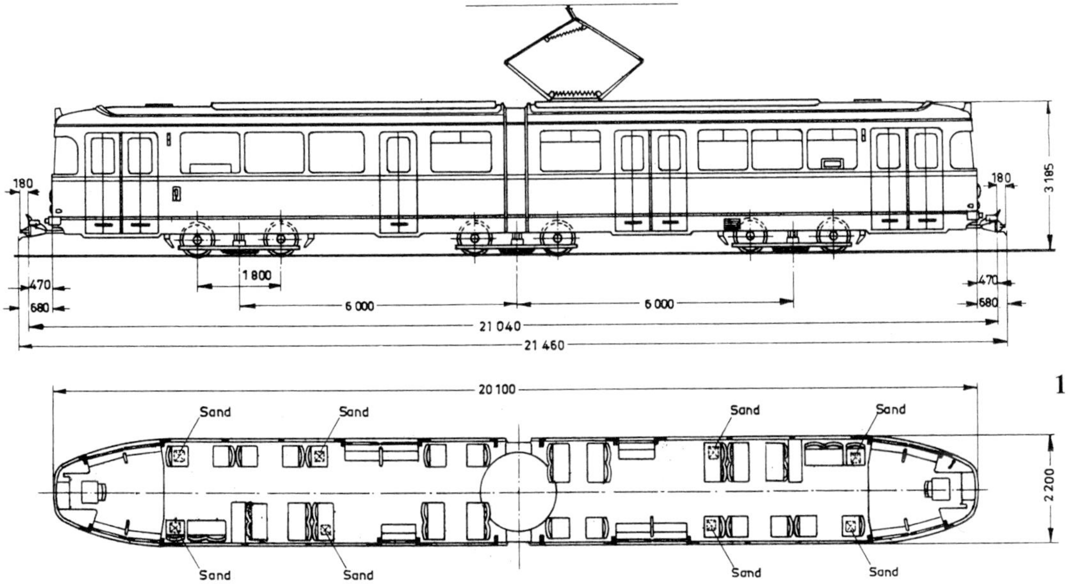

1 : 160

Die übernommenen Duisburger Achtachser sind folgende, wobei zwei Mittelteile an die Betriebe der Stadt Mülheim an der Ruhr weitergegeben werden:

Nr.	Baujahr	Vorgeschichte
1068	1967	1968 aus 6xGTw umgebaut, Mittelteil für Mülheim
1230	1952	1974 aus 6xGTw umgebaut, 1962 aus 4xTw umgebaut
1235	1957	1972 aus 6xGTw umgebaut, Mittelteil für Mülheim
1243	1962	1965 aus 6xGTw umgebaut
1244	1962	1965 aus 6xGTw umgebaut
1246	1962	von 1965 bis 1980 mit Speiseabteil für Linie D ausgerüstet
1247	1962	1965 aus 6xGTw umgebaut

1721 = 1751 (1992; mit Mittelteil aus DVG 1244
1722 = 1752 (1993); mit Mittelteil aus 1805
1723 = 1753 (1993); mit Mittelteil aus DVG 1243
1724 = 1754 (1992); mit Mittelteil aus 1801
1725 = 1755 (1992); mit Mittelteil aus 1802
1726 = 1756 (1992); mit Mittelteil aus 1803
1727 = 1757 (1992); mit Mittelteil aus DVG 1247
1728 = 1758 (1993); mit Mittelteil aus DVG 1230
1729 = 1759 (1992); mit Mittelteil aus 1823
1730 = 1760 (1993); mit Mittelteil aus DVG 1246

Die Triebwagen der Serie 1721–1730 verkehrten bis 1967 fast ausschließlich auf der Linie 26/36 (Bottrop – Borbeck – Hbf – Dellwig). Am 28. Juli 1964 befindet sich der Triebwagen 1723 in der Hochstraße in Bottrop, kurz hinter der Endhaltestelle Pferdemarkt. Links neben dem Straßenbahnwagen sind noch Überreste der Gleise der Vestischen Straßenbahnlinie 22 zur Zeche Prosper II zu erkennen, die bereits 1953 stillgelegt worden war. (Boehm)

Der zum Achtachser umgebaute Zweirichtungs-Gelenktriebwagen 1756 am 1. August 1992, aufgenommen auf der Altendorfer Straße an der Krupp-Hauptverwaltung. (Giesen)

Serie:	*1661-1663*	*Typ:*	*6xGel 1R*
Baujahr:	*1963*	*Firma:*	*DÜWAG/KIEPE*
Motoren:	*BG 75 dmff*		*G-L*

Um weitere Zweiachser ausmustern zu können, erhielt die EVAG 1963 noch einmal drei sechsachsige Gelenkwagen, entsprechend der Serie 1621-1660.
Nachdem im Jahre 1979 der achtachsige Gelenkwagen 1826 durch einen Brand stark beschädigt wurde, nahm man das noch gut erhaltene Mittelteil und baute es in den Tw 1666 ein, der seitdem als Tw 1826^{II} verkehrt.

1661 = 1666 (1970), U = 1826^{II} (1980)
1662 = 1667 (1970) = a (10.1991)
1663 = 1668 (1970) = abgestellt (11.1991)

Serie:	*1430*	*Typ:*	*2x2R AfB*
Baujahr:	*1948*	*Firma:*	*DÜWAG*
Motoren:	*GBM 431*	*BBC*	

Nachdem die Stadtwerke Oberhausen in den sechziger Jahren damit begonnen hatten, ihre Straßenbahnlinien auf Omnibusse umzustellen, konnte Essen 1966 den Aufbauwagen 351 (Fahrgestell des Tw 50, Baujahr 1920) erwerben (Inbetriebnahme 1. 7. 1966).
Das von der DÜWAG gebaute Fahrzeug entsprach den Essener Aufbauwagen 876–888, 818^{IV}: Länge 11 m, Breite 2,2 m, 22 Sitzplätze.

1430 = a (4. 5. 1968)

Der Oberhausener Triebwagen 351 – hier 1952 mit Essener Beiwagen 2119 auf der Linie 25 an der Haltestelle Limbecker Platz – wurde 1966 durch die EVAG übernommen und als Wagen 1430 eingereiht. (Waltking)

Serie:	***1431-1436***	***Typ:***	***2x 2R Afb***
Baujahr:	***1950/1954***	***Firma:***	***DÜWAG***
Motoren:	***US 523 a***		***AEG***
	US 533 a (nur 1431)		***AEG***
	US 533 b (nur 1436)		***AEG***

Auch von der Hagener Straßenbahn übernahm die EVAG im Jahre 1966 Aufbauwagen, allerdings waren es hier sechs Stück. Es handelte sich dabei um die Hagener Fahrzeuge 306, 309, 311, 312 des Baujahres 1950, sowie die Tw 310 und 313 des Baujahres 1954.
Diese Wagen waren die letzten in Essen im Personenverkehr eingesetzten Zweiachser. Der Wagen 1431 befindet sich derzeit noch im Bestand als Arbeitswagen (616). Dieser Wagen besitzt noch ein Fahrgestell der früheren Hagener Waggonfabrik Killing & Sohn.

1431 = A696^{II} (8.4.1974)
1432 = a (7.4.1974)
1433 = a (7.4.1974)
1434 = a (7.4.1974)
1435 = 1439 (5.1971) = a (7.4.1974)
1436 = a (7.4.1974) = BMB Wuppertal-Kohlfurth = verschrottet 1986

In den siebziger Jahren verkehrten Zweiachser nur noch als E-Wagen. Der aus Hagen übernommene Triebwagen 1433 versah am 5. April 1974 auf der Strecke Borbeck - Rüttenscheid - Betriebshof Stadtmitte seinen letzten Einsatz im Personenverkehr. (Ahlbrecht)

Serie:	***1671-1676***	***Typ:***	***6xGel 1R***
Baujahr:	***1966; 1960***	***Firma:***	***DÜWAG/KIEPE***
Motoren:	***BG 75 dmff***		***G-L***

Mit dieser Serie kamen 1966 die letzten herkömmlichen DÜWAG-Gelenkwagen nach Essen. Die sechs Fahrzeuge entsprachen wieder der Serie 1621-1663.
Durch den Einbau neuer Mittelteile wurden sie 1974 zu achtachsigen Doppelgelenk-Triebwagen erweitert. Die Länge der Wagen betrug jetzt 25,650 m.

1671 = 1670 (1970), U = 1820 (1974)
1672 = 1677 (1970), U = 1817 (1974)
1673 = 1678 (1970), U = 1818 (1974)
1674, U = 1819 (1974)
1675, U = 1815 (1974)
1676, U = 1816 (1974)

Serie:	*1815-1820*	*Typ:*	*8xGel 1R (GTE8U)*
Baujahr:	*1974*	*Firma:*	*DÜWAG/KIEPE*
Motoren:	*BG 75 dmff*		*G-L*

Wie bereits bei der Serie 1671-1676 angesprochen, erhielten diese sechs Fahrzeuge im Jahre 1974 ein neues, ebenfalls von der DÜWAG geliefertes Mittelteil. Nach dem Umbau zu dreiteiligen, achtachsigen Einrichtungs-Gelenktriebwagen, nummerte man sie in 1815-1820 um.

1815 = 1853 (3.1992); mit 3 linksseitigen Türen ausgerüstet
1816 = 1858 (3.1992); mit 3 linksseitigen Türen ausgerüstet
1817 = abgestellt (7.1990) = 1861 (1993); mit 3 linksseitigen Türen ausgerüstet
1818 = abgestellt (11.1991) = 1862 (1993); mit 3 linksseitigen Türen ausgerüstet
1819 = abgestellt (7.1990) = 1863 (9.1992); mit 3 linksseitigen Türen ausgerüstet
1820 = abgestellt (8.1990) = 1864 (1993); mit 3 linksseitigen Türen ausgerüstet

Serie:	*1001-1021*	*Typ:*	*8xGel 2R*
Baujahr:	*1975/76*	*Firma:*	*DÜWAG/SIEMENS*
Motoren:	*1 KB 2021-5 MB 02*		*SIEMENS*

Mit der Auslieferung des Triebwagens 1001 begann am 22. Dezember 1975 in Essen das Zeitalter der modernen Stadtbahnwagen. Zusammen mit den Verkehrsbetrieben in Bielefeld, Mülheim und Bochum wurden zunächst 27 Wagen, mit der Option von 15 zusätzlichen für Essen erhöhte sich die Serie auf 42, bei der DÜWAG in Auftrag gegeben. Die elektrische Ausrüstung dieser ersten Stadtbahnwagen M (M = Meterspur) lag bei den Firmen Siemens und BBC.
Der Wagen ist so konzipiert, daß er durch ein Baukastensystem sowohl als Sechsachser oder als Achtachser geliefert werden kann. Auch eine Version als Einrichtungswagen ist möglich, die in Linz zur Ausführung kam.
Durch den Einbau von normalspurigen Drehgestellen (Stadtbahnwagen Typ N) ist er auch für normalspurige Netze geeignet und inzwischen in Dortmund, Kassel und Nürnberg im Einsatz.
Die Essener Fahrzeuge sind als achtachsige Zweirichtungswagen ausgeführt. Sie haben eine Länge von 25,88 m und eine Breite von 2,30 m. Das Gewicht beträgt ca. 34,5 t, das Platzangebot weist 54 Sitz- und 85 Stehplätze (4 Personen/m^2) auf. Die Türanordnung ist 2-2-2-1 (von vorne nach hinten), wobei das Wagenteil 3 türenlos ist. Für den Fahrgast ergibt sich ein bequemerer Einstieg durch eine vierte, ausfahrbare Stufe, die 28 cm über dem Boden liegt. Beim Halt an Tunnelbahnsteigen mit einer Höhe von 30 cm verbleibt die unterste Stufe unter dem Wagenkasten. Der Achsstand im Drehgestell beträgt 1,80 m und der Drehzapfenabstand 6,20 m. Die beiden Antriebsdrehgestelle besitzen je zwei Motoren mit einer Leistung von 150 kW bei 600 V bzw. 185 kW bei 750 V. Sie werden durch eine elektronisch geregelte, elektromagnetische Schützen-Steuerung gesteuert; eine Mehrfach-Zugsteuerung ist möglich, in Essen bis jetzt allerdings nur zu

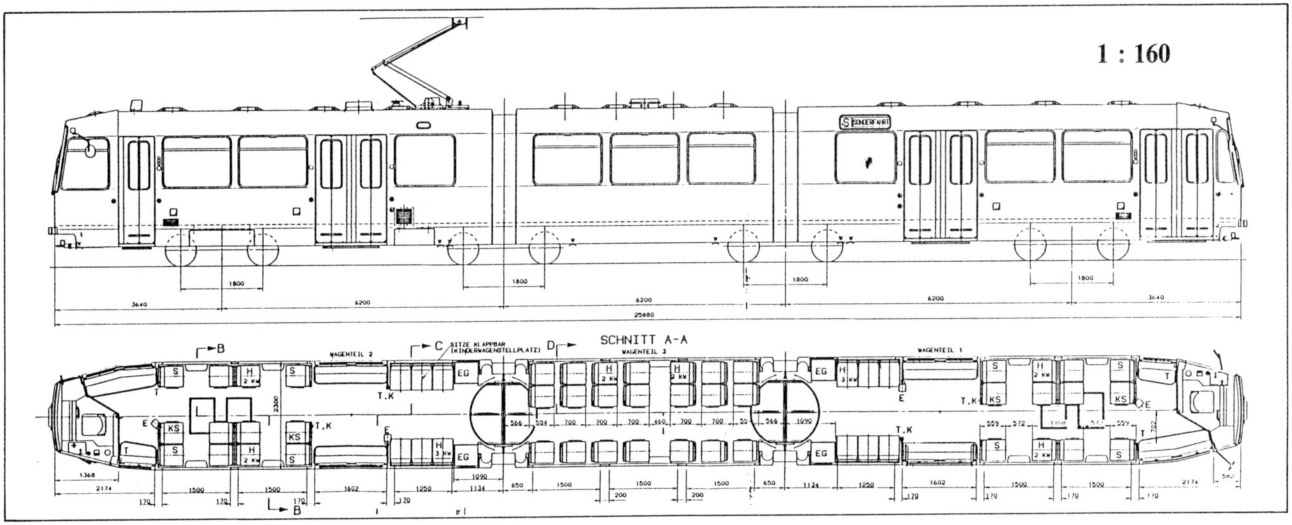

Probe- und Vorführungsfahrten benutzt worden. Die zunächst vorhandene automatische BSI-Kupplung wurde inzwischen gegen eine handbediente Albert-Kupplung ausgetauscht.
Im Inneren befinden sich Abteil-Quersitze in der Anordnung 2 + 1.
Der Fahrer besitzt erstmals eine abgetrennte Fahrerkabine. Das Armaturenbrett entspricht dem im Tw 1615 erprobten.
Je ein Einholm-Stromabnehmer befindet sich auf dem Wagenteil 1 und 2. Ab 1984 wurde allerdings ein Stromabnehmer wieder entfernt, um das Gewicht des Fahrzeugs zu senken und die Schaltung zu vereinfachen.
Vom Design her geht der Wagen wieder auf ein kastenförmiges, eckiges Aussehen zurück. Die Wagen der Serie 1001-1021 waren zunächst in den Stadtbahnfarben rot-weiß lackiert, erhielten ab 1978 jedoch die Essener Stadtfarben blau-gelb.
Der erste Einsatztag im Liniendienst war am 20. März 1976 auf der Linie 3 (Dellwig – Betriebshof Stadtmitte), es folgten die Linien 9 und 12.
Im Dezember 1977 brannte der Wagen 1010 infolge Brandstiftung an der Endstelle Fängershof vollständig aus. Da der Wiederaufbau nicht möglich war, wurde im Zusammenhang mit der in Fertigung befindlichen zweiten M-Wagen-Serie (1101-1114) ein neuer Wagenkasten beschafft. Nach seiner Ablieferung in Essen erhielt er zunächst seine alte Nummer 1010 wieder, diese wurde dann aber bereits nach wenigen Tagen in 1115 geändert, da der Wagen von der Ausrüstung (Chopper-Steuerung) besser in die zweite Serie paßte. Um die Lücke zu schließen, erhielt der Triebwagen 1021 die Nummer 1010^{III}.
Ebenfalls durch einen Brand, verursacht durch einen Fahrleitungsschaden an der Gruga, wurde der Triebwagen 1009 im Juni 1980 vernichtet. Auch hierfür wurde ein neuer Wagenkasten und eine neue Ausrüstung beschafft. Unter Verwendung noch brauchbarer Teile kam dieser Wagen mit der Nummer 1135 im Rahmen der vierten M-Wagen-Serie wieder nach Essen zurück.

Serienfertigung von Stadtbahnwagen M bei der DÜWAG 1978. (Ahlbrecht)

1001
1002
1003
1004
1005
1006
1007
1008
1009 = a (6.6.1980) = Neubau als 1135 (1983)
1010 = a (12.1977) = Neubau als 1010^{II} (18.1.1979)
1010^{II} = 1115 (1.1979)
1010^{III}

1011
1012
1013
1014
1015
1016
1017
1018
1019
1020
1021 = 1010^{III} (1.1979)

Am 3. Juni 1976 fanden auf der Grugastrecke Probe- und Vorführungsfahrten mit 4 M-Wagen (Bochum 304, Essen 1001 und 1002, Mülheim 271) statt, die die Einheitlichkeit des Fahrzeugsystems „Stadtbahnwagen M" demonstrierten. (Ahlbrecht)

Wegen des Baus der Spurbusstrecke nach Haarzopf endeten die Linien 13 und 23 im Jahre 1980 einige Monate in der Schleife Schweriner Straße. Der M-Wagen 1017, noch in rot-weiß, hat gerade die Schleife verlassen und fährt auf der Adelkampstraße in Richtung Kray. (Tebart)

Serie:	***1821-1830***	*Typ:*	***8xGel 1R***
Baujahr:	***1977***	*Firma:*	***DÜWAG/KIEPE***
Motoren:	***BG 75 dmff***		***G-L***

1977 wurden nochmals zehn Sechsachser (der Serie 621-660, Baujahr 1960) durch Einfügen eines Mittelteils zu achtachsigen Doppelgelenkwagen erweitert. Sie erhielten die Nummern 1821-1830.
Im Jahre 1979 brannte der Wagen 1826 auf der Linie 27 in Stoppenberg völlig aus. Während A- und B-Teil verschrottet wurden, baute man das C-Teil in den Tw 1666 ein und nummerte ihn in 1826^{II} um.
Die Ausmusterung der Fahrzeuge begann im Januar 1989 mit dem Tw 1823. Ihm folgte im Juni der Tw 1828, der durch einen Unfall stark beschädigt worden war.
Für den Einsatz auf der Tunnelstrecke der Ost-West-Spange (Eröffnung im September 1991) baute die eigene Werkstatt beim Triebwagen 1824 im April 1990 zwei Doppeltüren auf der linken Seite ein und setzte ihn so ab dem 5. Juni 1990 ein. Ihm folgte im August 1990 der Tw 1830. Zur besseren Unterscheidung von den anderen Fahrzeugen der Serie 1801...1830 erhielten sie die Nummern 1854 und 1860.
Die übrigen noch vorhandenen Fahrzeuge dieser Serie erhalten ebenfalls die linksseitigen Doppeltüren und werden auch in die Serie 1851...1860 eingereiht. Die Mittelteile der Tw 1823 und 1828 sind für den Einbau in sechsachsige Gelenkwagen vorgesehen. Inzwischen wurde linksseitig noch eine weitere Tür am Heck als Einzeltür eingebaut, um den Fahrgastwechsel zu beschleunigen. Die ersten Fahrzeuge, die diese Tür erhielten, waren 1852, 1858.

1821 = 1851 (1991)
1822 = 1852 (1991)
1823 = a (31.12.1988); Mittelteil in 1759 (1992)
1824 = 1854 (17.8.1990)
1825 = 1855 (6.1991)
1826 = a (27.3.1979) nach Brand
1826^{II} = 1856 (1991)
1827 = 1857 (3.1991)
1828 = a (8.6.1989) nach Unfall; Mittelteil vorgesehen für 1865
1829 = 1859 (7.1991)
1830 = 1860 (21.8.1990)

Der 1977 aus dem Sechsachser 1659 entstandene Achtachser 1829 bei der Einfahrt in den Betriebshof Stadtmitte am 5. Juni 1990. (Giesen)

Nach dem Einbau linksseitiger Türen für den Tunnelbetrieb fährt der Achtachser 1824 (jetzt 1854) an seinem ersten Einsatztag den Betriebshof Stadtmitte an (5. Juni 1990). (Giesen)

Serie:	*1101^{II}-1115^{II}*	*Typ:*	*8xGel 2R (M8C)*
Baujahr:	*1979*	*Firma:*	*DÜWAG/BBC*
Motoren:	*BG-37,5 ff*		*G-L*

Die 1979 gebaute zweite Serie von Stadtbahnwagen des Typs M unterschied sich äußerlich nur durch die neue Farbgebung in blau-gelb, die bei den Triebwagen der ersten Serie ab 1978 allerdings auch eingeführt wurde, sowie durch das Fehlen der Dachwiderstände.

Neu war bei den Fahrzeugen die Gleichstromstellertechnik mit automatischer Feldschwächung und eine kombiniert-kontinuierliche Netz-/Widerstandsbremse, die minimale Anfahrverluste und einen optimalen Rückspeisewirkungsgrad gewährleistet. Den Gleichstromsteller (Chopper) lieferte die Firma BBC.

Der Wagen 1115 gilt als Wiederaufbau des ausgebrannten Tw 1010 der ersten Serie. Verwendet wurden allerdings nur die Fahrgestelle. Das Fahrzeug gelangte zunächst mit der Nummer 1010 nach Essen, die aber schon wenige Tage später in 1115 geändert wurde.

Ab 1984 entfernte man den zweiten Stromabnehmer.

Zum Probebetrieb befand sich der Tw 1115 im April 1979 in Krefeld. Ebenfalls Probeeinsätze erlebte der Tw 1114 im Mai 1980 in Augsburg und von August bis September des gleichen Jahres in Mainz. Alle drei Betriebe entschlossen sich daraufhin zur Bestellung eigener Serien.

Die Triebwagen 1106 und 1111 befanden sich ab April 1990 für ein Jahr in Erfurt.

Zur Aufnahme des Doppeltraktionsbetriebes werden die Fahrzeuge wieder mit den bereits anfangs vorhanden gewesenen automatischen BSI-Mittelpufferkupplungen ausgerüstet.

1101^{II}
1102^{II}
1103^{II}
1104^{II}
1105^{II}
1106^{II}
1107^{II}
1108^{II}
1109^{II}
1110^{II}
1111^{II}
1112^{II}
1113^{II}
1114^{II}
1115^{II}

Äußerlich waren die M-Wagen der zweiten Serie nur durch den blau-gelben Anstrich von ihren Vorgängern zu unterscheiden. Triebwagen 1101 steht am 10. Juli 1982 im Betriebshof Stadtmitte, beschildert als Linie 111. (Giesen)

Während seines Gastspiels in Erfurt steht der M-Wagen Nr. 1111 am 21. April 1990 neben einem Tatra-Zug in der Schleife „IGA". (Giesen)

Serie:	***1200***	***Typ:***	***8xGel 2R (M8D)***
Baujahr:	***1980***	***Firma:***	***DÜWAG/KIEPE***
Motoren:	***DAB 250/46-4f60***		***G–L***

Im Rahmen der Serie 1101-1115 erhielt die Firma Kiepe die Gelegenheit, einen M-Wagen mit einer Antriebsausrüstung ihrer Technik auszuführen. So kam 1980 der Triebwagen 1200 als Einzelfahrzeug nach Essen. Das vom Äußeren den Stadtbahnwagen 1101-1115 entsprechende Fahrzeug besitzt einen Drehstromantrieb. Hierbei werden die Drehstrom-asynchron-Maschinen durch Umrichter gesteuert, die als Strom-Zwischenkreisumrichter ausgeführt sind. Sie bestehen jeweils aus einem Eingangsfilter, einem Gleichstromsteller, einer Zwischenkreisdrossel und einem Phasenfolge-Wechselrichter.
Nach einer Testphase gelangte der Wagen ab 1981 in den Liniendienst, zunächst auf die Linie 109.
Der Wagen blieb in Essen ein Einzelstück, weil die Austauschbarkeit der Drehgestelle und Fahrmotoren zwischen den M8S- und M8C-Wagen für wichtiger angesehen wurde, als der Ersatz der Gleichstrommotoren durch Drehstrommotoren. Außerdem weist der Wagen 1200 ein beachtlich höheres Gewicht auf.

Für 1993 ist vorgesehen, die Drehstromtechnik durch eine Chopper-Steuerung zu ersetzen und den Wagen in 1116^{III} umzunummern.

1200 = 1116^{III} (1993)

Serie:	***1116^{II}-1120^{II}***	***Typ:***	***8xGel 2R (M8C)***
Baujahr:	***1980***	***Firma:***	***DÜWAG/BBC***
Motoren:	***BGK 75-37,5 ff***		***G–L***

Die 1980 ausgelieferte dritte Serie des M-Wagens entsprach weitgehend der Serie 1101-1115. Geändert wurde lediglich die Anordnung der Scheinwerfer und Schlußleuchten. Auch die äußeren Druckknöpfe für die Türautomatik ersetzte man durch elektronische Taster.
Von Januar bis August 1985 erfolgte in eigener Werkstatt der Einbau von Klapptrittstufen, die einen niveaugleichen Einstieg an den 82 cm hohen Bahnsteigen der Südstrecke (Hbf – Bredeney) erlauben. Zunächst wurden diese Klapptrittstufen nur auf der rechten Seite eingebaut, ab 1987 dann auch auf der linken Seite.

Zum Probebetrieb gelangte der Wagen 1118 von September bis Oktober 1983 nach Heidelberg. Anschließend wurde auch dort der M-Wagen eingeführt.

1116^{II} = 1162 (1.1985)
1117^{II} = 1163 (3.1985)
1118^{II} = 1164 (4.1985)
1119^{II} = 1165 (6.1985)
1120^{II} = 1166 (8.1985)

Serie:	*1121^{II}-1123^{II}, 1124-1135*	*Typ:*	*8xGel 2R (M8C)*
Baujahr:	*1982*	*Firma:*	*DÜWAG/BBC*
Motoren:	*1KB 2021-5 MB 02*		*Siemens*

Die im Jahre 1982 in Betrieb genommenen 15 Wagen der Serie 1121-1135 sind praktisch identisch mit denen der Vorserie. Lediglich die Rollbänder für die Linien- und Fahrzielanzeige waren größer ausgeführt, und im Inneren ist das Gelenkportal mit einer neuartigen Kunststoffverkleidung versehen.
Der Wagen 1135 gilt hierbei als Wiederaufbau des Tw 1009.
Um diese Wagen auch auf der Südstrecke einsetzen zu können, baute man ab 1984 bei den Wagen 1121-1131 zunächst auf einer Seite Klapptrittstufen ein, ab 1986/87 auch auf der anderen Seite. Die Wagen 1132-1135 (= 1177-1180) erhielten dagegen bereits ab 1985 beidseitig Klapptrittstufen.

1121^{II} = 1151 (6.1984)
1122^{II} = 1152 (6.1984)
1123^{II} = 1153 (7.1984)
1124 = 1154 (6.1984)
1125 = 1155 (7.1984)
1126 = 1156 (7.1984)
1127 = 1157 (8.1984)
1128 = 1158 (8.1984)
1129 = 1159 (9.1984)
1130 = 1160 (9.1984)
1131 = 1161 (10.1984)
1132 = 1177 (9.1985)
1133 = 1178 (10.1985)
1134 = 1179 (10.1985)
1135 = 1180 (11.1985)

Schon mit Klapptrittstufen für den Hochbahnsteig ausgerüstet und mit nur noch einem Stromabnehmer steht der Triebwagen 1158 am 27. Mai 1989 auf Linie 107E vor dem Betriebshof Stadtmitte. (Giesen)

Serie:	*1171-1176*	*Typ:*	*8xGel 2R (M8C)*
Baujahr:	*1983*	*Firma:*	*DÜWAG/BBC*
Motoren:	*BGK 75-37,5 ff*		*G-L*

Die sechs 1983 gelieferten M-Wagen besaßen bereits bei ihrer Ablieferung Klapptrittstufen (einseitig), waren auf der anderen Seite dafür vorbereitet und wurden 1985 in eigener Werkstatt damit ausgerüstet.
Sie verkehrten ab Mai 1986 auf der Linie 127, die wegen der fehlenden Schleife in Gelsenkirchen Hbf auf beiden Seiten für den Halt an Hochbahnsteigen ausgerüstet sein mußte.
Diese Fahrzeuge waren erstmals mit besonders bequemen Polstersitzen mit Wollplüschbezug ausgestattet.

1171
1172
1173
1174
1175
1176

Serie:	*1401^II-1408^II, 1409-1415*	*Typ:*	*8xGel 2R (M8C)*
Baujahr:	*1989/90*	*Firma:*	*DÜWAG/ABB*
Motoren:	*1KB 2021-5 MB 02*		*Siemens*

Zur Inbetriebnahme der Ost-West-Spange der innerstädtischen Tunnelanlagen können nur noch Straßenbahnfahrzeuge mit beidseitigen Türen eingesetzt werden. Daher wurde nochmals eine Serie von 15 M-Wagen in Auftrag gegeben.
Durch die seit der letzten Beschaffung eingetretene Entwicklung bei den Bauvorschriften und in der Technik ergaben sich – unter Beibehaltung des Gleichstromsteller-Antriebsystems – zahlreiche Veränderungen im Detail; hierbei sind Komfortverbesserungen, Bedienungs- und Benutzungserleichterungen, Wartungsvereinfachung und Gewichtseinsparung maßgeblich gewesen.
Die Einstiege sind durch Wegfall der Mittelstange für Rollstühle und Kinderwagen besser zugänglich. Es sind jetzt 57 (statt 54) Sitze als gepolsterte Einzelsitze vorhanden. Der Gleichstromsteller wurde mit GTO-Thyristoren und Flüssigkeitskühlung versehen; der Fahr-Brems-Regler, die Türsteuerung, die Datenübertragung und die Nachrichtentechnik wurden auf Mikrocomputer umgestellt. Die Heizung wurde verbessert. Der Stromabnehmer befindet sich in der Nähe des Gelenks. Das Wagengewicht ging auf rund 30 t zurück.

1401^{II}	1409
1402^{II}	1410
1403^{II}	1411
1404^{II}	1412
1405^{II}	1413
1406^{II}	1414
1407^{II}	1415
1408^{II}	

Endstelle Frohnhausen, Breilsort, mit dem Stadtbahnwagen M8C 1403. Aufgenommen im Mai 1991. (Giesen)

2. Triebwagen (Normalspur)

Serie:	*5001-5011*	*Typ:*	*6xGel 2R (B100 S)*
Baujahr:	*1976*	*Firma:*	*DÜWAG/SIEMENS/KIEPE*
Motoren:	*KB 2021-4MG 02/ABS 3211*		*Siemens/AEG*

Da der eigentlich für den Betrieb auf den Strecken der Stadtbahn Rhein-Ruhr vorgesehene U-Bahn-Doppeltriebwagen (Typ A) nicht über das Planungsstadium hinausgekommen war, entschied man sich als „Zwischenlösung“ für den sowohl auf Tunnelstrecken mit Hochbahnsteigen als auch auf Strecken im Straßenraum einsetzbaren sechsachsigen Gelenktriebwagen „Kölner Bauart“, später auch als Stadtbahnwagen Typ B bezeichnet.

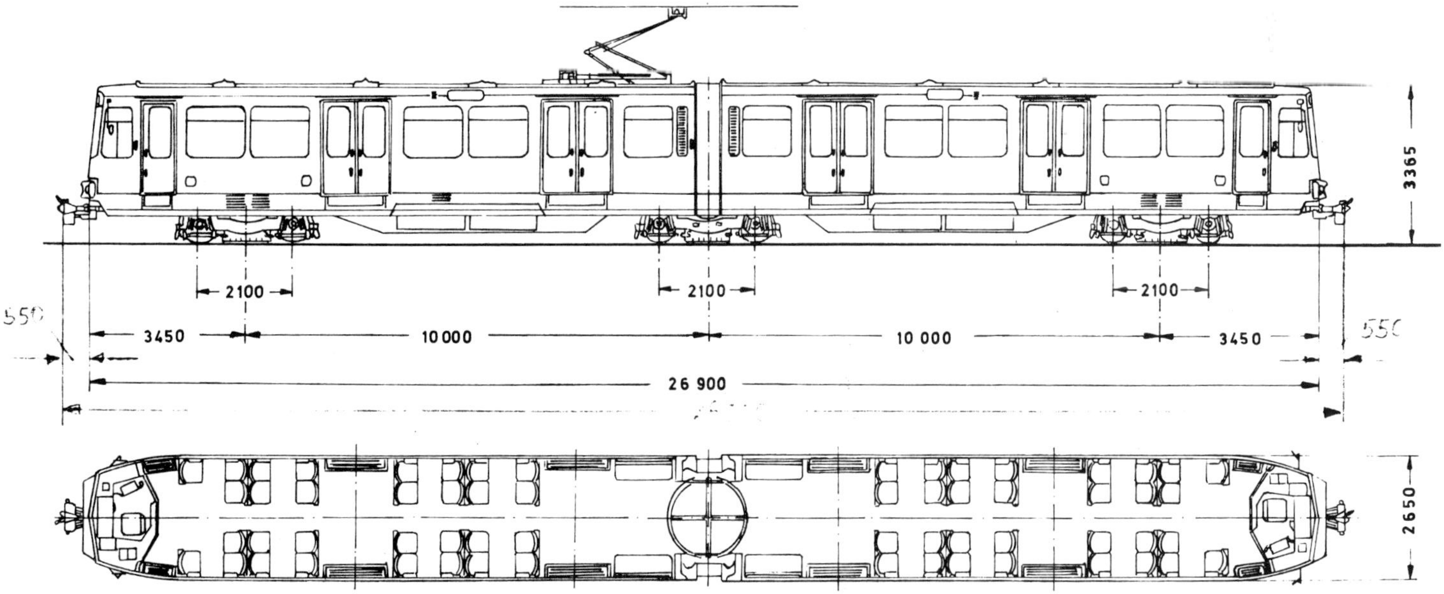

1 : 160

Links Stadtbahnwagen B der ersten Lieferung kurz nach dem Eintreffen in Essen 1976; rechts Stadtbahnwagen M8 der ersten Lieferung noch im rot-weißen Anstrich (Thiel).

Dieser Wagentyp entstand in Köln. Zunächst wurden zwei Prototypen für Köln (2001 + 2002) und ein Prototyp für Bonn (7351) hergestellt, die 1973 in Betrieb gingen. Die ersten 16 für den Einsatz auf der „Modell- und Versuchsstrecke" der Stadtbahn Rhein-Ruhr in Essen und Mülheim benötigten Fahrzeuge mit den Nummern 5001-5016 (11 = Essener Anteil und 5 = Mülheimer Anteil) wurden im Anschluß an die Köln/Bonner Serie gefertigt, von der Stadtbahn-Gesellschaft Rhein-Ruhr mit Mitteln des Landes Nordrhein-Westfalen beschafft und der Essener Verkehrs-AG bzw. den Betrieben der Stadt Mülheim an der Ruhr übergeben.
Der Wagen besitzt mit einer Länge von 26,9 m die Abmessungen eines Achtachsers und hat eine Breite von 2,65 m. Dadurch können im Innenraum je vier Sitze nebeneinander angebracht werden, so daß sich bei 4 Personen/m^2 ein Fassungsvermögen von 184, bei 72 Sitzplätzen ergibt.
Die Fahrzeuge besitzen einen Stromabnehmer, der mittig angebracht ist.
Die Motoren erbringen eine Stundenleistung von 235 kW und wurden zunächst durch eine Kiepe-Schaltwerkssteuerung mit elektronischer SIMATIC-Fahr-/Bremsregelung gesteuert. Ab 1981 erfolgte in eigener Werkstatt der Umbau auf BBC-Choppersteuerung, der 1989 abgeschlossen wurde. Die Höchstgeschwindigkeit der Fahrzeuge betrug von Anfang an auf den Stadtbahnstrecken in Essen und Mülheim 80 km/h. Sechs Fahrzeuge erhielten AEG-Motoren vom Typ ABS 3211, der mit dem Siemens-Typ baugleich ist.
Die rot-weißen Fahrzeuge ähneln äußerlich den M-Wagen, sind aber natürlich wesentlich breiter. Die Türanordnung ist 1-2-2-2-2-1; es sind elektropneumatische Schwenk-Schiebetüren vorhanden. Eingestiegen wird im Straßenbereich über drei Stufen, an den 82 bzw. 90 cm hohen Hochbahnsteigen niveaugleich.
Der Fahrer besitzt eine völlig geschlossene Fahrerkabine, da ein Fahrscheinverkauf im Wagen nicht durchgeführt wird. Entwerter kamen erst nach der Eröffnung der Linie U 17 zum Einbau.
Der Probebetrieb begann 1976, der Linienbetrieb im Mai 1977 mit der Eröffnung der Strecke Essen/Wiener Platz - Mülheim-Heißen/Kirche der Linie U 18. Die Wagen werden in der eigens dafür umgebauten Betriebswerkstatt Schweriner Straße gewartet. Hier sind auch die Mülheimer Fahrzeuge 5012-5016 und 5031-5032 beheimatet. Um auf der im November 1981 eröffneten Linie U 17 eingesetzt werden zu können, rüstete man zunächst die Triebwagen 5009-5011 (= 5101-5103) mit induktiver Meldungsübertragung aus. Inzwischen kommen alle Fahrzeuge freizügig auch auf den Essener Stadtlinien U 11 (Berliner Platz - Gruga) und U 17 (Universität - Margarethenhöhe) zum Einsatz. Gefahren wird auf der U 18 montags-freitags in Doppeltraktion, auf der U 17 heute ebenfalls in Doppeltraktion, und auf der U11 verkehren Solowagen. Allerdings kommt es hier bei Großveranstaltungen im Bereich Gruga/Messe auch zu Einsätzen von Zwei- und Dreiwagenzügen, wobei letztere dann über 80 m lang sind.

5001 = 5101^{II} (6.1986)
5002 = 5102^{II} (6.1986)
5003 = 5103^{II} (6.1986)
5004 = 5104 (6.1986)
5005 = 5105 (6.1986)
5006 = 5106 (6.1986)
5007 = 5107 (12.1983)
5008 = 5108 (12.1983)
5009 = 5101 (1981) = 5109 (12.1983)
5010 = 5102 (1981) = 5110 (12.1983)
5011 = 5103 (1981) = 5111 (12.1983)

Serie:	***5021-5028***	*Typ:*	***6xGel 2R (B100 S)***
Baujahr:	***1978***	*Firma:*	***DÜWAG/SIEMENS/KIEPE***
Motoren:	***KB 2021-4MG 02***		***Siemens***

Die zweite Serie der Stadtbahnwagen vom Typ B erhielt statt der Kiekert-Schwenk-Schiebetüren die bekannten DÜWAG-Falttüren mit elektrischem Antrieb.
Der Wagen 5027 wurde 1979 an die Rhein-Consult, Düsseldorf, verkauft, wo er als Meß- und Testwagen im Einsatz war. Auch in Dortmund testete er 1984 die Tunnelstrecken; im Jahre 1988 kehrte er nach Rückkauf wieder nach Essen zurück. Für den Einsatz auf der Linie U 17 erhielten alle Fahrzeuge 1981 die Meldeempfänger der induktiven Meldungsübertragung. Außerdem begann der Umbau auf BBC-Choppersteuerung. Auch bei diesen Wagen war die Höchstgeschwindigkeit von vornherein auf 80 km/h begrenzt.

5021 = 5121 (10.1981)
5022 = 5122 (10.1981)
5023 = 5123 (10.1981)
5024 = 5124 (10.1981)
5025 = 5125 (10.1981)
5026 = 5126 (10.1981)
5027 = v Düsseldorf (7.12.1978) = v Essen 5128 (1988)
5028 = 5127 (10.1981)

Die zweite Serie der B-Wagen erhielt DÜWAG-Falttüren. Der Wagen 5028 ist der letzte dieser Serie (Schweriner Straße im Jahre 1978). (Schmittat)

Serie:	*5141-5145*	*Typ:*	*6xGel 2R (B80 C)*
Baujahr:	*1985*	*Firma:*	*DÜWAG/BBC*
Motoren:	*KB 2021-4MG 02*		*Siemens*

Die 1985 für den Betrieb auf der Linie U 11 benötigte dritte Serie unterschied sich schon rein äußerlich stark von den Vorserien: Einteilige große Frontscheibe, größere Ziel- und Linienbeschilderung und Wegfall der Einzeltüren am Wagenende. Im Innenraum fehlen die Gepäckablagen, und die Sitze sind jetzt mit Stoff statt mit Kunststoff bezogen. Durch den Wegfall der Einzeltüren konnte das Sitzplatzangebot um 4 auf 76 erhöht werden.
Der Einbau der BBC-Choppersteuerung erfolgte hier von vornherein bei der DÜWAG.

5141
5142
5143
5144
5145

Serie:	*5201-5211*	*Typ:*	*6xGel 2R (P86 ex DLR)*
Baujahr:	*1986*	*Firma:*	*LHB/GEC*
Motoren:	*G 2021 AZ*		*GEC*

Für die Verlängerung der Stadtbahnlinie U 11 nach Altenessen kaufte die EVAG 1991 eine Serie von 11 Stadtbahnwagen des Typs P86 der Docklands Light Railway in London an. Diese Fahrzeuge wurden 1986 von LHB mit elektrischer Ausrüstung von GEC (Gleichstromsteller mit GTO-Thyristoren und Mikroprozessor-Steuerung) gebaut und entsprechen in ihren Hauptabmessungen dem Stadtbahnwagen B. Anstelle der in London verwendeten Seitenstromabnehmer werden in Essen Dachstromabnehmer eingebaut. Außerdem erhalten die Fahrzeuge neue Fahrerkabinen, die in London wegen des vollautomatischen Fahrbetriebs nicht vorhanden sind, sowie die zugsicherungs- und nachrichtentechnische Ausrüstung für die Essener Einsatzbedingungen. Mit Rücksicht auf die Türanordnung können die Fahrzeuge nur auf Strecken mit Hochbahnsteigen verkehren.

Die ersten beiden Fahrzeugen wurden im November 1991 angeliefert, die übrigen folgen im Verlauf der Jahre 1993/94.

5201 = ex DLR 01
5202 = ex DLR 02
5203 = ex DLR 03 angeliefert 11.1991
5204 = ex DLR 04
5205 = ex DLR 05
5206 = ex DLR 06 angeliefert 1992
5207 = ex DLR 07
5208 = ex DLR 08
5209 = ex DLR 09
5210 = ex DLR 10
5211 = ex DLR 11 angeliefert 11.1991

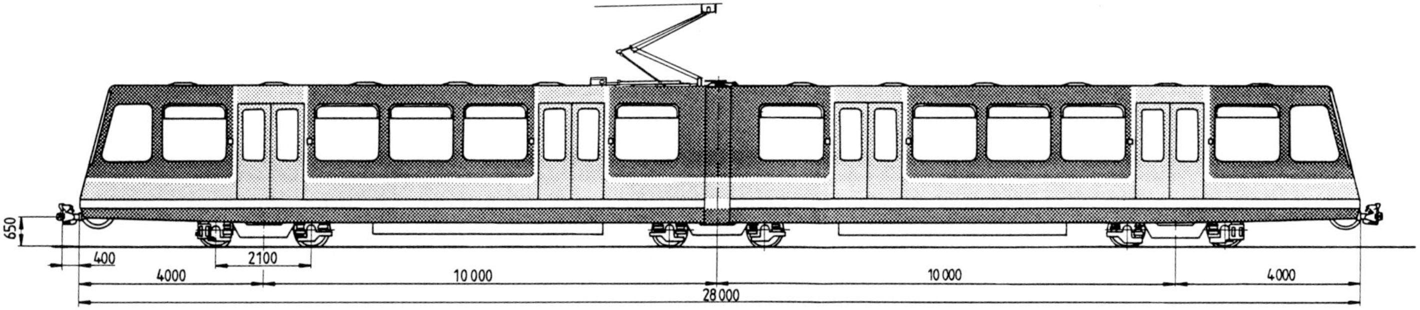
650
400
2100
4000
10 000
10 000
4000
28 000

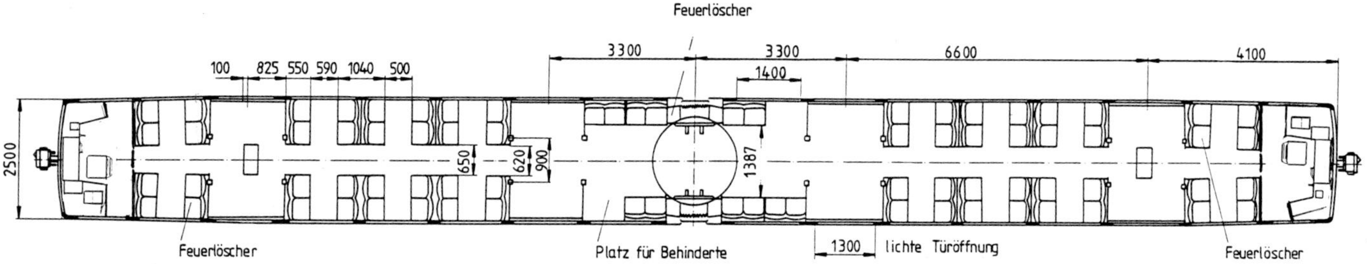
Feuerlöscher
3300
3300
6600
4100
1400
100
825
550
590
1040
500
2500
650
620
900
1387
Feuerlöscher
Platz für Behinderte
1300
lichte Türöffnung
Feuerlöscher

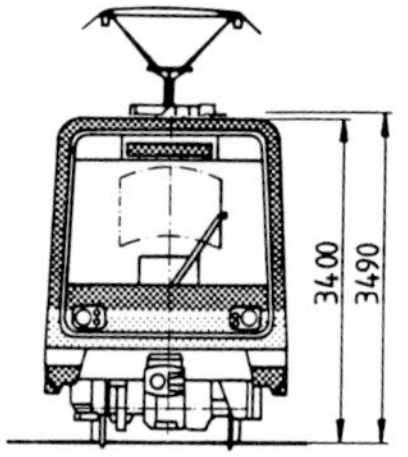
3400
3490

1 : 160

Der Triebwagen 11 der Docklands Light Railway, London, nach der Überführung nach Essen, aufgenommen beim Abladen in der Schweriner Straße. Nach der Umrüstung für die Essener Einsatzbedingungen erhält er die Nummer 5211 innerhalb der Serie 5201...11. (Mietz)

3. Beiwagen (Meterspur)

Die Beschaffung von Beiwagen für die Essener Straßenbahnen begann 1893 und endete 1966. Im Jahre 1988 wurden die letzten beiden Beiwagen aus dem Verkehr gezogen. 1989 wurde einer von ihnen in den Bestand der Museumsfahrzeuge übernommen.

Gegenüber den bisher bekannten Beiwagen-Statistiken konnte der Zeitraum 1893–1902 anhand eines erst kürzlich aufgefundenen offiziellen Wagenpark-Verzeichnisses der SEG aus dem Jahre 1915 völlig neu bearbeitet werden.

Serie:	***271-273***	***Typ:***	***2x 2R***
Baujahr:	***1893***	***Firma:***	***Herbrand***

Kurz nach der Eröffnung der ersten beiden Straßenbahnstrecken in Essen beschaffte die Süddeutsche Eisenbahngesellschaft bereits drei Beiwagen zur Behängung der Triebwagen während der Hauptverkehrszeit. Die Beiwagen ähnelten den Triebwagen und hatten bei einer Länge von 7,00 m ein Fassungsvermögen von 36 Personen. Das Leergewicht betrug 3,75 t, der Achsstand 1,83 m.

Trotz ihrer geringen Bequemlichkeit blieben die Wagen bis 1930 im Personenverkehr im Einsatz.

271 = 15 (1927) = a (1930)
272 = 16 (1927) = a (1930)
273 = 17 (1927) = a (1930)

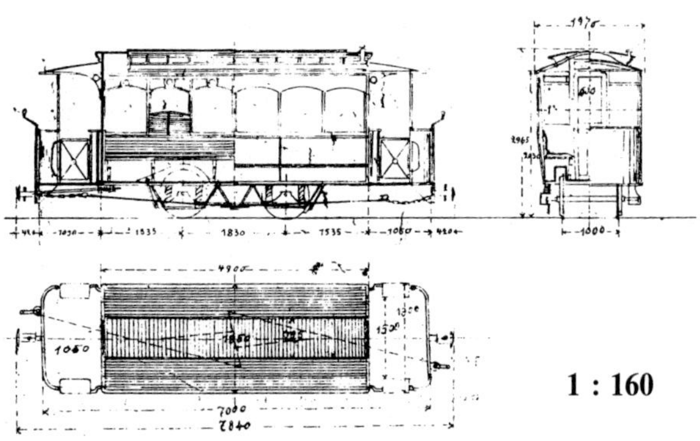

1 : 160

Serie:	*201-208*	*Typ:*	*2x 2R (Sommerbeiwagen)*
Baujahr:	*1894*	*Firma:*	*Herbrand*

Sehr beliebt bei den Fahrgästen waren die 1894 erstmals eingesetzten Sommerbeiwagen 201-208, die etwa 40 Jahre ihren Dienst versahen.

Das Gewicht betrug 3,5 t, es waren 18 Sitz- und 16 Stehplätze vorhanden. Der Achsstand betrug nur 1,52 m, die Länge 6,16 m.

Der Wagen 1 (ex 201) wurde zusammen mit der übrigen Serie 1934 ausgemustert, blieb aber abgestellt noch erhalten. Insoweit handelte es sich hier um den ersten „Museumswagen".

Nach einigen kurzen Einsätzen zur Gruga in den fünfziger Jahren erfolgte die endgültige Ausmusterung im Februar 1956. Da vorgesehen war, ihn noch einmal zu restaurieren, stellte man ihn im Betriebshof Alfredusbad ab. Das Fahrgestell verwendete man für den Salzstreuwagen 734. Der Aufbau wurde 1962/63 verschrottet.

201 = 1 (1909) = M-Bw 1 (1934) = a (2.1956)
202 = 2 (1909) = a (1934)
203 = 3 (1909) = a (1934)
204 = 4 (1909) = a (1934)
205 = 5 (1909) = a (1934)
206 = 6 (1909) = a (1934)
207 = 7 (1909) = a (1934)
208 = 8 (1909) = a (1934)

Zum 50jährigen Jubiläum der Essener Straßenbahn präsentiert sich der Museumsbeiwagen 1 am 23. August 1943 im festlichen Gewand. (Archiv EVAG)

Serie:	*274-279*	*Typ:*	*2x 2R*
Baujahr:	*1894*	*Firma:*	*Herbrand*

Die 1894 von Herbrand gelieferten 6 Beiwagen glichen denen der Serie 271-273.

Die Plattformen wurden 1927 geschlossen und die Wagen schließlich, bis auf einen, 1929 an die Straßenbahn in Oberhausen verkauft.

274 = 18 (1927) = v Oberhausen 65 (1929)
275 = 19 (1927) = a (1931)
276 = 20 (1927) = v Oberhausen 66 (1929)
277 = 21 (1927) = v Oberhausen 67 (1929)
278 = 22 (1927) = v Oberhausen 68 (1929)
279 = 23 (1927) = v Oberhausen 69 (1929)

Serie:	*280-285*	*Typ:*	*2x 2R*
Baujahr:	*1895*	*Firma:*	*Herbrand*

Die 6 im Jahre 1895 gekauften Beiwagen waren 7,00 m lang und boten 36 Personen Platz. Der Achsstand betrug weiterhin 3,0 m, das Gewicht 3,75 t. Auch die sechs seitlichen Bogenfenster entsprachen der Ausführung der Vorserie.

1927 wurden die Plattformen geschlossen, 1929 wurden die Fahrzeuge nach Oberhausen verkauft.

280 = 24 (1927) = v Oberhausen 70 (1929)
281 = 25 (1927) = v Oberhausen 71 (1929)
282 = 26 (1927) = v Oberhausen 72 (1929)
283 = 27 (1927) = v Oberhausen 73 (1929)
284 = 28 (1927) = v Oberhausen 74 (1929)
285 = 29 (1927) = v Oberhausen 75 (1929)

Im Jahre 1929 verkaufte die SEG 10 Beiwagen der Serien 218-251 nach Oberhausen. Das Bild zeigt den Wagen 67 (Essen 21) bereits in Oberhausener und den Wagen 25 noch in Essener Farben. (Sammlung Oehlert-Schellberg)

Serie:	*286-298*	*Typ:*	*2x 2R*
Baujahr:	*1896*	*Firma:*	*Herbrand*

Im Jahre 1896 wurden wiederum 13 Beiwagen beschafft. Sie entsprachen in ihrer Bauart weitestgehend der Vorserie: Achsstand 3,0 m, Gewicht 3,75 t, Platzangebot 36. Die elektrische Ausrüstung lieferte die AEG.
1927 wurden die bis dahin offenen Plattformen geschlossen. 1929 wurden 9 Fahrzeuge nach Oberhausen verkauft.

286 = 30 (1927) = v Oberhausen 76 (1929)
287 = 31 (1927) = v Oberhausen 77 (1929)
288 = 32 (1927) = v Oberhausen 78 (1929)
289 = 33 (1927) = a (1931)
290 = 34 (1927) = v Oberhausen 79 (1929)
291 = 35 (1927) = a (1931)
292 = 36 (1927) = v Oberhausen 80 (1929)
293 = 37 (1927) = v Oberhausen 81 (1929)
294 = 38 (1927) = a (1931)
295 = 39 (1927) = v Oberhausen 82 (1929)
296 = 40 (1927) = v Oberhausen 83 (1929)
297 = 41 (1927) = a (1931)
298 = 42 (1927) = v Oberhausen 84 (1929)

Nach dem Plattformumbau im Jahre 1927 erhielt der 1896 gebaute Beiwagen 297 mit der 41 auch eine neue Betriebsnummer, aber keine neue Lackierung, wie an den übermalten Stellen zu erkennen ist. (Archiv EVAG)

Serie:	*299-313*	*Typ:*	*2x 2R*
Baujahr:	*1898*	*Firma:*	*Herbrand*

Noch einmal lieferte Herbrand im Jahre 1898 weitere 15 Wagen, allerdings mit rechteckigen Fenstern.

299 = 43 (1927) = a (1931)
300 = 44 (1927) = a (1931)
301 = 45 (1927) = a (1931)
302 = 46 (1927) = a (1931)
303 = a (1924)
304 = a (1924)
305 = 47 (1927) = a (1931)
306 = 48 (1927) = a (1932)
307 = 49 (1927) = a (1932)
308 = 50 (1927) = a (1930)
309 = 51 (1927) = a (1930)
310 = 52 (1927) = a (1930)
311 = 53 (1927) = a (1930)
312 = 54 (1927) = a (1931)
313 = 55 (1927) = a (1931)

Beiwagen 311 des Baujahrs 1898 auf der Schiebebühne der Firma Herbrand. (Archiv EVAG)

Serie:	*259-270*	*Typ:*	*2x 2R*
Baujahr:	*1900 (Umbau)*	*Firma:*	*Falkenried*

Wegen der schlechten Fahreigenschaften und des geringen Komforts ließ man 1900 die Triebwagen 13–24 von 1893/94 durch Falkenried zu Beiwagen umbauen. Sie wiesen jetzt je 16 Sitz- und 16 Stehplätze auf, das Gewicht betrug 3,0 t.

259 : aus Tw 13 (1900) = 315 (1906) = a (1924)
260 : aus Tw 14 (1900) = 316 (1906) = a (1924)
261 : aus Tw 15 (1900) = 317 (1906) = a (1924)
262 : aus Tw 16 (1900) = 318 (1906) = a (1924)
263 : aus Tw 17 (1900) = 319 (1906) = a (1924)
264 : aus Tw 18 (1900) = 320 (1906) = a (1924)
265 : aus Tw 19 (1900) = 321 (1906) = a (1924)
266 : aus Tw 20 (1900) = 322 (1906) = a (1924)
267 : aus Tw 21 (1900) = 323 (1906) = a (1924)
268 : aus Tw 22 (1900) = 324 (1906) = a (1924)
269 : aus Tw 23 (1900) = 325 (1906) = a (1924)
270 : aus Tw 24 (1900) = 326 (1906) = a (1924)

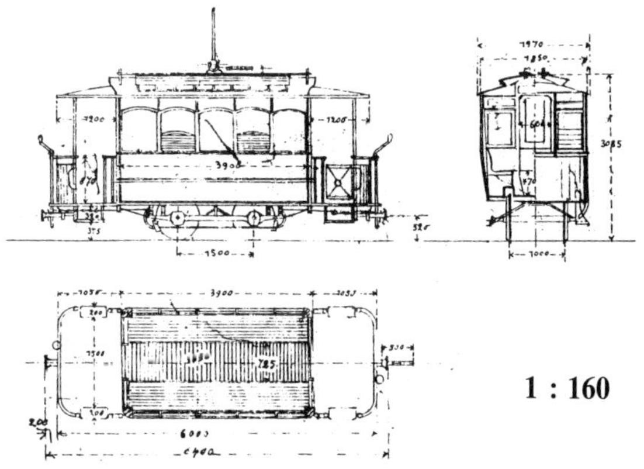

1 : 160

Serie:	*209-214*	*Typ:*	*2x 2R (Sommerbeiwagen)*
Baujahr:	*1902*	*Firma:*	*Herbrand*

Aufgrund der großen Beliebtheit bestellte man 1902 noch einmal sechs Sommerbeiwagen. Auch sie wurden 1934 ausgemustert und später teilweise noch als Arbeitswagen eingesetzt.

209 = 9 (1909) = a (1934)
210 = 10 (1909) = a (1934)
211 = 11 (1909) = a (1934)
212 = 12 (1909) = a (1934)
213 = 13 (1909) = a (1934)
214 = 14 (1909) = a (1934)

Beiwagen 11 der zweiten Sommerbeiwagenserie im Jahre 1928 auf dem Gelände des Betriebshofes Kruppstraße. (Archiv EVAG)

Serie:	***326-337***	***Typ:***	***2x 2R***
Baujahr:	***1906 (Umbau)***	***Firma:***	***Falkenried***

Die im Jahre 1900 wegen ihrer schlechten Fahreigenschaften abgestellten Triebwagen 1-12 des Baujahrs 1893 wurden 1906 bei Falkenried zu Beiwagen umgebaut. Sie entsprachen den ebenfalls umgebauten Beiwagen der Serie 259-270.

326: aus Tw 1 (1906) = a (1924)
327: aus Tw 2 (1906) = a (1924)
328: aus Tw 3 (1906) = a (1924)
329: aus Tw 4 (1906) = a (1924)
330: aus Tw 5 (1906) = a (1924)
331: aus Tw 6 (1906) = a (1924)
332: aus Tw 7 (1906) = a (1924)
333: aus Tw 8 (1906) = a (1924)
334: aus Tw 9 (1906) = a (1924)
335: aus Tw 10 (1906) = a (1924)
336: aus Tw 11 (1906) = a (1924)
337: aus Tw 12 (1906) = a (1924)

Serie:	*261^{II}-270^{II}*	*Typ:*	*2x 2R*
Baujahr:	*1907/08*	*Firma:*	*Falkenried*

Im Jahre 1909 versetzte die SEG 10 Beiwagen (529-538) von Wiesbaden nach Essen. Hierbei handelte es sich für Essen um die erste Beiwagenserie mit Solenoidbremsen, die elektrisch vom Triebwagen aus betätigt wurden.
Die Fahrzeuge hatten eine Länge von 8,25 m, eine Breite von 2,05 m und einen Achsstand von 3,0 m. Der Innenraum besaß Quersitze und bot 41 Fahrgästen Platz; an den Seiten befanden sich drei kleine und zwei große Fenster.
Ab 1924 schloß man die Plattformen und baute Klapptüren ein. Vier Wagen wurden 1937 aus dem Personenverkehr gezogen und zu Arbeitsloren umgebaut. Im Zweiten Weltkrieg benutzte man die restlichen sechs Wagen, versehen mit seitlichen Liegen, als Lazarettwagen.

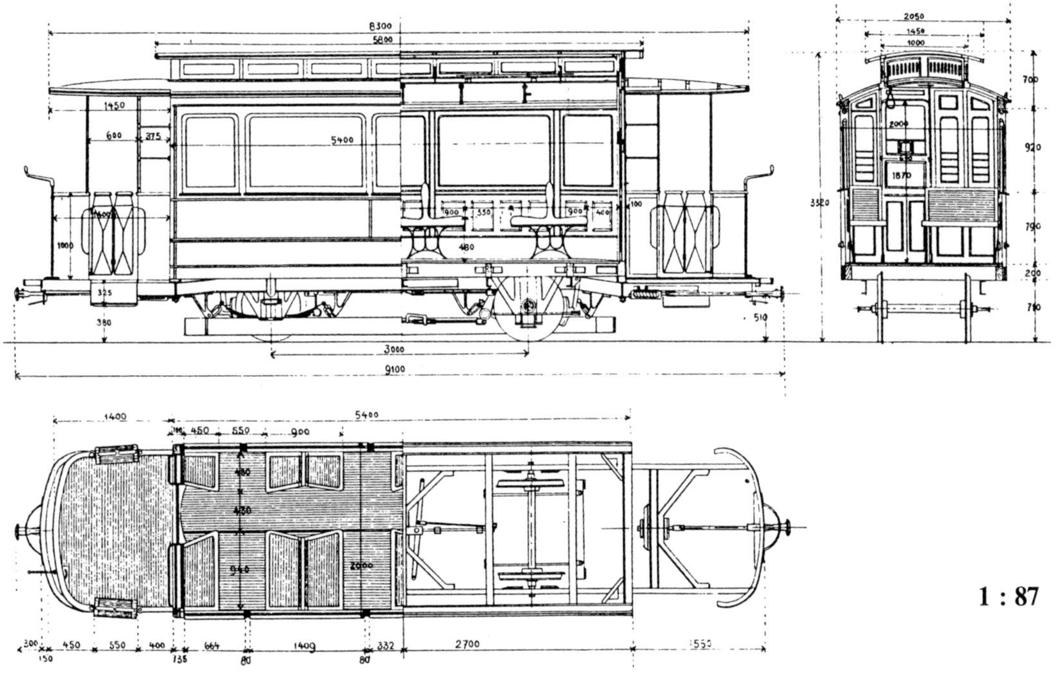

1 : 87

261^{II} = 99 (1927) = A1345 (1937)
262^{II} = 100 (1927) = A1348 (1937)
263^{II} = 101 (1927) = Lazarettwagen 101 (1939) = a (1945)
264^{II} = 102 (1927) = A1346 (1937)
265^{II} = 103 (1927) = Lazarettwagen 103 (1939) = a (1945)
266^{II} = 104 (1927) = Lazarettwagen 104 (1939) = a (1945)
267^{II} = 105 (1927) = Lazarettwagen 105 (1939) = a (1945)
268^{II} = 106 (1927) = Lazarettwagen 106 (1939) = a (1945)
269^{II} = 107 (1927) = A1347 (1937)
270^{II} = 108 (1927) = Lazarettwagen 108 (1939) = a (1945)

Der Beiwagen 99 wurde 1909 aus Wiesbaden übernommen. Ab 1937 diente er noch eine Zeitlang als Gemüse-Beiwagen (Grillostraße ca. 1935). (Archiv EVAG)

So sah der Beiwagen 266 ursprünglich aus. Das Foto zeigt ihn mit der Wiesbadener Nummer 534 im Jahre 1907 auf dem Gelände der Waggonfabrik Falkenried. (Sammlung Müller)

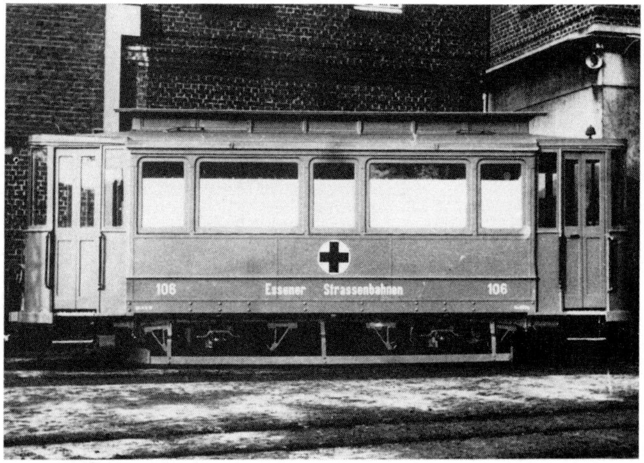

Während des Zweiten Weltkrieges diente der Beiwagen 106 (Serie 99–108, Baujahr 1909) als Lazarettwagen. (Archiv EVAG)

Serie:	*338-349*	*Typ:*	*2x 2R*
Baujahr:	*1911*	*Firma:*	*Gastell*

Ab 1911 lieferte auch die Firma Gastell Beiwagen nach Essen. Der auf einem Preßträgerrahmen ruhende Holzaufbau besaß erstmals vollständig geschlossene, eckige Plattformen mit Schiebetüren und einem Dach mit kurzem Oberlichtaufbau. Der Achsstand betrug 3,2 m, die Länge 9,28 m und das Gesamtgewicht 7,25 t.
Fast alle Wagen dieser Serie wurden im Zweiten Weltkrieg stark beschädigt. Neben den sechs Totalverlusten versandte man vier Beiwagen (109, 111, 114 und 117) 1944/45 zum Wiederaufbau nach Familleureux in Belgien. Ohne dort fertiggestellt zu sein, gelangten sie 1949 wieder nach Essen zurück, wo sie in eigener Werkstatt, mit einem Tonnendach versehen, endgültig wieder aufgebaut wurden.

338 = 109 (1927) = 148^{II} (1950) = 2289 (7.1960) = a (1.1.1964)
339 = 110 (1927) = 101^{II} (1950) = 2281 (7.1960) = a (29.12.1962)
340 = 111 (1927) = 149^{II} (1950) = a (1.1.1960)
341 = 120 (1927) = K (5.3.1943)
342 = 112 (1927) = 102^{II} (1950) = a (1.1.1960)
343 = 113 (1927) = K (5.3.1943)
344 = 114 (1927) = 150^{II} (1950) = a (1.1.1960)
345 = 115 (1927) = K (5.3.1943)
346 = 116 (1927) = K (5.3.1943)
347 = 117 (1927) = 151^{II} (1950) = a (1.1.1960)
348 = 118 (1927) = K (28.5.1943)
349 = 119 (1927) = K (5.3.1943)

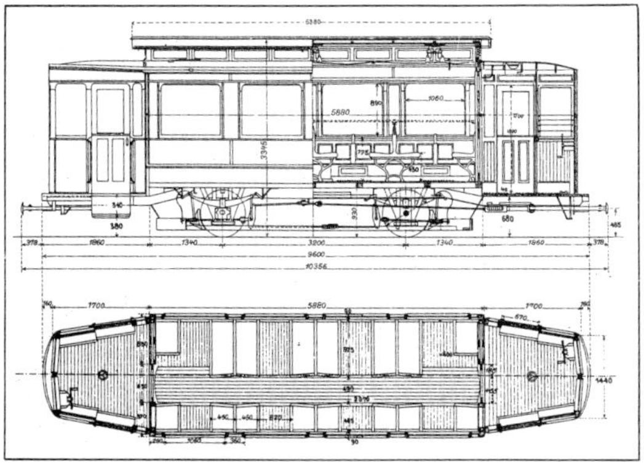

1 : 160

Der Wagen 116 gehört zur ersten für Essen gebauten Beiwagenserie der Firma Gastell. Erstmals waren die Beiwagen auch vollständig geschlossen (Alfredusbad im Jahre 1927). (Archiv EVAG)

Serie:	*350-379*	*Typ:*	*2x 2R*
Baujahr:	*1912*	*Firma:*	*Falkenried*

Keine wesentlichen Änderungen gegenüber der Vorserie wiesen die 30 Beiwagen des Jahres 1912 auf, lediglich der Oberlichtaufbau war etwas länger als bei den Gastell-Wagen von 1911.
Im Jahre 1938 wurden sechs Fahrzeuge nach Rheydt und 1940 drei weitere nach Staßfurt verkauft. Im Krieg waren die Wagen 142 und 149 von Oktober 1944 bis Februar 1945 nach Mülheim ausgeliehen.
Die 1943 bei Luftangriffen stark beschädigten Bw 124, 132, 136 und 137 kamen 1944 nach Familleureux. Erst 1949 konnten sie in Essen in eigener Werkstatt mit Tonnendach wieder aufgebaut werden.

350 = 130 (1927) = 105^{II} = a (8.2.1956)
351 = 121 (1927) = K (5.3.1943)
352 = 122 (1927) = 103^{II} (1950) = a (1.1.1960)
353 = 123 (1927) = K (5.3.1943)
354 = 124 (1927) = 152^{II} (1950) = a (1.1.1960)
355 = 125 (1927) = 104^{II} (1950) = 2282 (7.1960) = a (1.1.1964)
356 = 126 (1927) = v Staßfurt 29 (1940)
357 = 127 (1927) = K (5.3.1943)
358 = 128 (1927) = K (5.3.1943)
359 = 129 (1927) = v Rheydt 169 (1938)
360 = 140 (1927) = v Staßfurt 27 (1940)
361 = 131 (1927) = K (5.3.1943)
362 = 132 (1927) = 153^{II} (1950) = a (1.1.1960)
363 = 133 (1927) = v Rheydt 170 (1938)
364 = 134 (1927) = 106^{II} (1950) = a (1.1.1960)
365 = 135 (1927) = K (5.3.1943)
366 = 136 (1927) = 154^{II} (1950) = a (1.1.1960)
367 = 137 (1927) = 155^{II} (1950) = a (1.1.1960)
368 = 138 (1927) = v Rheydt 171 (1938)
369 = 139 (1927) = v Rheydt 172 (1938)
370 = 141 (1927) = 107^{II} (1950) = a (1.1.1960)
371 = 149 (1927) = 110^{II} (1950) = a (1.1.1960)
372 = 142 (1927) = 108^{II} (1950) = a (1.1.1960)
373 = 143 (1927) = v Rheydt 173 (1938)
374 = 144 (1927) = 109^{II} (1950) = 2283 (7.1960) = a (1.1.1964)
375 = 145 (1927) = a (1946)

1 : 160

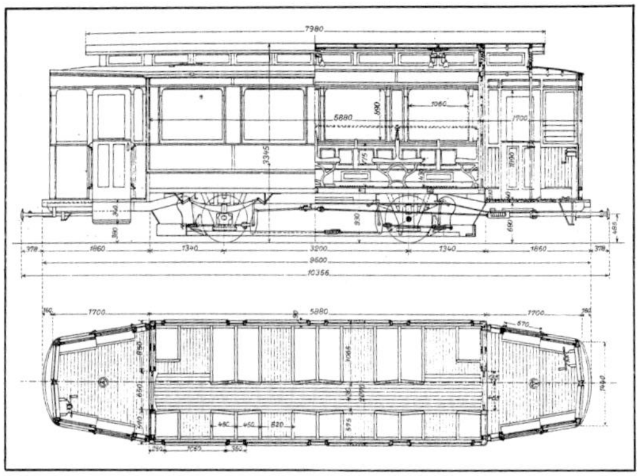

376 = 146 (1927) = v Staßfurt 28 (1940)
377 = 147 (1927) = a (1946)
378 = 148 (1927) = v Rheydt 174 (1938)
379 = 150 (1927) = a (1946)

Während des Zweiten Weltkrieges war dieser Beiwagen 382 unter seiner späteren Nummer 152 an die Mülheimer Straßenbahn ausgeliehen. Hier allerdings ist er noch im ursprünglichen Zustand aufgenommen (Betriebshof Alfredusbad, ca. 1930). (Archiv EVAG)

Serie:	*380-404*	*Typ:*	*2x 2R*
Baujahr:	*1914*	*Firma:*	*Gastell*

Diese 25 Gastell-Wagen des Jahres 1914 entsprachen denen der Serie 338-349: Länge 9,28 m, Radstand 3,2 m, Gewicht 7,9 t.
Von Oktober 1944 bis Februar 1945 lieh man an die Straßenbahn in Mülheim die Beiwagen 152, 158 und 160 aus.

380 = 160 (1927) = 119^{II} (1950) = a (16.9.1959)
381 = 151 (1927) = 111^{II} (1950) = a (1.1.1960)
382 = 152 (1927) = 112^{II} (1950) = a (1.1.1960)
383 = 153 (1927) = 113^{II} (1950) = a (10.11.1959)
384 = 154 (1927) = 114^{II} (1950) = a (24.12.1959)
385 = 155 (1927) = 115^{II} (1950) = a (1.1.1960)
386 = 156 (1927) = 116^{II} (1950) = a (1.1.1960)
387 = 157 (1927) = a (7.12.1944) nach Brand
388 = 158 (1927) = 117^{II} (1950) = a (10.11.1959)
389 = 159 (1927) = 118^{II} (1950) = a (10.11.1959)
390 = 170 (1927) = 125^{II} (1950) = a (28.9.1959)
391 = 161 (1927) = 120^{II} (1950) = a (1.1.1960)
392 = 162 (1927) = a (1946)
393 = 163 (1927) = 121^{II} (1950) = 2284 (7.1960) = a (1.1.1964)
394 = 164 (1927) = 122^{II} (1950) = a (1.1.1960)
395 = 165 (1927) = 123^{II} (1950) = a (9.11.1953) nach Unfall mit Tw 663
396 = 166 (1927) = 124^{II} (1950) = a (20.8.1959)
397 = 167 (1927) = K (5.3.1943)
398 = 168 (1927) = K (26.3.1944)
399 = 169 (1927) = a (1946)
400 = 175 (1927) = 130^{II} (1950) = a (20.8.1959)
401 = 171 (1927) = 126^{II} (1950) = a (8.2.1956)
402 = 172 (1927) = 127^{II} (1950) = a (1.1.1960)
403 = 173 (1927) = 128^{II} (1950) = a (1.1.1960)
404 = 174 (1927) = 129^{II} (1950) = a (20.10.1958)

Auch der Beiwagen 126 (ex 401) stammt aus der Serie 380-404. Außer der Lackierung kaum verändert gegenüber dem Zustand von 1930, wartet er 1955 an der Haltestelle Laubenweg auf den Triebwagen der Linie 7 in Richtung Stadtmitte. (Archiv EVAG)

Serie:	*405-419*	*Typ:*	*2x 2R*
Baujahr:	*1916*	*Firma:*	*Gastell*

Da ab 1915 bei den Triebwagen stärkere Motoren (37 kW) zum Einbau kamen, konnten diese jetzt auch zwei Beiwagen ziehen. Aus diesem Grunde beschaffte man 1916 noch einmal 15 Beiwagen in bewährter Ausführung: Länge 9,28 m, Achsstand 3,2 m, Gewicht 7,9 t, geschlossene Plattformen mit Schiebetüren.
Für die meisten Wagen kam die Ausmusterung mit dem 1. Januar 1960. Lediglich zwei Wagen verkehrten nach einem entsprechenden Umbau (neue Bremsen, Sicherheitsglas etc.) noch bis 1965.

1 : 87

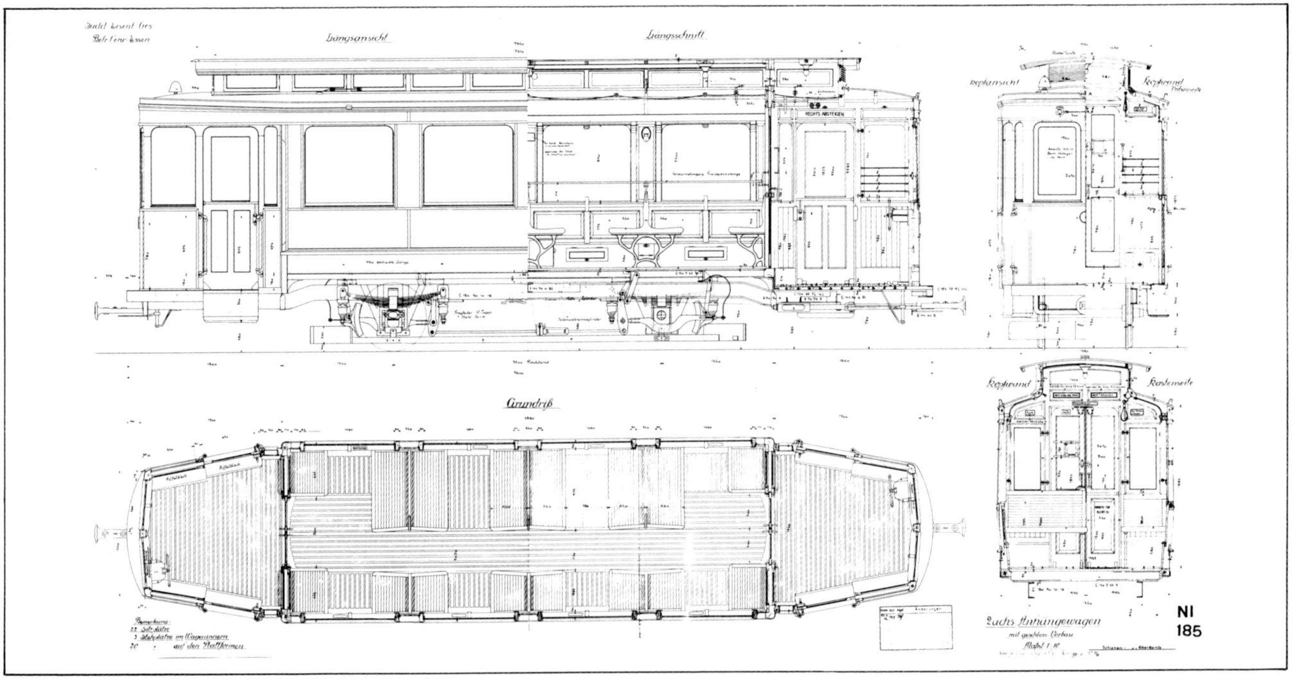

405 = 180 (1927) = 134^{II} (1950 = a (19.7.1957)
406 = 176 (1927) = 131^{II} (1950) = a (8.7.1957)
407 = 177 (1927) = K (3.1945)
408 = 178 (1927) = 132^{II} (1950) = 2285 (7.1960) = a (30.10.1965)
409 = 179 (1927) = 133^{II} (1950) = a (12.11.1957)
410 = 190 (1927) = 142^{II} (1950) = a (19.10.1959)
411 = 181 (1927) = K (23.2.1959)
412 = 182 (1927) = 135^{II} (1950) = a (1.1.1960)
413 = 183 (1927) = 136^{II} (1950) = a (1.1.1960)
414 = 184 (1927) = 137^{II} (1950) = a (1.1.1960)
415 = 185 (1927) = a (1946)
416 = 186 (1927) = 138^{II} (1950) = 2286 (7.1960) = a (31.12.1965)
417 = 187 (1927) = 139^{II} (1950) = a (10.12.1954)
418 = 188 (1927) = 140^{II} (1950) = a (1.1.1960)
419 = 189 (1927) = 141^{II} (1950) = a (1.1.1960)

Serie:	***420-429***	***Typ:***	***2x 2R***
Baujahr:	***1917***	***Firma:***	***Uerdingen***

Für die damalige Zeit schon recht modern wirkten die 1917 von der Waggonfabrik Uerdingen gelieferten zehn Beiwagen. Das Fahrverhalten konnte durch den mittels Schraubenfedern zusätzlich abgefederten Wagenkasten (Sekundärfederung) erheblich verbessert werden. Die Abmessungen entsprachen ansonsten denen der Gastell-Beiwagen: Länge 9,28 m, Breite 2,1 m, Radstand 3,2 m.
Der 1944 durch Kriegseinwirkungen stark beschädigte Wagen 197 wurde 1944/45 in Familleureux (Belgien) wiederhergestellt, aber erst 1950 nach Essen zurückgeliefert.

420 = 195 (1927) = a (1.10.1950)
421 = 191 (1927) = a (1946)
422 = 192 (1927) = 143^{II} (1950) = 2287 (7.1960) = a (1.1.1964)
423 = 193 (1927) = 144^{II} (1950) = a (1.1.1960)
424 = 194 (1927) = 145^{II} (1950) = a (1.4.1960)
425 = 200 (1927) = K (1945)
426 = 196 (1927) = 146^{II} (1950) = 2288 (7.1960) = a (1.1.1964)
427 = 197 (1927) = 156^{II} (1950) = a (1.1.1960)
428 = 198 (1927) = K (1945)
429 = 199 (1927) = 147^{II} (1950) = a (12.11.1957)

Im Jahre 1919 konnte man noch auf dem Trittbrett oder der Kupplung mitfahren, wie hier zu sehen in der Altendorfer Straße vor dem Gelände der Firma Krupp. Der Beiwagen gehört zur Bauserie von 1917. (Archiv Krupp)

Serie:	***430-449***	***Typ:***	***2x 2R***
Baujahr:	***1918/19***	***Firma:***	***Gastell***

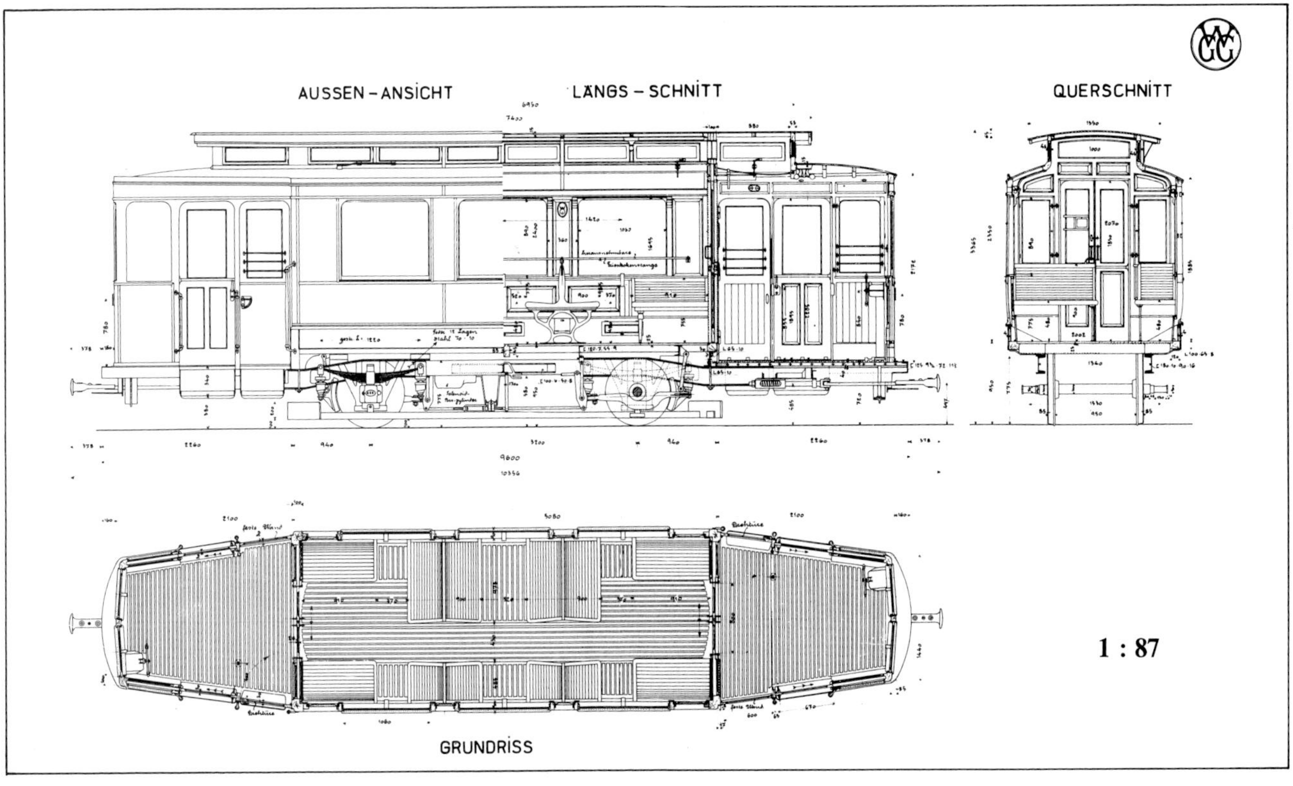

Diese von der Firma Gastell 1918/19 gebauten Fahrzeuge hatten jetzt auch den abgefederten Wagenkasten wie die Uerdinger Wagen von 1917. Äußerlich unterschieden sie sich von ihnen durch die drei Seitenfenster (statt vier), und die Plattformen hatten Doppelspur-Ein-/Ausstieg mit Schiebe- und Klapptüren.

430 = 210^{II} (1927) = K (26.7.1943)
431 = 201^{II} (1927) = a (1946)
432 = 202^{II} (1927) = K (25.10.1944)
433 = 203^{II} (1927) = 201^{III} (1950) = a (10.11.1959)
434 = 204^{II} (1927) = 202^{III} (1950) = a (1.1.1960)
435 = 205^{II} (1927) = K (26.7.1943)
436 = 206^{II} (1927) = 203^{III} (1950) = a (1.1.1960)
437 = 207^{II} (1927) = 204^{III} (1950) = 2290 (7.1960) = a (31.12.1965)
438 = 208^{II} (1927) = 205^{III} (1950) = a (1.1.1960)
439 = 209^{II} (1927) = a (1946)
440 = 220^{II} (1927) = 210^{III} (1950) = a (1.1.1960)
441 = 211^{II} (1927) = 206^{III} (1950) = (15.2.1955)
442 = 212^{II} (1927) = K (26.7.1943)
443 = 213^{II} (1927) = K (11.3.1945)
444 = 214^{II} (1927) = K (11.3.1945)
445 = 215^{II} (1927) = 207^{III} (1950) = a (1.1.1960)
446 = 216^{II} (1927) = a (1.10.1950)
447 = 217^{II} (1927) = 208^{III} (1950) = a (8.7.1957)
448 = 218^{II} (1927) = 209^{III} (1950) = a (8.7.1957)
449 = 219^{II} (1927) = K (26.7.1943)

Um einen schnelleren Fahrgastwechsel zu ermöglichen, besaßen die Fahrzeuge der Serie 430–439 doppelte Einstiegstüren. Der Wagen 208 hat 1933 gerade eine Hauptuntersuchung in der Wagenwerkstatt Kruppstraße erhalten. Zu beachten ist das „Raucher"-Schild. (Archiv EVAG)

Serie:	***450-469***	***Typ:***	***2x 2R***
Baujahr:	***1923***	***Firma:***	***MAN***

Ein gänzlich neues Aussehen hatten die 1923 von der Maschinenfabrik Augsburg-Nürnberg gelieferten 20 Beiwagen. Das Laufgestell (Achsstand 3,0 m) war vom Wagenkasten getrennt, und anstatt des bisherigen Dachaufbaus mit Lüftungsfenstern hatten die Fahrzeuge ein Tonnendach. Während die Länge mit 9,28 m gleich geblieben war, verkürzte man den Achsstand auf 3,0 m.

Der 1943 stark kriegsbeschädigte Bw 232^{II} wurde 1950 in Godarville (Belgien) wieder aufgebaut.

Wegen seines schlechten Zustandes musterte die SEG den Bw 252^{III} am 1. April 1951 aus und stellte ihn bis 1952 ab. Dann entschloß man sich jedoch, den Wagen während einer gründlichen Hauptuntersuchung völlig umzugestalten. Er erhielt einen neuen Wagenkasten, unter Verwendung des alten Wagenkastenrahmens, mit ebenen Stirnwänden, einteiligem Stirnfenster mit Lüftungsklappen, breiteren Schiebetüren, sowie hohen Seitenfenstern mit Lüftungsklappen.

450 = 230^{II} (1927) = 256^{III} (1950) = 2106 (7.1960) = a (25.2.1966)
451 = 221^{II} (1927) = K (26.7.1943)
452 = 222^{II} (1927) = 251^{III} (1950) = 2101 (7.1960) = a (1.5.1966)
453 = 223^{II} (1927) = K (26.7.1943)
454 = 224^{II} (1927) = a (7.12.1944) nach Brand
455 = 225^{II} (1927) = 252^{III} (1950) = 2102 (7.1960) = a (14.9.1965)
456 = 226^{II} (1927) = K (5.3.1943)
457 = 227^{II} (1927) = 253^{III} (1950) = 2103 (7.1960) = a (25.2.1966)
458 = 228^{II} (1927) = 254^{III} (1950) = 2104 (7.1960) = a (25.2.1966)
459 = 229^{II} (1927) = 255^{III} (1950) = a (25.11.1958)
460 = 240^{II} (1927) = K (25.10.1944)
461 = 231^{II} (1927) = 257^{III} (1950) = 2107 (7.1960) = a (31.12.1965)
462 = 232^{II} (1927) = 272^{III} (1950) = 2122 (7.1960) = a (1.5.1966)
463 = 233^{II} (1927) = 258^{III} (1950) = 2108 (7.1960) = a (27.12.1962)
464 = 234^{II} (1927) = 259^{III} (1950) = 2109 (7.1960) = a (14.9.1965)
465 = 235^{II} (1927) = 260^{III} (1950) = 2110 (7.1960) = a (1.5.1966)
466 = 236^{II} (1927) = 261^{III} (1950) = a (18.8.1959)
467 = 237^{II} (1927) = 262^{III} (1950) = 2112 (7.1960) = a (19.11.1965)
468 = 238^{II} (1927) = 263^{III} (1950) = 2113 (7.1960) = a (14.9.1965)
469 = 239^{II} (1927) = 264^{III} (1950) = 2114 (7.1960) = a (1.5.1966)

Das MAN-Werksfoto zeigt den neuerbauten Bw 450 im Jahre 1922 auf dem Werksgelände in Nürnberg. Deutlich zu erkennen ist der integrierte Dachaufbau, der dem Wagen ein etwas bulliges Aussehen verleiht. (MAN)

Serie:	*470-489*	*Typ:*	*2x 2R*
Baujahr:	*1925*	*Firma:*	*Gastell*

Die 1925 in Betrieb genommenen Beiwagen 470-489 waren die letzten mit vollständig in Holz ausgeführtem Wagenkasten. Bei einer Länge von 9,28 m, einem Achsstand von 3,0 m, einem Gewicht von 8,0 t, den drei Seitenfenstern und den Doppelspur-Schiebe-/Klapptüren entsprachen sie der Serie 430-449 des Baujahres 1918/19. Allerdings hatte man das Laternendach mit durchgehenden Dachlüftern durch ein Tonnendach mit drei einzelnen Lüftern ersetzt.
Der kriegszerstörte Beiwagen 242^{II} wurde 1944 in Familleureux wieder aufgebaut und 1950 nach Essen zurückgeliefert. Die wegen ihres schlechten Zustandes am 1. Oktober 1950 ausgemusterten Bw 249^{II} und Bw 256^{II} wurden bis 1951 (249^{II}) bzw. 1952 (256^{II}) abgestellt und dann entsprechend dem Bw 252^{II} (Serie 450-469) mit Neuaufbau wieder in Betrieb genommen. Sie erhielten einen neuen Wagenkasten mit ebenen Stirnwänden, einteiligen Stirnfenstern, breiteren Schiebetüren sowie Seitenfenstern mit Lüftungsklappen. Die Dachlüfter entfielen. Nach dem Umbau wurden sie in 274^{III} und 275^{III} umgenummert.
Im Jahre 1965 setzte man die Beiwagen 2116 und 2121 zusammen mit dem Tw 1121 als „Blumenzug" zur Gruga ein. Dazu wurden die Außenwände mit großen Blumentafeln verkleidet. Nach diesem Sondereinsatz wurden sie ausgemustert. Ein völlig neues Aussehen erhielt 1951 in der Wagenwerkstatt Heißen der Bw 274: einteilige Stirnscheibe und größere Türen.

470 = 250^{II} (1927) = K (11.3.1945)
471 = 241^{II} (1927) – 265^{III} (1950) = 2115 (7.1960) = a (1.5.1966)
472 = 242^{II} (1927) = 273^{III} (1950) = 2123 (7.1960) = a (25.2.1966)
473 = 243^{II} (1927) = K (25.10.1944)
474 = 244^{II} (1927) = K (5.3.1943)
475 = 245^{II} (1927) = 266^{III} (1950) = 2116 (7.1960) = a (1.5.1966)
476 = 246^{II} (1927) = 267^{III} (1950) = 2117 (7.1960) = a (1.5.1966)
477 = 247^{II} (1927) = 268^{III} (1950) = 2118 (7.1960) = a (31.12.1965)
478 = 248^{II} (1927) = K (26.7.1943)
479 = 249^{II} (1927) = 275^{III} (1952) = 2111 (7.1960) = a (14.9.1965)
480 = 260^{II} (1927) = K (26.7.1943)
481 = 251^{II} (1927) = 269^{III} (1950) = 2119 (7.1960) = a (14.9.1965)
482 = 252^{II} (1927) = K (26.7.1943)
483 = 253^{II} (1927) = K (5.3.1943)
484 = 254^{II} (1927) = K (26.7.1943)
485 = 255^{II} (1927) = K (26.7.1943)
486 = 256^{II} (1927) = 274^{III} (1951) = 2104 (7.1960) = a (25.2.1966)
487 = 257^{II} (1927) = K (26.7.1943)
488 = 258^{II} (1927) = 270^{III} (1950) = 2120 (7.1960) = a (1.5.1966)
489 = 259^{II} (1927) = 271^{III} (1950) = 2121 (7.1960) = a (1.5.1966)

Auch die 1925 gelieferten Gastell-Wagen hatten jetzt ein Flachdach, allerdings ohne Dachlüfter. Die Aufnahme von 1929 zeigt den Beiwagen 243 vor dem Betriebshof Alfredusbad. (Archiv EVAG)

Kaum wiederzuerkennen ist der Beiwagen 274 (ex 486) nach dem Wiederaufbau im Jahre 1951. Statt der früheren Doppeltüren hat er jetzt eine einfache Schiebetür und ein großes Stirnfenster (Grillostraße 1952). Archiv EVAG)

Serie:	*26...118*	*Typ:*	*2x 2R*
Baujahr:	*1925 Umbau*	*Firma:*	*eigene Werkstatt*

Im Jahre 1925 baute man mehrere Triebwagen der Baujahre 1897-1900 in Beiwagen um, behielt aber deren alte Nummern bei. Wegen des geringen Komforts und des schlechten Gesamtzustandes wurden sie aber bereits zwei Jahre später ganz aus dem Verkehr gezogen.

26 = a (1927)	64 = a (1927)
27 = a (1927)	66 = a (1927)
28 = a (1927)	69 = a (1927)
42 = a (1927)	111 = a (1927)
43 = a (1927)	112 = a (1927)
53 = a (1927)	113 = a (1927)
61 = a (1927)	118 = a (1927)

Serie:	*318^{II}-337^{II}* *301^{II}-317^{II}* *318^{III}-320^{III}*	*Typ:*	*2x 2R*
Baujahr:	*1927/28*	*Firma:*	*Gastell*

Die letzte Beiwagenserie vor dem Zweiten Weltkrieg bestand noch einmal aus 40 Holzwagen, die allerdings eine durchgehende Seitenbeblechung aufwiesen.
Die Beiwagen wiesen viele Merkmale der gleichzeitig gelieferten Triebwagen 901-920 auf, z. B. wurden die bis dahin gewohnten Türen zwischen Perron und Wageninnerem durch eine Mittelwand mit Schiebetür ersetzt. Die Länge betrug 10,34 m und der Achsstand 3,2 m, bei einem Gewicht von 9,5–10,0 t. Das Fassungsvermögen lag bei 80 Personen. Bei der Anordnung der Fenster ging man wieder auf die vierfenstrige Ausführung zurück.
Da in den dreißiger Jahren sehr viele Triebwagen aus Altersgründen ausgemustert werden mußten, baute man 1936/37 15 Beiwagen dieser Serie zu Triebwagen um (921-935); teilweise erfolgte 1962 wieder ein Rückbau zum Beiwagen.
Vier 1943 bei Fliegerangriffen stark beschädigte Wagen schickte man im selben Jahr nach Straßburg zum Wiederaufbau. Nach Kriegsende nahm Straßburg sie jedoch in den eigenen Bestand auf und verkaufte sie schließlich 1957 nach Saarbrücken.
Um die durch Kriegsverluste entstandenen Lücken bei den Triebwagen der Serie 901ff teilweise zu schließen, baute man 1953 noch einmal 4 Beiwagen zu Triebwagen um. Die verbleibenden 11 Beiwagen blieben mit den Nummern 2301-2311 noch bis Mitte der sechziger Jahre im Einsatz.

318^{II} = 338^{II} (1928) , U = Tw 928 (1936)
319^{II} = 339^{II} (1928) , U = Tw 929 (1936)
320^{II} = 340^{II} (1928) , U = Tw 930 (1936)
321^{II} = v Straßburg 290 (1943) = v Saarbrücken 221^{III} (1957)
322^{II} = 312^{II} (1950) = 2302 (7.1960) = a (9.3.1967)
323^{II} = 313^{II} (1950) = 2303 (7.1960) = a (31.12.1966)
324^{II} = K (5.3.1943)
325^{II} = 314^{II} (1950) , U = Tw 916^{II} (1953)
326^{II} , U = Tw 935 (1937)
327^{II} , U = Tw 934 (1937)
328^{II} , U = Tw 933 (1937)
329^{II} , U = Tw 932 (1937)
330^{II} , U = Tw 931 (1937)
331^{II} , U = Tw 921 (1936)
332^{II} , U = Tw 922 (1936)
333^{II} , U = Tw 923 (1936)
334^{II} , U = Tw 924 (1936)
335^{II} , U = Tw 925 (1936)
336^{II} , U = Tw 926 (1936)
337^{II} , U = Tw 927 (1936)

301^{II} = 2301 (7.1960) = a (28.2.1964)
302^{II} = K (5.3.1943)
303^{II} = v Straßburg 291 (1943) = v Saarbrücken 222^{III} (1957)
304^{II} = 315^{III} (1950) = 2307 (7.1960) = a (1.5.1966)
305^{II} = K (5.3.1945)
306^{II} = 302^{III} (1950) , U = Tw 915^{II} (1953)
307^{II} = 303^{III} (1950) = 2304 (7.1960) = a (21.2.1966)
308^{II} = K (5.3.1943)
309^{II} = 304^{III} (1950) , U = Tw 913^{II} (1953)
310^{II} = v Straßburg 292 (1943) = v Saarbrücken 223^{III} (1957)
311^{II} = v Straßburg 293 (1943) = v Saarbrücken 224^{III} (1957)
312^{II} = 305^{III} (1950) = 2305 (7.1960) = a (19.11.1965)
313^{II} = 306^{III} (1950) = 2306 (7.1960) = a (1.5.1966)
314^{II} = 307^{III} (1950) , U = Tw 902^{II} (1953)
315^{II} = K (25.10.1944)
316^{II} = 308^{III} (1950) = 2308 (7.1960) = a (31.12.1965)
317^{II} = a (1946)

318^{III} = 309^{III} (1950) = 2309 (7.1960) = a (19.11.1965)
319^{III} = 310^{III} (1950) = 2310 (7.1960) = a (31.12.1965)
320^{III} = 311^{III} (1950) = 2311 (7.1960) = a (9.3.1967)

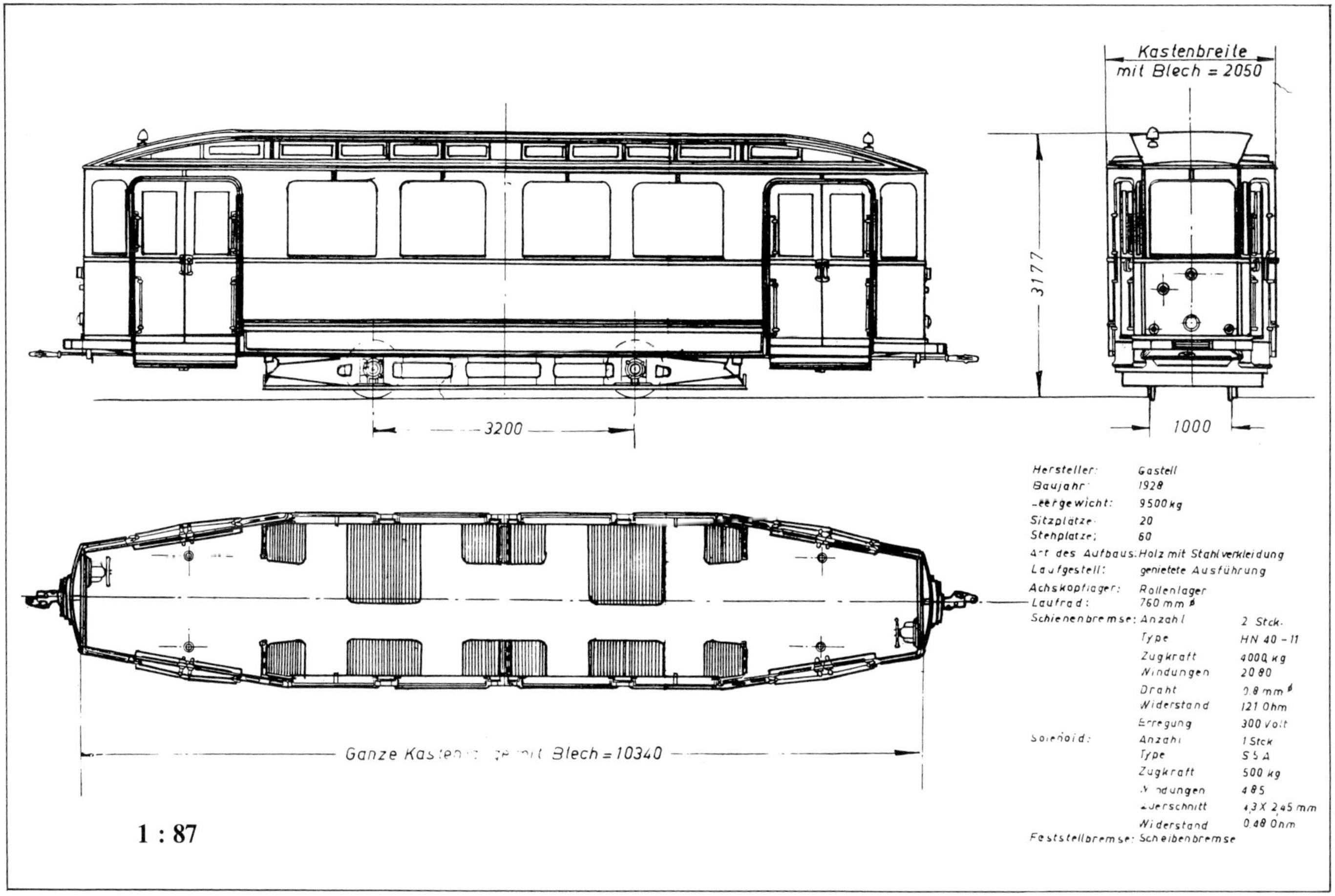
Kastenbreite
mit Blech = 2050
3177
3200
1000
Blech = 10340
1 : 87
Hersteller: Gastell
Baujahr 1928
eergewicht: 9500 kg
Sitzplätze 20
Stehplatze; 60
des Aufbaus: Holz mit Stahlverkleidung
Laufgestell: genietete Ausführung
Achskopflager: Rollenlager
Laufrad: 760 mm ø
Schienenbremse: Anzahl 2 Stck.
Type HN 40 - 11
Zugkraft 4000 kg
Windungen 2080
Draht 0.8 mm ø
Widerstand 121 Ohm
Erregung 300 Volt
Solenoid: Anzahl 1 Stck
Type S 5 A
Zugkraft 500 kg
Windungen 485
Querschnitt 4,3 X 2,45 mm
Widerstand 0,48 Ohm
Feststellbremse: Scheibenbremse

Serie:	*98*	*Typ:*	*2x 2R*
Baujahr:	*1929 (Umbau)*	*Firma:*	*eigene Werkstatt*

1929 baute man noch einmal einen Triebwagen (Nr. 86) des Baujahres 1898 zum Beiwagen um und gab ihm die Nummer 98. Die endgültige Ausmusterung erfolgte dann aber schon drei Jahre später.

98 = a (1932)

Serie:	*401^{II}*	*Typ:*	*2x 2R*
Baujahr:	*1924*	*Firma:*	*Lindner*

Da man 1939 bereits mit einem Kriegsschauplatz im Saarland rechnete, wurden 53 Saarbrücker Straßenbahnwagen an andere Städte abgegeben, die nicht direkt an einer zu erwartenden Front lagen. So erhielt Essen den Bw 233^{II} = Essen 401^{II}.
Der vierfenstrige Wagen besaß geschlossene Plattformen, ein heruntergezogenes Laternendach und Quersitze.
Nachdem 1940/41 die Frontlinien weiter nach Westen gerückt waren, kehrte der Auslagerungswagen wieder nach Saarbrücken zurück.

401^{II} = zurück nach Saarbrücken, dort wieder 233^{II} (1941).

Serie:	*506*	*Typ:*	*4 Räder (System Montos)*
Baujahr:	*1942*	*Firma:*	*Orenstein & Koppel*

Um mit dem Montos-Triebwagen 505 Versuche mit einem Zug durchzuführen, wollte man einen zweiten Wagen, ohne E-Ausrüstung, bauen. Wegen der Materialknappheit in den Vorkriegs- und Kriegsjahren entstand bis 1942 allerdings nur das Untergestell, aber kein Aufbau. Bereits wenige Monate später gingen sowohl der Triebwagen als auch das Untergestell bei Fliegerangriffen verloren.
Nach anderen Informationen soll es doch einen eigenen Beiwagen gegeben haben.

506 = K (3.1943)

Die folgenden Wagen kamen in den Jahren 1943–1945 aufgrund des Reichsleistungsgesetzes (siehe Triebwagen) nach Essen:

Stuttgart			
Serie:	*1177-1181*	*Typ:*	*2x 2R*
Baujahr:	*1913 (Umbau 1932)*	*Firma:*	*Herbrand*

1177 = K (1944) Rest 1946 zurückgegeben

Erfurt			
Serie:	*132-134*	*Typ:*	*2x 2R*
Baujahr:	*1912*	*Firma:*	*AG für Eisenbahn- und Militärbedarf Weimar*

Alle 1948 zurückgegeben.

Krefeld			
Serie:	*15, 16; 26*	*Typ:*	*2x 2R*
Baujahr:	*1906 (15, 16)*	*Firma:*	*Uerdingen*
	1910 (26)		*Weyer*

Alle 1945 zurückgegeben.

Serie:	*351^{II}-353^{II}*	*Baujahr:*	*1946*
	354^{II}-361^{II}		*1947*
	362^{II}-366^{II}		*1948*
Firma:	*Uerdingen*	*Typ:*	*2x 2R*

Im Jahre 1946 stellte Essen mit den Beiwagen 351^{II}-353^{II} sogenannte Kriegsstraßenbahnwagen (KS-Wagen oder auch kurz KSW) in Dienst, denen 1947/48 noch weitere 13 Fahrzeuge folgten.
Die KS-Wagen basierten auf dem Typ des sogenannten „Einheitsstraßenbahnwagen“, der in den dreißiger Jahren projektiert, wegen des Krieges jedoch nicht mehr realisiert wurde.
Die von vielen Betrieben in Deutschland bestellten Fahrzeuge waren alle baugleich: Länge 10,40 m, Achsstand 3,0 m, insgesamt sieben große Fenster auf jeder Seite, davon zwei in großen, 150 m breiten Schiebetüren, übergroße Plattformen von 2,965 m Länge, geringe Innenverkleidung, keine Zwischentüren, nur 12 Sitzplätze. Trieb- und Beiwagen unterschieden sich nur durch die E-Ausrüstung, alles war so ausgelegt, um mit möglichst wenig Material und Aufwand große Beförderungskapazität zu schaffen. Somit entstand immerhin eine Art „Einheits-Straßenbahnwagen“, wenngleich auch in sehr bescheidener Ausstattung. Wegen des Mangels an elektrischen Ausrüstungen setzte Essen nur KS-Beiwagen ein.
Die Wagen 351-361 besaßen Profilrahmen-Fahrgestelle, die restlichen fünf ein separates Blechrahmen-Fahrgestell. 1951 erhielten zwei Beiwagen versuchsweise selbsttätige Scharfenberg-Kupplungen anstelle der Albert-Kupplungen. Ab 1959 wurden alle Fahrzeuge mit einer Kleinspannungsanlage und Scharfenberg-Kupplungen ausgerüstet.
Die komplette Serie wurde in den Jahren 1967-1968 ausgemustert. Die Verschrottung der Beiwagen 2481, 2483-2486, 2488, 2489, 2491 und 2496 erfolgte erst 1969-1971 bei Fremdfirmen, nachdem man noch brauchbare Aggregate vorher ausgebaut hatte.

351^{II} = 2481 (7.1960) = a (19.4.1968)
352^{II} = 2482 (7.1960) = a (3.5.1967)
353^{II} = 2483 (7.1960) = a (5.5.1968)
354^{II} = 2484 (7.1960) = a (25.3.1968)
355^{II} = 2485 (7.1960) = a (6.12.1967)
356^{II} = 2486 (7.1960) = a (25.3.1968)
357^{II} = 2487 (7.1960) = a (29.11.1967)
358^{II} = 2488 (7.1960) = a (28.3.1968)
359^{II} = 2489 (7.1960) = a (5.5.1968)
360^{II} = 2490 (7.1960) = a (8.5.1967)
361^{II} = 2491 (7.1960) = a (24.6.1967)
362^{II} = 2492 (7.1960) = a (3.5.1967)
363^{II} = 2493 (7.1960) = a (8.5.1967)
364^{II} = 2494 (7.1960) = a (8.5.1967)
365^{II} = 2495 (7.1960) = a (8.5.1967)
366^{II} = 2496 (7.1960) = a (24.6.1967)

1 : 160

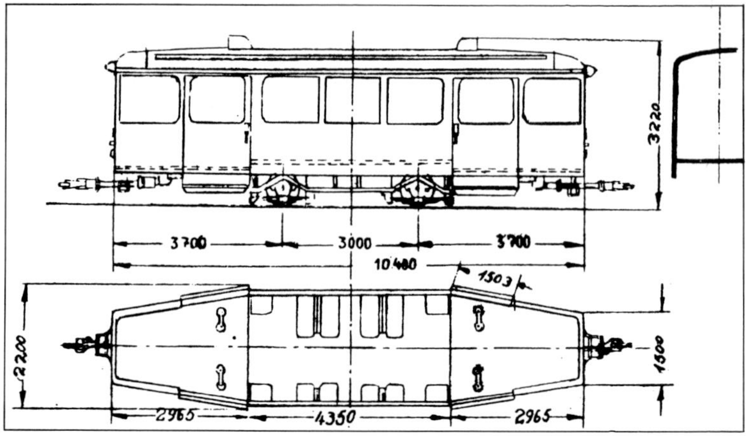

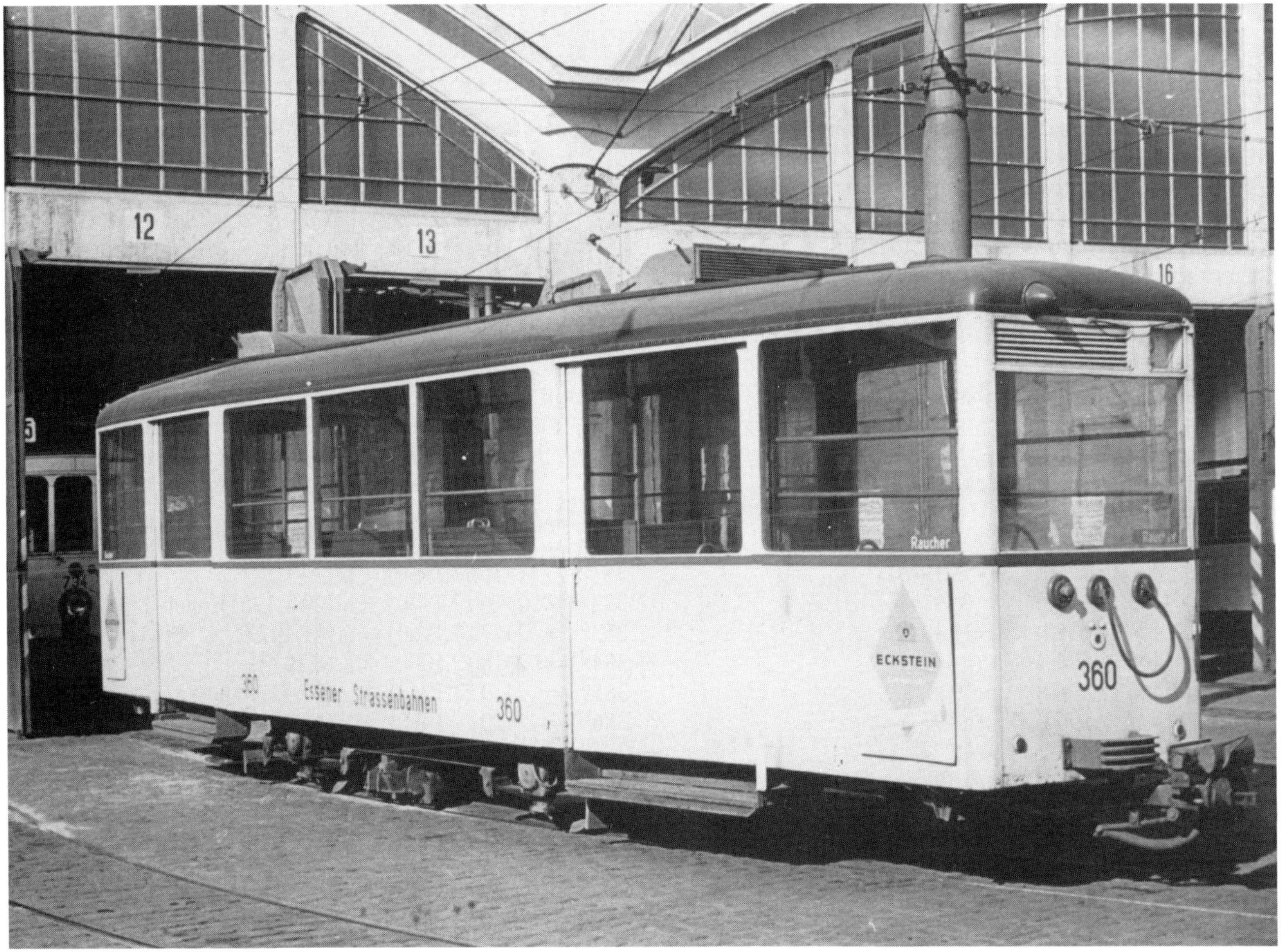

„Kriegsstraßenbahn"-Beiwagen (KSW) im Jahre 1956 vor dem Betriebshof Alfredusbad: Große Fenster und Türen, spärliche Inneneinrichtung. Der Bw 360 erhielt 1960 die Nummer 2960. (Archiv EVAG)

Serie:	***367^{II}-391^{II}***	***Typ:***	***2x 2R***
Baujahr:	***1956***	***Firma:***	***DÜWAG***

Die 1956 für die Behängung der Großraumwagen 513-562 in Dienst gestellten 25 zweiachsigen Beiwagen der DÜWAG in Stahl-Leichtbauweise hatten ein gänzlich neues Aussehen.
Die 10,5 m langen und 2,2 m breiten Fahrzeuge boten 87 Personen Platz, davon allerdings nur 22 Sitzplätze, das Gewicht betrug 6,9 t. Sie waren als Zweirichtungswagen ausgelegt und hatten - erstmals bei Beiwagen - elektromotorische DÜWAG-Doppelfalttüren. Die Stirnwände waren nicht mehr eckig, sondern wie bei den neuen Großraumwagen abgerundet. Die elektrische Ausrüstung lieferte die Firma Kiepe.
Das Fahrgestell war in die Bodengruppe des Aufbaus integriert, der Achsstand betrug 3,2 m. Um die dadurch bedingten schlechten Laufeigenschaften zu verbessern, erhielt der Bw 384 im Jahre 1957 ein gesondertes DÜWAG-Fahrgestell mit einem Achsstand von 3,5 m. Ab 1960 erhielten auch die restlichen Beiwagen ein neues Fahrgestell (Achsstand 3,0 m). 1960 wurde durch den Einbau von Schaffnersitzen der Fahrgastfluß eingeführt. Da inzwischen die meisten Strecken Wendeschleifen erhalten hatten, schloß man 1966 die Türen auf der linken Seite, lediglich die Beiwagen 2423 und 2424 blieben Zweirichtungswagen. Sie kamen meist auf der Linie 7/17 (Margarethenhöhe - Gelsenkirchen) zum Einsatz, wo sie an der Stadtgrenze abgekuppelt wurden.

367^{II} = 2401 (7.1960) = a (20.7.1979)
368^{II} = 2402 (7.1960) = a (11.1979)
369^{II} = 2403 (7.1960) = a (6.1977)
370^{II} = 2404 (7.1960) = a (11.1979)
371^{II} = 2405 (7.1960) = a (6.1977)
372^{II} = 2406 (7.1960) = a (1978)
373^{II} = 2407 (7.1960) = a (6.1977)
374^{II} = 2408 (7.1960) = a (1978)
375^{II} = 2409 (7.1960) = a (6.1977)
376^{II} = 2410 (7.1960) = a (11.1979)
377^{II} = 2411 (7.1960) = a (1978)
378^{II} = 2412 (7.1960) = a (7.1978)
379^{II} = 2413 (7.1960) = a (11.1979)
380^{II} = 2414 (7.1960) = a (1978)
381^{II} = 2415 (7.1960) = a (1977)
382^{II} = 2416 (7.1960) = a (29.5.1961) nach Unfall
383^{II} = 2417 (7.1960) = a (11.1979)
384^{II} = 2418 (7.1960) = a (6.1977)
385^{II} = 2419 (7.1960) = a (2.1977)
386^{II} = 2420 (7.1960) = a (11.1979)
387^{II} = 2421 (7.1960) = 2426 (1970) = a (11.1979)
388^{II} = 2422 (7.1960) = 2429 (1970) = a (20.7.1979)
389^{II} = 2423 (7.1960) = 2428 (1970) = a (11.1979)
390^{II} = 2424 (7.1960) = a (11.1979)
391^{II} = 2425 (7.1960) = a (11.1979)

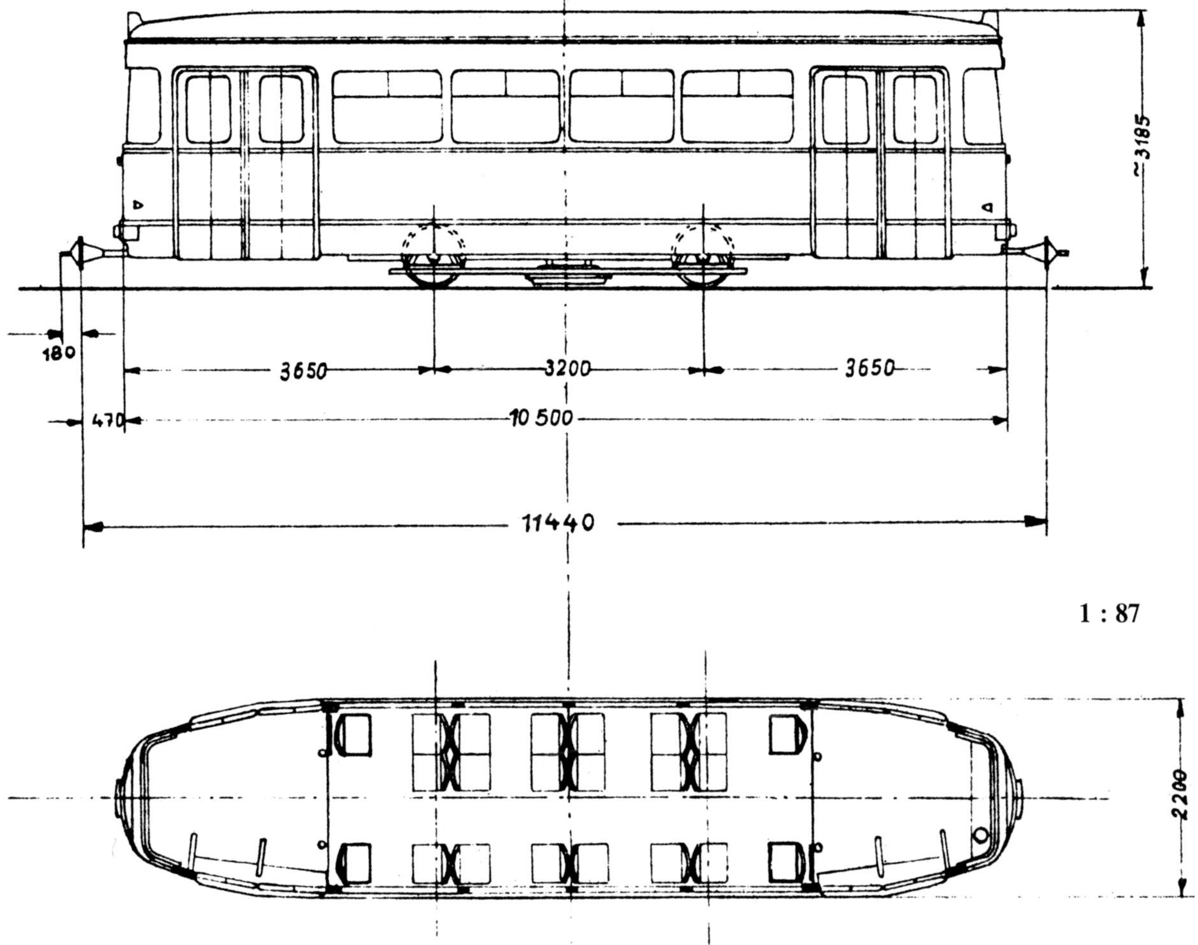

1 : 87

Typischer DÜWAG-Zug für fast 25 Jahre: Zwei Vierachser-Triebwagen der Serie 520–559 mit Beiwagen 389 in der Huyssenallee. (Archiv EVAG)

Serie:	*341^{II}-350^{II}*	*Typ:*	*2x 2R*
Baujahr:	*1957*	*Firma:*	*DÜWAG*

Gewissermaßen einen Schritt zurück ging man beim Kauf der Beiwagenserie 341-350 im Jahre 1957. Bei diesen Zweiachsern handelte es sich um Fahrzeuge des „Verbandstyps", wie sie nach Zeichnungen des Verbandes öffentlicher Verkehrsbetriebe gebaut und nach Abschluß des Baus von KS-Wagen und Aufbauwagen als vollständige Neubauwagen von vielen Straßenbahnbetrieben der Bundesrepublik Deutschland angeschafft wurden.
Die Wagen waren 10,5 m lang, hatten eine Breite von 2,173 m, ein Gewicht von 6,6-7,4 t und einen Achsstand von 3,2 m. Das Platzangebot wies 22 Sitz- und 70 Stehplätze auf. Es waren sowohl Hand-, Schienen-, als auch Solenoid-Bremsen vorhanden.
Der Wagenkasten war eckig, mit trapezförmigen Plattformen. Auf jeder Seite befanden sich zwei Doppel-Schiebetüren. Ab Oktober 1958 rüstete man die Wagen mit einer elektrischen Kleinspannungsanlage (Kiepe) und Scharfenberg-Kupplungen aus. Im Jahre 1961 erhielten die Beiwagen 2451-2454 automatische Türen und Schaffnerplätze für Fahrgastflußbetrieb. Aber bereits ein Jahr später baute man die Schaffnersitze wieder aus und führte für alle Wagen den schaffnerlosen Verkehr ein. Die Wagen konnten jetzt nur noch von Sichtkarteninhabern benutzt werden.
1965 schloß man schließlich die Türen auf der linken Seite und betrieb die Fahrzeuge nur noch im Einrichtungsverkehr. Außer hinter Zwei- und Vierachsern kamen sie auch hinter sechsachsigen Gelenkwagen zum Einsatz.
Nach seiner Ausmusterung 1976 baute man den Bw 2460 zum Museumsbeiwagen für den Tw 888 um und nahm ihn unter seiner alten Nummer 350 im Jahre 1979 wieder in Betrieb.

341^{II} = 2451 (7.1960) = a (25.10.1976)
342^{II} = 2452 (7.1960) = a (25.10.1976)
343^{II} = 2453 (7.1960) = a (25.10.1976)
344^{II} = 2454 (7.1960) = a (25.10.1976)
345^{II} = 2455 (7.1960) = a (25.10.1976)
346^{II} = 2456 (7.1960) = a (25.10.1976)
347^{II} = 2457 (7.1960) = a (25.10.1976)
348^{II} = 2458 (7.1960) = a (25.10.1976)
349^{II} = 2459 (7.1960) = a (25.10.1976) = abgegeben an Spielplatz
350^{II} = 2460 (7.1960) = a (25.10.1976) = Museumsbeiwagen 350 (1979)

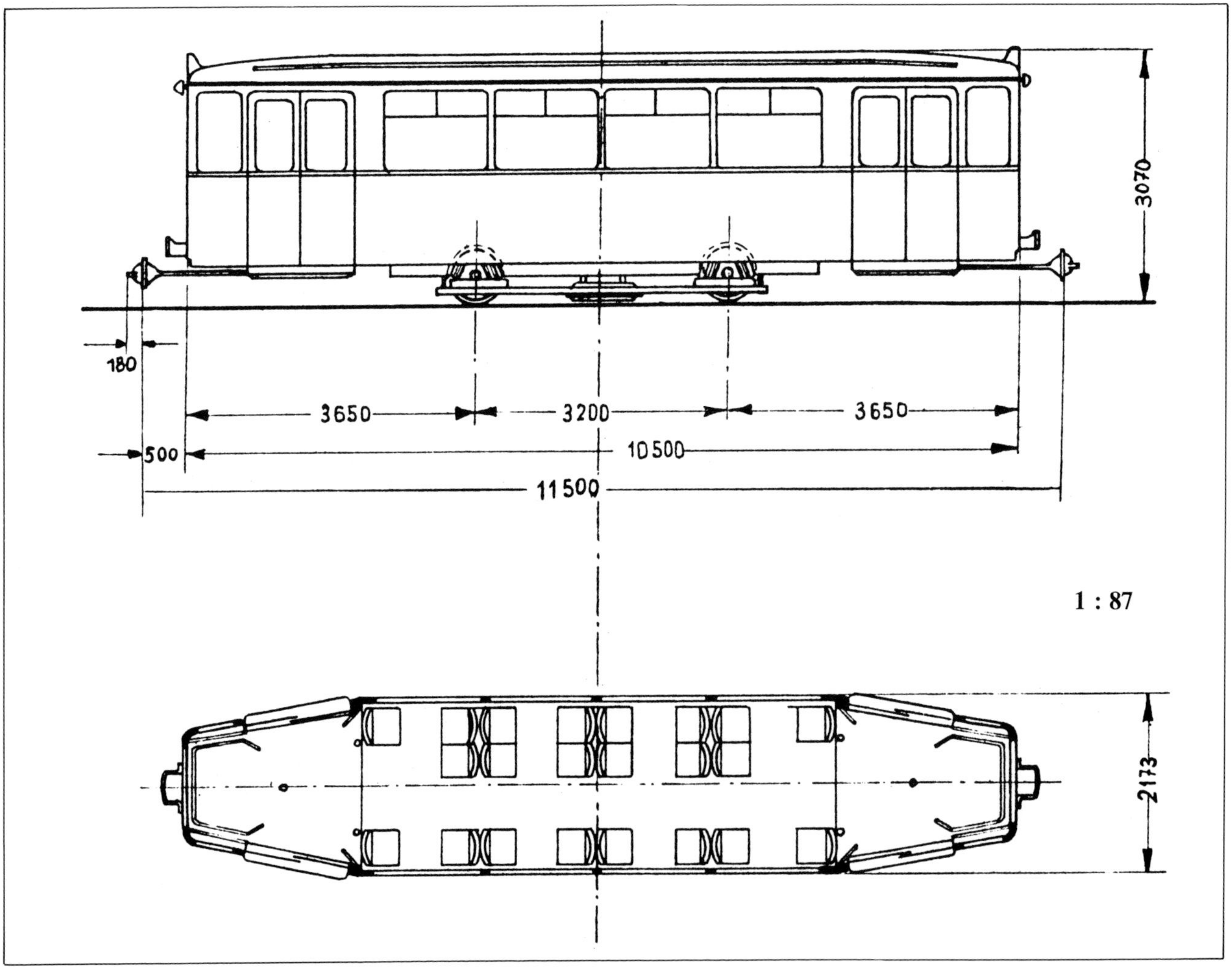
3070
180
3650
3200
3650
500
10500
11500
1 : 87
2173

Zur Anpassung an die Aufbauwagen bestellte man 1957 noch einmal Zweiachser des Verbandstyps. Diese Wagen verkehrten auch hinter Gelenkwagen. Das 1959 am Stadtwaldplatz aufgenommene Foto zeigt den Beiwagen 347 mit dem Triebwagen 929 auf der Straßenbahnlinie 17 Richtung Gelsenkirchen. (Elias)

Serie:	*401^{III}, 402^{II}-407^{II}*	*Typ:*	*4xGr 1R*
Baujahr:	*1959*	*Firma:*	*DWM*

Am 23. Dezember 1959 nahm die EVAG mit dem Wagen 401^{III} den ersten vierachsigen Beiwagen in Betrieb. Ihm folgten bis zum 12. Januar 1960 noch sechs weitere. Gebaut wurden sie von DWM in Berlin.
Die sieben Beiwagen ähnelten den DÜWAG-Großraumtriebwagen der Baujahre 1953/54, hatten jedoch einen größeren Abstand zwischen Fensterober- und Dachunterkante. Außerdem waren die Plattformen stärker verjüngt. Die als Einrichtungswagen gelieferten Fahrzeuge hatten zwei doppelte und eine einfache Falttür (vorn).
Die Wagen wiesen eine Länge von 14,1 m, eine Breite von 2,2 m und eine Höhe von 3,185 m auf. Der Achsstand in den beiden Drehgestellen betrug 1,8 m, der Drehzapfenabstand 6,0 m. Im Innenraum befanden sich auf jeder Seite Einzelsitze, die auf der rechten Seite durch Stapelsitze verdoppelt werden konnten. Insgesamt standen so 35 Sitz- und 89 Stehplätze (ohne Stapelsitze: 27 bzw. 100) zur Verfügung.
1974 ersetzte man die Drehgestelle durch neue von DÜWAG gelieferte Drehgestelle mit MEGI-Achsfederung. 1979 schieden sie als erste vierachsige Beiwagen aus dem Betrieb aus.

401^{III} = 2501 (7.1960) = a (12.1979)
402^{II} = 2502 (7.1960) = a (12.1979)
403^{II} = 2503 (7.1960) = a (12.1979)
404^{II} = 2504 (7.1960) = a (12.1979)
405^{II} = 2505 (7.1960) = a (12.1979)
406^{II} = 2506 (7.1960) = a (12.1979)
407^{II} = 2507 (7.1960) = a (12.1979)

Deutlich zu erkennen ist beim Beiwagen von DWM der größere Abstand zwischen Dach und Fenster gegenüber den DÜWAG-Fahrzeugen. Beiwagen 2507 in der Schleife Porscheplatz (ca. 1963). (Archiv EVAG)

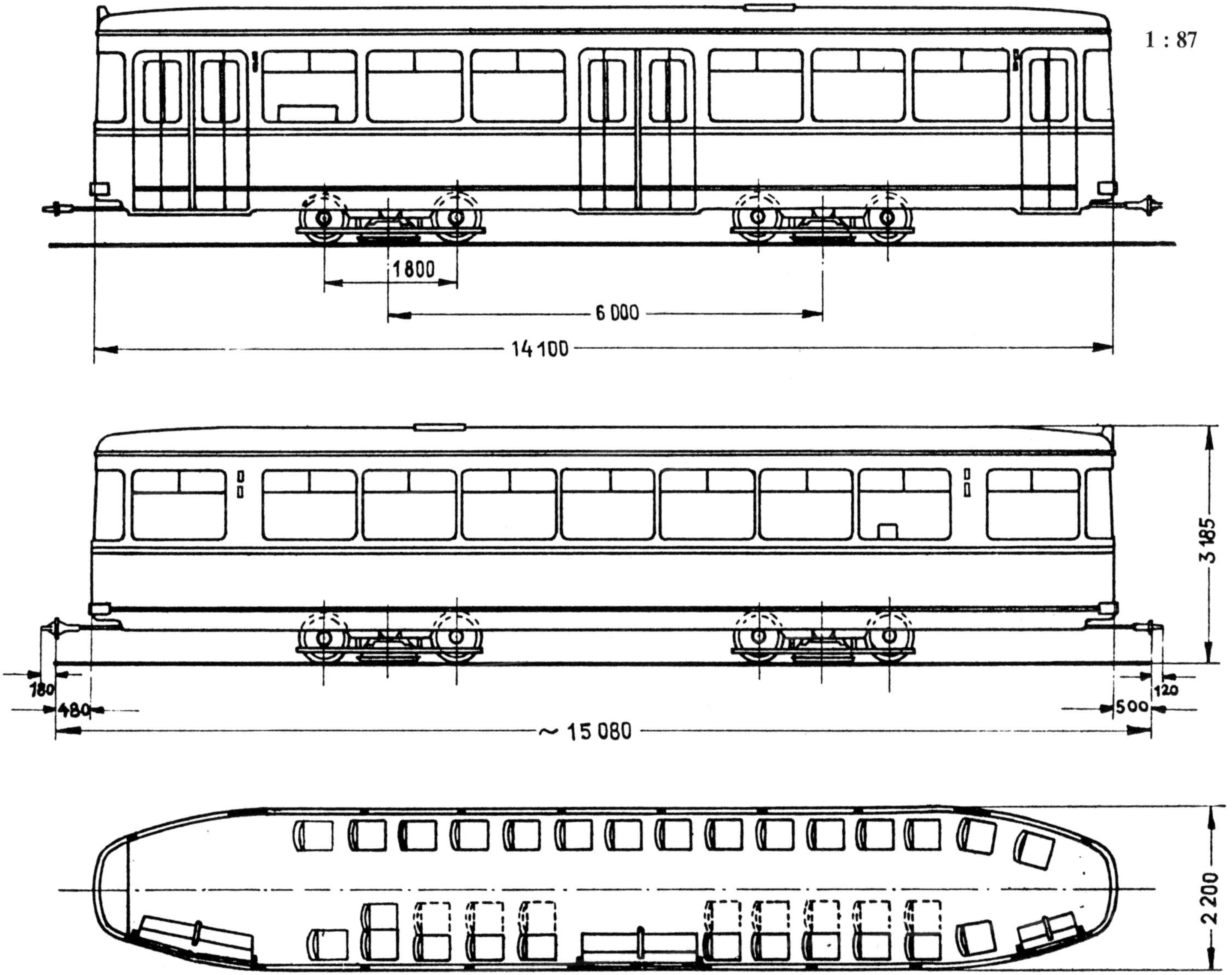
1 : 87
1800
6 000
14 100
3 185
180
480
~ 15 080
500
120
2 200

Serie:	*2511*	*Typ:*	*4xGr 2R*
Baujahr:	*1960*	*Firma:*	*DWM*

Um die vierachsigen Beiwagen auf nicht so stark frequentierten Abschnitten an Gleiswechseln abzuhängen und vom Gegenzug dann wieder mit zurücknehmen zu können (z. B. Trabrennbahn, Kraspothshöhe, Frillendorfer Platz und Stadtwaldplatz), entschloß man sich 1960 auch zur Bestellung von 6 Zweirichtungs-Beiwagen bei DWM.
Geliefert wurde allerdings nur im Oktober 1960 der Bw 2511. Die restlichen wurden wegen zu langen Lieferfristen wieder abbestellt, die dafür vorgesehenen Drehgestelle in die Beiwagen 2901-2905 eingebaut.
Von den Abmessungen her entsprach der Wagen denen der Serie 401-407, jedoch befanden sich auch auf der linken Seite Türen (Anordnung 2–2–1). 1963 wechselte man die Drehgestelle gegen von DÜWAG mit MEGI-Achsfederung gelieferte aus. 1965 baute man den Wagen schließlich zum Einrichtungswagen um. Zusammen mit den anderen DWM-Beiwagen wurde er 1979 ausgemustert und verschrottet.

2511 = 2510 (1970) = a (12.79)

Serie:	*2901-2905*	*Typ:*	*4xGr 1R*
Baujahr:	*1961/62 (Umbau)*	*Firma:*	*DÜWAG/Umbau eigene Werkstatt*

1960 beschloß man, einige Großraumwagen der Baujahre 1938-40 in Beiwagen umzubauen, um sie hinter vier- und sechsachsigen Triebwagen einsetzen zu können. Dazu wurden die Türen auf der linken Seite ausgebaut (Einsatz nur als Einrichtungswagen), elektrische Türantriebe eingebaut, die Bodengruppe erneuert und die Lüftungs-Schiebefenster zu Klappfenstern umgebaut. Außerdem wurde durch den Einbau von Schaffnersitzen der Fahrgastfluß eingeführt.
Als Drehgestelle verwendete man die für die 5 DWM-Beiwagen (siehe Bw 2511) vorgesehenen und verkürzte gleichzeitig den Drehzapfenabstand auf 4,75 m. Die Wagen hatten jetzt ein Gewicht von 9,16 t und konnten 92 Fahrgäste, davon 29 sitzend, befördern.
Der Beiwagen 2908 befand sich nach seiner Ausmusterung noch bis 1982 auf dem Gelände der Feuerwehr in Essen-Kray, wo er als Übungsfahrzeug zum Eingleisen diente.

2901: aus Tw 505 (1961) = 2906 (1970) = a (26.11.1974)
2902: aus Tw 1908 (1962) = 2907 (1970) = a (24.1.1974)
2903: aus Tw 1905 (1962) = 2908 (1970) = a (6.12.1974)
2904: aus Tw 1907 (1962) = 2909 (1970) = a (18.12.1974)
2905: aus Tw 1909 (1962) = 2910 (1970) = a (13.12.1974)

1 : 87

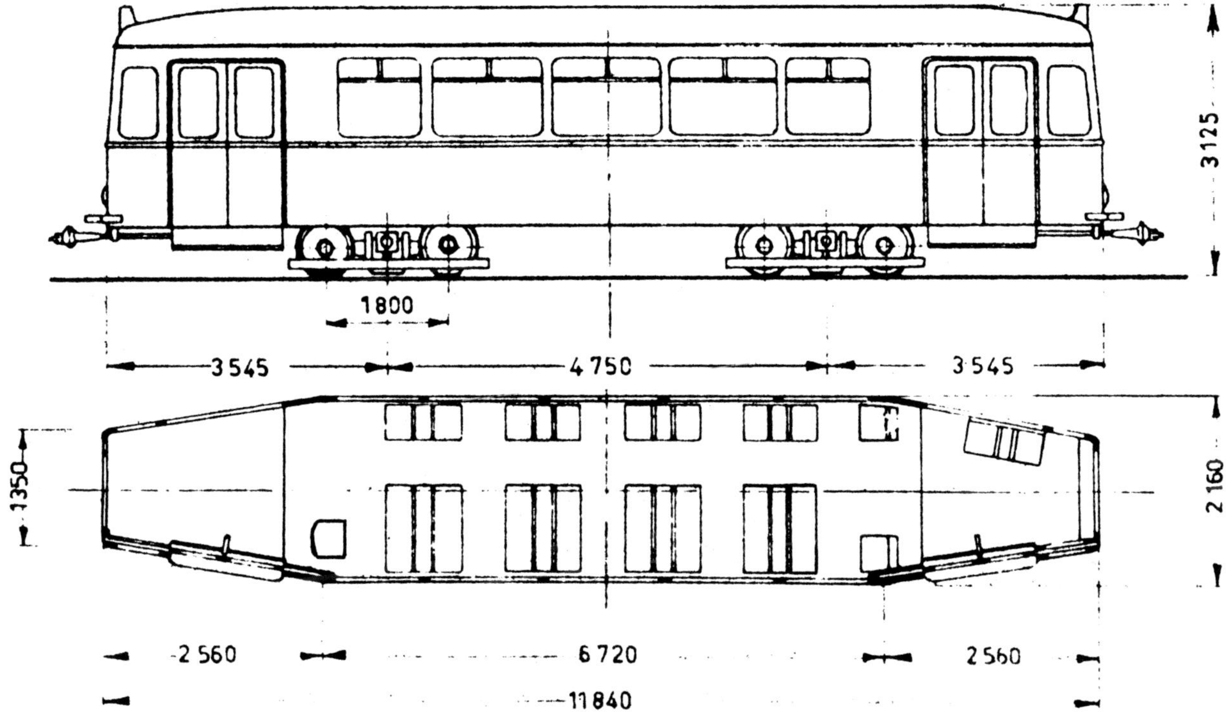

Fast nichts mehr erinnert beim Beiwagen 2905 an seine Vergangenheit als Vorkriegsgroßraum-Triebwagen (Baujahr 1938-40). Aufgenommen im Jahre 1968 am Betriebshof Kruppstraße, der damaligen Endstelle „Hamburger Straße“ der Linie 28. (Archiv VHAG)

Serie:	*2312-2314*	*Typ:*	*2x 2R*
Baujahr:	*1961*	*Firma:*	*Umbau eigene Werkstatt*

Um die Triebwagen 1322-1324 (Baujahr 1953) noch einige Jahre im Betrieb halten zu können, baute man sie 1961 wieder zu Beiwagen zurück.

2312: ex Bw 338 (1953), ex Tw 1322 (1961) = a (31.12.1966)
2313: ex Bw 329 (1953), ex Tw 1324 (1961) = a (31.12.1966)
2314: ex Bw 330 (1953), ex Tw 1323 (1961) = a (1.5.1966)

Serie:	*2512-2516*	*Typ:*	*4xGr 2R*
Baujahr:	*1961*	*Firma:*	*DÜWAG*

Als Ersatz für die nicht gelieferten DWM-Beiwagen 2512-2516 bestellte man bei DÜWAG 5 Beiwagen und nahm sie im Juni 1961 in Betrieb.

Die 5 Zweirichtungswagen glichen den entsprechenden Triebwagen der Serie 559-562 (nur drei Fenster zwischen den Türen). Zum Einsatz gelangten sie hinter 4x-Großraum- und 6x-Gelenkwagen.

Die Länge der Wagen betrug 14,10 m, die Breite 2,20 m und die Höhe 3,185 m. Auch sie waren mit Stapelsitzen ausgerüstet und boten maximal 128 Personen Platz. 1966 rüstete man sie auf schaffnerlosen Betrieb um und nummerte sie in 2551-2555 um.

Durch den zunehmenden Einsatz der achtachsigen Gelenkwagen und der M-Wagen, den zurückgehenden Verkehr und das kleiner werdende Streckennetz wurden sie Mitte der achtziger Jahre überflüssig und ausgemustert. Die Beiwagen 2551 und 2552 waren bereits von April 1984 bis März 1985 abgestellt, bevor sie noch einmal für die SL 103 (Kray - Borbeck) benötigt wurden. Der Einsatz dauerte allerdings nur drei Monate. Während der Bw 2552 danach endgültig abgestellt wurde, setzte man den Bw 2551 noch von August bis Dezember 1985 auf der Linie 109 ein.

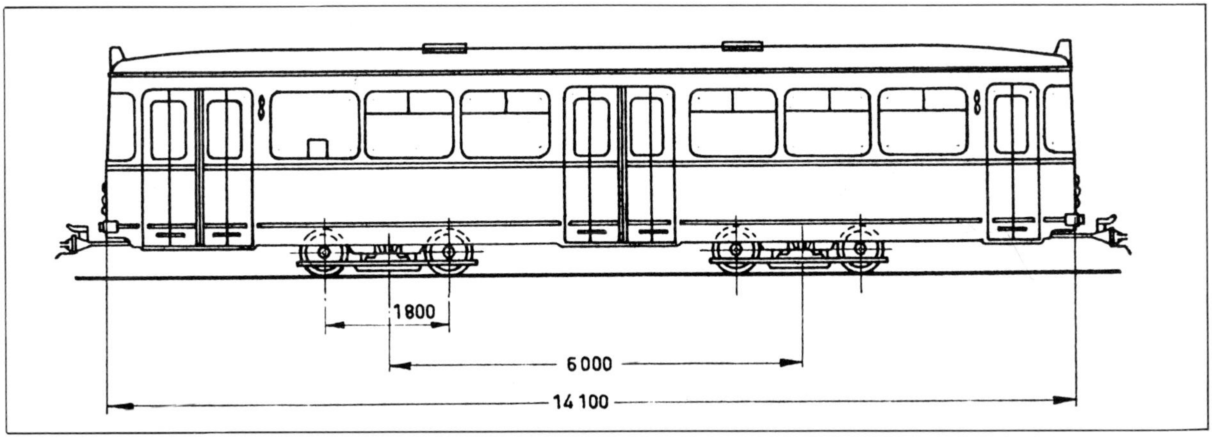

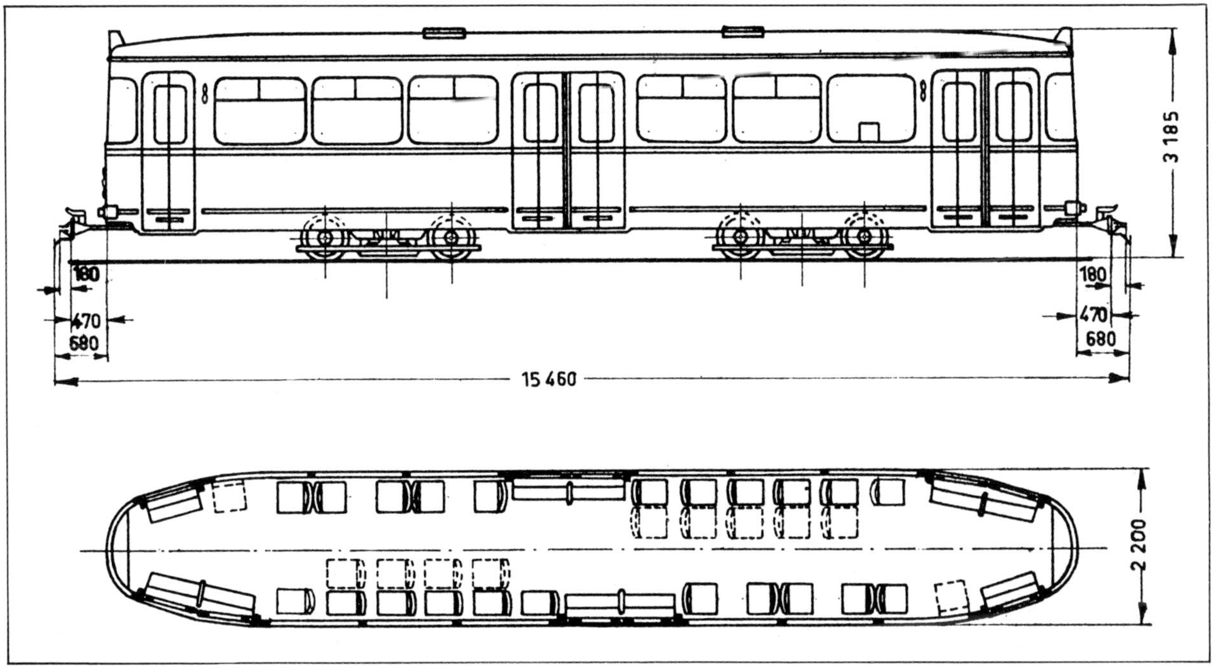

1 : 87

2512 = 2551 (1966) = a (17.1.1986)
2513 = 2552 (1966) = a (10.1985)
2514 = 2553 (1966) = a (4.1984)
2515 = 2554 (1966) = a (4.1984)
2516 = 2555 (1966) = a (1983)

Mit der Auslieferung der M-Wagen ab 1976 wurden die Beiwagen allmählich überflüssig. Der abgebildete Zweirichtungsbeiwagen 2512 wurde als letzter seiner Serie Anfang 1986 verschrottet (Betriebshof Stadtmitte 1965). (Archiv EVAG)

Serie:	*2521-2525*	*Typ:*	*4xGr 1R*
Baujahr:	*1962*	*Firma:*	*DÜWAG*

Da Anfang der sechziger Jahre sehr viele Vorkriegswagen ausgemustert werden mußten, ließ man bei DÜWAG auf altbrauchbare Drehgestelle der Triebwagen 1511-1515 neue Beiwagenkästen setzen. Die Drehgestelle waren außerdem vorher durch DÜWAG auf MEGI-Federung umgebaut worden. 1974 wurden die alten Drehgestelle schließlich ebenfalls durch neue ersetzt.
Die 5 Beiwagen entsprachen denen der Serie 2512-2516, waren jedoch Einrichtungswagen.
Im April 1984 stellte man alle 5 Fahrzeuge auf den damals noch nicht benutzten Außengleisen des U-Bahnhofes Porscheplatz ab. Im März 1985 brauchte man jedoch wieder Beiwagen für die Linie 103 und setzte die Wagen 2521, 2522, 2524 und 2525 noch einmal für ca. drei Monate auf dieser Linie ein. Ab August 1985 gelangten sie auf die Linie 109, wo die beiden letzten Essener Beiwagen 2521 und 2525 noch bis 1988 hinter sechsachsigen Gelenkwagen zum Einsatz kamen.
Im Juni 1989 beschloß man, einen der beiden abgestellten Wagen als Beiwagen für den Museumswagen 1501 zu behalten. Man entschied sich für den besser erhaltenen Bw 2525 und nummerte ihn in 2521^{II} um.

2521 = 2525^{II} (28.6.1989) = a (31.7.1989)
2522 = a (22.1.1986)
2523 = a (10.1985)
2524 = a (24.1.1986)
2525 = 2521^{II} (28.6.1989) = M2521 (7.1989)

Als letzter vierachsiger Beiwagen ist der Wagen 2521 (ex 2525) derzeit noch vorhanden. Er soll zusammen mit dem Triebwagen 1501 als Museumszug erhalten werden (Hauptwerkstatt Schweiner Straße im Juni 1989). (Giesen)

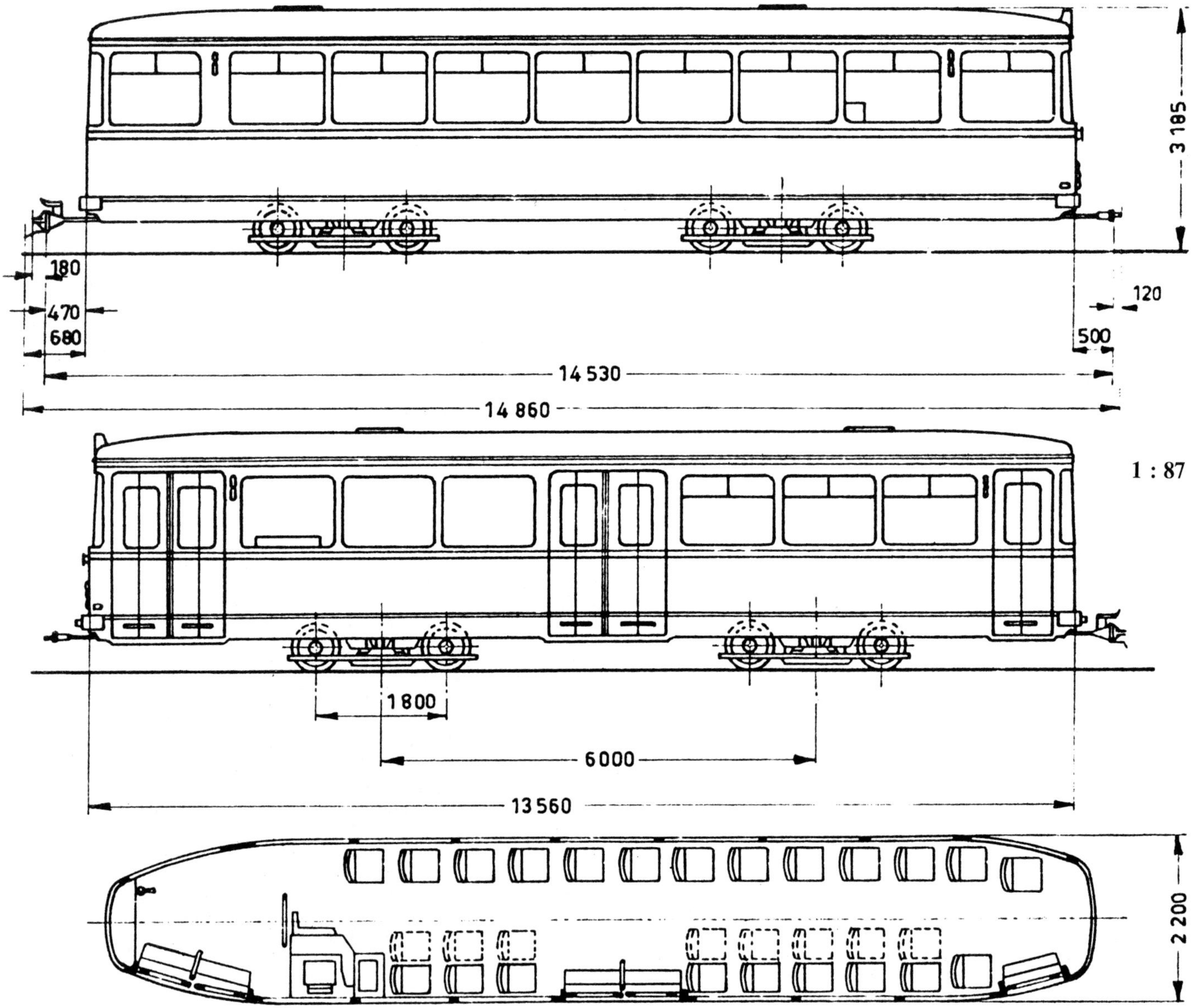
3 185
180
470
680
120
500
14 530
14 860
1 : 87
1800
6000
13 560
2 200

Serie:	*2461-2471*	*Typ:*	*2x 2R*
Baujahr:	*1946-49*	*Firma:*	*Uerdingen*

Bei den 1963/64 von der Bogestra erworbenen Fahrzeugen handelte es sich um KS-Wagen. Wie die Essener Beiwagen 351^{II}-367^{II} wiesen sie die typischen Merkmale dieser Fahrzeuggeneration auf: Länge 10,4 m, Breite 2,2 m, Radstand 3,0 m, 1,50 m breite Schiebetüren und überlange Plattformen. Die Achsen waren über Blattfedern, der Wagenkasten über Schraubenfedern abgefedert. Beim Wagen 2463 war der Wagenkasten allerdings fest am Fahrgestell montiert. Im spartanisch eingerichteten Innenraum befanden sich 16 Sitzplätze. Die Indienststellung bei der EVAG erfolgte zwischen dem 28. November 1963 und dem 14. Februar 1964. Nach ihrer Ausmusterung waren die Beiwagen noch einige Zeit abgestellt, bevor sie zwischen 1969 und 1971, nach dem Ausbau noch wiederverwertbarer Teile, von Fremdfirmen verschrottet wurden.

2461: ex BoGeStra 300 = a (10.6.1967)
2462: ex BoGeStra 303 = a (10.6.1967)
2463: ex BoGeStra 314 = a (8.5.1967)
2464: ex BoGeStra 315 = a (18.8.1967)
2465: ex BoGeStra 326 = a (1.12.1969)
2466: ex BoGeStra 328 = a (11.9.1967)
2467: ex BoGeStra 301 = a (11.9.1967)
2468: ex BoGeStra 302 = a (1.2.1969)
2469: ex BoGeStra 305 = a (11.9.1967)
2470: ex BoGeStra 306 = a (11.9.1967)
2471: ex BoGeStra 307 = a (19.5.1967)

Serie:	*2526-2531*	*Typ:*	*4xGr 1R*
Baujahr:	*1965/66*	*Firma:*	*DÜWAG*

Im Jahre 1966 gelangten noch einmal 13 Beiwagen der DÜWAG nach Essen, davon die Beiwagen 2526-2531 in der Einrichtungsversion. Sie wurden von Anfang an für den schaffnerlosen Betrieb genutzt. Im Gegensatz zur Vorserie (2521-2525) kamen bei ihnen allerdings sofort Neubau-Drehgestelle zum Einbau.
Nachdem sie bis 1977 auf unterschiedlichen Linien verkehrten, lag ihr Einsatzgebiet danach meist auf der Linie 106 (Altenessen - Borbeck), wo sie sowohl hinter Sechsachsern als auch hinter Großraumwagen fuhren. Nachdem die SL 106 im Jahre 1984 auf M-Wagenbetrieb umgestellt worden war, stellte man die verbleibenden Beiwagen 2527, 2529 und 2535 mit Beginn der Osterferien im April 1984 ab. Die drei anderen Beiwagen waren bereits 1983 ausgemustert worden.

2526 = a (1983)
2527 = a (4.1984)
2528 = a (1983)
2529 = a (4.1984)
2530 = a (1983)
2531 = 2535 (1970) = a (4.1984)

Einrichtungsbeiwagen 2535 hinter Triebwagen 1626 am 1. November 1982 in Mülheim am Oppspring. (Giesen)

Serie:	*2556-2562*	*Typ:*	*4xGr 2R*
Baujahr:	*1966*	*Firma:*	*DÜWAG*

Als letzte Bw-Neubauserie kamen im Februar und März 1966 die Wagen 2556-2562 (Zweirichtungsfahrzeuge) nach Essen. Sie waren ebenfalls für den schaffnerlosen Betrieb vorgesehen. Bis zum Jahre 1977 verkehrten sie häufig auf den Linien 7 und 17 (Margarethenhöhe - Gelsenkirchen Hbf), zum Teil sogar hinter sechsachsigen Umbaugelenkwagen der Bogestra (201-205). Dabei wurden sie an den Stadtgrenzen (Trabrennbahn und Kraspothshöhe) abgekuppelt und vom Gegenzug wieder mitgenommen.

Bis 1984 fuhren sie dann wie die meisten Beiwagen fast nur noch auf der Linie 106, die aber im April 1984 auf M-Wagenbetrieb umgestellt wurde. Dies machte die Beiwagen überflüssig. Lediglich der Bw 2556 kam danach noch kurz auf den Linien 103 (März - Juni 1985) und 109 (August - Dezember 1985) zum Einsatz, bevor auch er am 22. Januar 1986 verschrottet wurde.

2556 = a (22.1.1986)
2557 = a (4.1984)
2558 = a (4.1984)
2559 = a (4.1984)
2560 = a (4.1984)
2561 = a (4.1984)
2562 = a (4.1984)

Serie:	*2472-2474*	*Typ:*	*2x 2R*
Baujahr:	*1947 + 1949*	*Firma:*	*Uerdingen*

Bei den letzten von der EVAG in Dienst gestellten Beiwagen handelte es sich um ehemalige Fahrzeuge der Oberhausener Straßenbahn, die in den sechziger Jahren alle ihre Linien auf Omnibusverkehr umstellte. Die drei im Jahre 1965 übernommenen Wagen stammten aus der Serie 401-403 (Baujahr 1947) und 404-405 (Baujahr 1949) und gehörten zum Typ KSW.

Die Fahrzeuge unterschieden sich nur wenig von den bereits vorhandenen KS-Wagen: Länge 10,4 m, Radstand 3,0 m, Gewicht 6,9 t. In Essen war ihnen allerdings kein sehr langer Einsatz mehr beschieden, da sie wegen ihres schlechten Zustandes bereits 1967 bzw. 1968 ausgemustert werden mußten.

2472 = (ex Oberhausen 401) = a (11.1967)
2473 = (ex Oberhausen 403) = a (11.1967)
2474 = (ex Oberhausen 405) = a (3.1967)

Der KSW-Beiwagen 401 dieses Oberhausener Zuges kam 1965 nach Essen und erhielt die Nummer 2472. (Waltking)

4. Arbeitstriebwagen (Meterspur)

Die Arbeitswagen und hierbei insbesondere die Beiwagen werden in vielen Wagenparklisten einfach übergangen oder nur kurz erwähnt. Dabei gibt es hierbei oft sehr interessante Fahrzeuge und Fahrzeuggeschichten.
Obwohl es gerade in Essen sehr schwierig war, die Daten der zahlreichen Wagen zu ermitteln, gelang es doch, die meisten Angaben herauszufinden. Lediglich über den Wagen 1246 konnte nichts in Erfahrung gebracht werden. Wahrscheinlich war die Nummer für einen umgebauten Personenwagen vorgesehen, der dann aber doch ausgemustert wurde.
Aus Gründen der besseren Übersicht sind die Fahrzeuge nicht nach Betriebsnummern geordnet. Da es im Laufe der Jahre vier verschiedene Gruppennummern (5.., 12.., 9.. und 6.., bei den Triebwagen, sowie 77., 13.., 4.. und 7.. bei den Beiwagen) gab, sind die einzelnen Fahrzeuge auch in diesen zusammengefaßt worden, so daß ein Wagen durchaus mehrfach in der Aufstellung auftauchen kann. Falls es sich um einen ehemaligen Personen-Tw handelt, ist unter „ex-Tw“ seine letzte Nummer aufgeführt. Bei einem Neubau ist das Baujahr (B) angegeben, ansonsten das Umbaujahr (U). Angegeben ist jeweils die erste Nummer, die der Wagen als Arbeitsfahrzeug in Essen hatte.

Hersteller der Arbeitsfahrzeuge (Meter- und Normalspur):

DÜWAG	670, 690^II^, 694, 695^II^-696^II^, 697-699, 751
Eigenbau	501, 502, 692, 1250 (Montos-Prototyp)
Falkenried	502^II^, 504-514, 1216-1220, 1222, 1223, 1225-1231, 1233-1242, 1244-1249, 1251, 1252^II^, 1253-1255, 1257, 1345-1348
Fuchs	737-738
Gastell	620, 621, 625-628, 691, 695, 696, 1256
Gmeinder	601^II^
Herbrand	622, 778, 779, 1200^II^
Krupp	1345^II^-1348^II^, 1351, 1352, 1362-1371
Lohmann	1397
Mitteldeutsche Stahlwerke	1221
Orenstein & Koppel	474-477, 482^II^-483^II^, 1354-1361
Reichmann	1202^II^
Schöma	651, 761-763
Schörling	602^II^, 652, 1243
S & K	1258
UEG/Schörling	1224
Union	693
Unkel + Meyer	711^II^, 712
Werkspoor	1250^II^, 1251^II^
Westwaggon	1392-1396

Weyer	1259-1263
Windhoff	613
Fahrzeuge unbekannter Herkunft	503, 515, 1302-1329, 1340-1344, 1349, 1350, 1353-1361, 1372-1391

500-515 (1905-1927)

Die ersten beiden Arbeitswagen stellte die SEG in den Jahren 1905 und 1908 unter den Betriebsnummern 501 und 502 in Dienst. Bei den beiden in eigener Werkstatt gebauten Fahrzeugen handelte es sich um einen Gerätewagen und eine E-Lok. Zuvor hatte man normale Personenwagen für Arbeitszwecke, z. B. als Rangierfahrzeug benutzt.
Als ab 1924 viele Personenwagen der Anfangsjahre (1893-1900) für den Linieneinsatz nicht mehr infrage kamen, baute man zwischen 1924 und 1927 insgesamt 12 Wagen zu Arbeitsfahrzeugen um. Dazu kamen 1924 und 1927 zwei Schienenreinigungswagen als Neubaufahrzeuge. Ihre Herkunft konnte leider bisher nicht geklärt werden.
Im Jahre 1927 wurden dann alle Straßenbahnfahrzeuge der SEG umgenummert. Die Arbeits-Triebwagen erhielten die Nummern 1200...

Nummer	*ex Tw*	*Jahr*	*Art*	*Verbleib*
500		siehe 502		
501	–	1905 (B)	Gerätewagen	= 1201 (1927)
502	–	1908 (B)	E-Lok	= 500 (1924)
502 II	78	1924 (U)	Arbeits-Tw	= 1202 (1927)
503	–	1924 (B)	Schienenreinigungs-Tw	= 1203 (1927)
504	101	1924 (U)	Transportwagen	= 1204 (1927)
505	50	1925 (U)	Arbeits-Tw	= 1205 (1927)
506	49	1925 (U)	Arbeits-Tw	= 1206 (1927)
507	37	1925 (U)	Arbeits-Tw	= 1207 (1927)
508	47	1925 (U)	Arbeits-Tw	= 1208 (1927)
509	89	1926 (U)	Arbeits-Tw	= 1209 (1927)
510	44	1926 (U)	Arbeits-Tw	= 1210 (1927)
511	35	1926 (U)	Arbeits-Tw	= 1211 (1927)
512	85	1926 (U)	Arbeits-Tw	= 1212 (1927)
513	36	1927 (U)	Arbeits-Tw	= 1213 (1927)
514	82	1927 (U)	Arbeits-Tw	= 1214 (1927)
515	–	1927 (B)	Schienenreinigungs-Tw	= 1215 (1927)

1200-1263 (1927-1956)

Im Jahre 1931 nahm man erstmals einen speziellen Fahrschulwagen, umgebaut aus einem ehemaligen Personenwagen, in Betrieb, der erst 1963 vom heutigen Fahrschulwagen 640 abgelöst wurde.
Als Neubau kam 1928 der Kranwagen 1221, gebaut von den Mitteldeutschen Stahlwerken, nach Essen. Dieses Fahrzeug befindet sich nach einem großen Umbau (u. a. Stahl- statt Holzaufbauten im Jahre 1980) als ältestes Fahrzeug der EVAG noch heute im Einsatz.
Den ersten Schleifwagen (1224) erhielt die SEG 1930; er wurde durch Umbau eines OEG-Triebwagens der Baujahre 1897/98 erstellt.
Anfang der dreißiger Jahre wurden außerdem einige der 1924-1927 umgebauten ehemaligen Personenwagen endgültig ausgemustert.
Im März 1944 gelangten aufgrund der „Holland-Aktion" (siehe Reichsleistungsgesetz) drei vierachsige Gütertriebwagen der NBM (59-61) nach Essen. Hiervon war je ein Wagen für die Bogestra (60), die Vestischen Kleinbahnen (61) und die SEG (59) bestimmt. Bei einem schweren Fliegerangriff am 27. März 1944 wurde der Tw 60 jedoch im Betriebshof Grillostraße schwer beschädigt und gelangte erst einige Zeit später zur Bogestra. Im Juli 1944 stellte die SEG den Tw 59 nach erfolgten Umbauten unter der Nummer 1250^{II} in Dienst und lieh ihn von Oktober 1944 bis Februar 1945 nach Mülheim aus. 1946 kaufte man von den Vestischen Kleinbahnen den Wagen 61, der dort nie in Betrieb genommen wurde. Nach einigen Umbauten konnte er am 4. Mai 1946 als A-Tw 1251^{II} in Betrieb genommen werden.
Im Jahre 1955 erwarb man von der Bogestra den Schleifwagen 616 (Essen 1258), verschrottete ihn aber schon 1963.
Fünf weitere Fahrzeuge kaufte die EVAG 1956 bei der Remscheider Straßenbahn und nahm sie als Arbeitsfahrzeuge 1259-1263 in Betrieb.
1956 erfolgte eine erneute Umnumerierung aller Arbeitswagen.

Nummer	*ex Tw*	*Jahr*	*Art*	*Verbleib*
1200	–	1908 (B)	E-Lok	= 1232 (1931) = a (ca. 1940)
1200^{II}	670	1931 (U)	Lehrwagen	= 971 (1956)
1201	–	1905 (B)	Gerätewagen	= K (3.1943)
1202	78	1924 (U)	Arbeits-Tw	= a (1945)
1202^{II}	–	1947 (B)	E-Lok	= 972 (1956)
1203	–	1924 (B)	Schienenreinigungs-Tw	= 974 (1956)
1204	101	1924 (U)	Transportwagen	= 979 (1956)
1205	50	1925 (U)	Arbeits-Tw	= a (ca. 1931)
1206	49	1925 (U)	Arbeits-Tw	= a (ca. 1931)
1207	37	1925 (U)	Arbeits-Tw	= a (ca. 1931)
1208	47	1925 (U)	Arbeits-Tw	= a (ca. 1931)

Der Fahrschulwagen 1200 entstand Anfang der dreißiger Jahre aus dem Personentriebwagen 670 und war bis 1964 im Einsatz, ehe er durch den vierachsigen Großraumwagen 670 (jetzt 640) abgelöst wurde. (Archiv EVAG)

Diesen Schienenreinigungs-Triebwagen stellte die SEG 1927 in Dienst. Seine Herkunft konnte bisher nicht geklärt werden. Die Aufnahme stammt aus den dreißiger Jahren. (Archiv EVAG)

Nummer	ex Tw	Jahr	Art	Verbleib
1209	89	1926 (U)	Arbeits-Tw	= a (ca. 1931)
1210	44	1926 (U)	Arbeits-Tw	= a (ca. 1931)
1211	35	1926 (U)	Arbeits-Tw	= a (ca. 1931)
1212	85	1926 (U)	Arbeits-Tw	= a (ca. 1931)
1213	36	1927 (U)	Arbeits-Tw	= a (ca. 1931)
1214	82	1927 (U)	Arbeits-Tw	= a (ca. 1931)
1215	–	1927 (B)	Schienenreinigungs-Tw	= a (1954)
1216	80	1928 (U)	Arbeits-Tw	= a (1931)
1217	87	1928 (U)	Arbeits-Tw	= K (12.1944)
1218	115	1928 (U)	Arbeits-Tw	= K (1945)
1219	93	1928 (U)	Arbeits-Tw	= a (1931)
1220	77	1928 (U)	Arbeits-Tw	= a (1931)
1221	–	1928 (B)	Kranwagen	= 973 (1956)
1222	602	1929 (U)	Arbeits-Tw	= a (1954)
1223	81	1929 (U)	Arbeits-Tw	= 1236 (1930) = a (1948)
1224	?	1930 (U)	Schleifwagen	= 976 (1956)
1225	649	1930 (U)	Arbeits-Tw	= a (1945)
1226	646	1930 (U)	Reklame-Tw	= a (1956)
1227	652	1930 (U)	Transport-Tw	= a (1956)
1228	651	1930 (U)	Transport-Tw	= a (1956)
1229	661	1930 (U)	Arbeits-Tw	= a (1954)
1230	658	1930 (U)	Arbeits-Tw	= a (1938)
1231	67	1931 (U)	Arbeits-Tw	= a (1938)
1232		siehe 1200		
1233	642	1931 (U)	Arbeits-Tw	= a (1954)
1234	645	1931 (U)	Arbeits-Tw	= a (1938)
1235	601	1931 (U)	Sandwagen	= a (1956)
1236		siehe 1223		
1237	624	1935 (U)	Sandwagen	= a (1956)
1238	662	1935 (U)	Arbeits-Tw	= a (1948)
1239	632	1936 (U)	Arbeits-Tw	= a (1948)
1240	615	1936 (U)	Arbeits-Tw	= a (1948)
1241	609	1937 (U)	Arbeits-Tw	= a (1954)
1242	618	1937 (U)	Arbeits-Tw	= a (1948)
1243	–	1937 (B)	Schienenreinigungs-Tw	= 975 (1956)

Der Schienenkran 1221 (heute 610) ist das älteste Fahrzeug im Einsatzbestand der EVAG (Baujahr 1928). Die Aufnahme zeigt ihn Anfang der dreißiger Jahre. (Archiv EVAG)

Der Schleifwagen 1224 wurde 1930 auf der Basis eines UEG-Fahrgestells erbaut und erst 1963 durch den jetzigen Schörling-Schleifwagen 612 (ex 602) ersetzt. (Archiv EVAG)

Nummer	*ex Tw*	*Jahr*	*Art*	*Verbleib*
1244	631	1937 (U)	Arbeits-Tw	= K (3.1944)
1245	633	1937 (U)	Arbeits-Tw	= a (1945)
1246	?	?	?	= ?
1247	607	1937 (U)	Arbeits-Tw	= a (1955)
1248	608	1937 (U)	Arbeits-Tw	= a (1955)
1249	664	1937 (U)	Arbeits-Tw	= K (3.1943)
1250	616	1932 (B)	Montos-Prototyp	= U 505 (1934)
1250^{II}	NBM 59	1912 (B)	4x Güterwagen	= 980 (1956)
1251	625	1937 (U)	Arbeits-Tw	= K (3.1943)
1251^{II}	NBM 61	1912 (B)	4x Güterwagen	= a (1955)
1252	665	1944 (U)	Arbeits-Tw	= a (1945)
1252^{II}	612	1948 (U)	Weichenreinigungs-Tw	= 989 (1956)
1253	617	1948 (U)	Arbeits-Tw	= 988 (1956)
1254	629	1948 (U)	Arbeits-Tw	= a (1956)
1255	643	1948 (U)	Weichenreinigungs-Tw	= 986 (1956)
1256	619^{II}	1955 (U)	Arbeits-Tw	= 987 (1956)
1257	598^{II}	1956 (U)	Entstörungs-Tw	= 985 (1956)
1258	BO 616	1951 (B)	Schleifwagen (Ankauf 1955)	= 977 (1956)
1259	RS 39	1925 (B)	Reklame-Tw	= 978 (1956)
1260	RS 34	1921 (B)	Arbeits-Tw	= 981 (1956)
1261	RS 33	1921 (B)	Arbeits-Tw	= 982 (1956)
1262	RS 36	1925 (B)	Arbeits-Tw	= 983 (1956)
1263	RS 37	1925 (B)	Arbeits-Tw	= 984 (1956)

RS ex Remscheid (1956)
BO ex Bogestra (1955)
NBM ex Nederlandsche Buurtspoorweg Maatschappij, Zeist (1944)

Der während des Zweiten Weltkrieges aus Holland übernommene Gütertriebwagen 1250^{II} beim Transport von Sandloren an der Freiheit (1959). (Sammlung Giesen)

971-989 (1956-1960)

In den Jahren 1956 bis 1960 erfolgte die Ausmusterung von 10 Arbeitstriebwagen, so daß der Bestand auf 9 zusammenschrumpfte. Mit dem Arbeitswagen 979 war auch der letzte Wagen aus dem vorigen Jahrhundert (ex Tw 101, Baujahr 1899) dabei.

Die 1956 von Remscheid übernommenen fünf Triebwagen kamen in Essen nur noch für Werkstattfahrten zum Einsatz. Gebaut wurde der abgebildete Triebwagen 984 im Jahre 1925 von der Firma Weyer. (Archiv EVAG)

Nummer	*ex Tw*	*Jahr*	*Art*	*Verbleib*
971	670	1931 (U)	2x Lehrwagen	= 671 (7.1960)
972	–	1947 (B)	E-Lok	= 690 (7.1960)
973	–	1928 (B)	Kranwagen	= 610 (7.1960)
974	–	1927 (B)	Schienenreiniger	= a (1959)
975	–	1937 (B)	Schienenreiniger	= 600 (7.1960)
976	–	1930 (B)	Schleifwagen	= 601 (7.1960)
977	BO 616	1951 (B)	Schleifwagen	= 602 (7.1960)
978	RS 39	1925 (B)	Reklame-Tw	= 660 (7.1960)
979	101	1924 (U)	Transportwagen	= a (1958)
980	NBM 59	1912 (B)	4x Güterwagen	= a (7.1959)
981	RS 34	1921 (B)	Arbeits-Tw	= a (1960)
982	RS 33	1921 (B)	Arbeits-Tw	= 624 (7.1960)
983	RS 36	1925 (B)	Arbeits-Tw	= 623 (7.1960)
984	RS 37	1925 (B)	Arbeits-Tw	= a (1960)
985	598^{II}	1952 (U)	Entstörungs-Tw	= a (1959)
986	643	1937 (U)	Schweiß-Tw	= a (1959)
987	619^{II}	1955 (U)	Schweiß-Tw	= a (1959)
988	617	1937 (U)	Arbeits-Tw	= a (10.1956)
989	612	1937 (U)	Arbeits-Tw	= a (10.1956)

600...699 (ab 1960)

Ab 1960 erhielten alle Personenwagen vierstellige Nummern. Gleichzeitig sah man für die Arbeits-Tw den Bereich 600 ... 699 vor.

Bis auf den Kranwagen 610 (Baujahr 1928) musterte man alle Vorkriegsfahrzeuge in den sechziger Jahren aus. Neu kamen 1963 der Schleifwagen 602^{II} und der vierachsige Fahrschulwagen 670 hinzu. Letzterer entstand aus dem 4xGr-Tw 1535 und ist somit der letzte noch im aktiven Einsatz befindliche Großraumwagen in Essen. Gleichzeitig löste der Wagen 670 den alten Fahrschulwagen 1200 aus dem Jahre 1931 ab.

Seit Anfang der siebziger Jahre dienen neben den drei zuvor genannten Fahrzeugen noch fünf Aufbauwagen (Baujahre 1948ff.) als Arbeitswagen für Rangierdienste, Schienentransporte, Enteisungsfahrten usw. Der Tw 614 ist mit Ballast ausgerüstet und ersetzt so die frühere E-Lok 690.

Von der OEG übernahm man außerdem 1974 die Diesellok 01 (= EVAG 601 bzw. 611), um den Ausbau auf noch nicht elektrifizierten Tunnelstrecken durchführen zu können.

Als einzigen echten Neubau lieferte die Windhoff AG in Rheine 1985 einen Schienenkran nach Essen. Er besitzt einige spezielle Eigenschaften: Einsetzbar durch den Tausch der Drehgestelle sowohl auf Meter- als auch auf Normalspur, durch einen eigenen Dieselmotor (Höchstgeschwindigkeit 15 km/h) kann er im Baustellenbereich selbsttätig arbeiten und dieselelektrisch fahren. Zum Arbeitsort wird er mit einem Arbeitstriebwagen oder der Diesellok überführt. Insgesamt besitzt die EVAG 1991 noch zehn Dienst- und Arbeitstriebwagen für die Meterspur.

Nummer	*ex Tw*	*Jahr*	*Art*	*Verbleib*
600	–	1937 (B)	Schienenreiniger	= a (1970)
601	–	1930 (B)	Schleifwagen	= a (1963)
601II	OEG 01	1953 (B)	Diesellok	= 611 (1982)
602	BO 616	1951 (B)	Schleifwagen	= a (1963)
602II	–	1963 (B)	Schleifwagen	= 612 (1.1980)
610	–	1928 (B)	Krantriebwagen	=
611		siehe 601II		
612		siehe 602II		
613	–	1985 (B)	Schienenkran	
614		siehe 694		
615		siehe 695II		
616		siehe 696II		
617		siehe 697		
618		siehe 698		
620	763II	1960 (U)	Arbeits-Tw	= a (1962)
621	786II	1960 (U)	Arbeits-Tw	= a (1962)
622	787II	1960 (U)	Arbeits-Tw	= a (1961)
623	RS 36	1925 (B)	Arbeits-Tw	= a (1962)
624	RS 33	1921 (B)	Arbeits-Tw	= a (1962)
625	669II	1960 (U)	Arbeits-Tw	= a (1961)
626	670II	1960 (U)	Arbeits-Tw	= a (1961)
627	671II	1960 (U)	Arbeits-Tw	= a (1961)
628	672II	1960 (U)	Arbeits-Tw	= a (1961)
640		siehe 670		
660	RS 36	1925 (B)	Reklame-Tw	= a (1961)
670	1535	1963 (U)	4x Lehrwagen	= 640 (1.1980)
671	670	1931 (U)	2x Lehrwagen	= a (1964)
690	–	1947 (B)	E-Lok	= a (1970)
691	1121	1966(U)	Arbeits-Tw	= a (1969)

Nummer	*ex Tw*	*Jahr*	*Art*	*Verbleib*
692	1120	1966 (U)	Arbeits-Tw	= a (1969)
693	1122	1966 (U)	Arbeits-Tw	= a (1967)
694	1405	1970 (U)	Arbeits-Tw	= 614 (1.1980)
695	1107	1968 (U)	Arbeits-Tw	= a (1971)
695^{II}	1428	1974 (U)	Arbeits-Tw	= 615 (1.1980)
696	1151	1967 (U)	Arbeits-Tw	= a (1971)
696^{II}	1431	1974 (U)	Arbeits-Tw	= 616 (1.1980)
697	1403	1970 (U)	Arbeits-Tw	= 617 (1.1980)
698	1408	1969 (U)	Arbeits-Tw	= 618 (1.1980)
699	1407	1970 (U)	Arbeits-Tw	= a (1973)

OEG = ex Oberrheinische Eisenbahn-Gesellschaft, Mannheim (1974)

Arbeitstriebwagen 694 mit vierachsigem Güterwagen 742 sowie Schleifwagen 602, aufgenommen 1977 vor der Hauptwerkstatt Schweriner Straße. (Ahlbrecht)

Typenbilder der Arbeitstriebwagen nach einer Übersicht von 1957 (Archiv EVAG)

① Lehrwagen 1908

Wag. Nr. 971

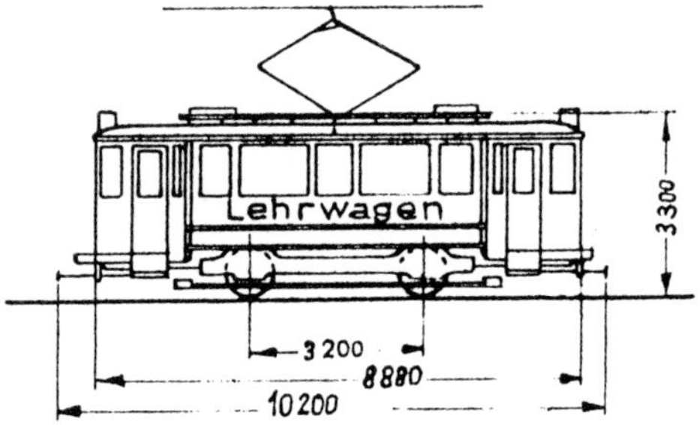

Motor: Du 531 a
Fahrschalter: EF 52, OL. ohne Sh.
Gewicht: 13 500 kg.

② Elektr. Lok 1947

Wag. Nr. 972

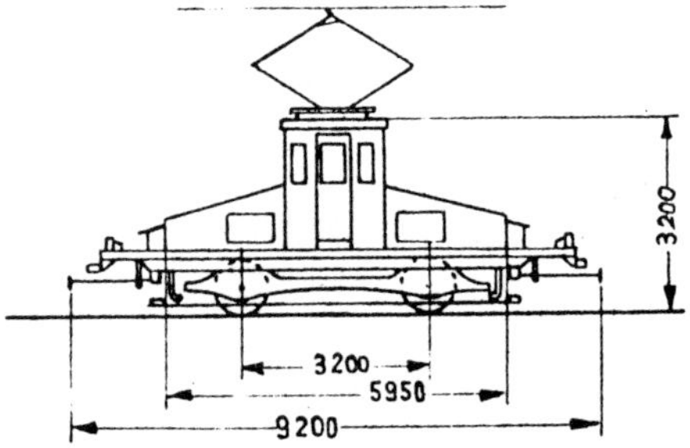

Motor: Sb. 51
Fahrschalter: EF 1/43
Gewicht: 19 170 kg.

③ Kranwagen 1928

Wag. Nr. 973

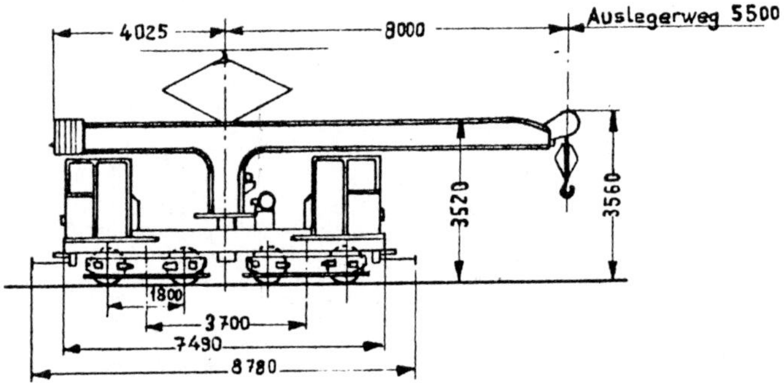

Motor: Db 651 a
Fahrschalter: OF 95
Gewicht: 32 500 kg.
Tragfähigkeit: 1200 kg. bei 13,5 m Ausladung
1600 kg. bei 8,0 m "

④ Schienenreinigungswagen 1928

Wag. Nr. 974

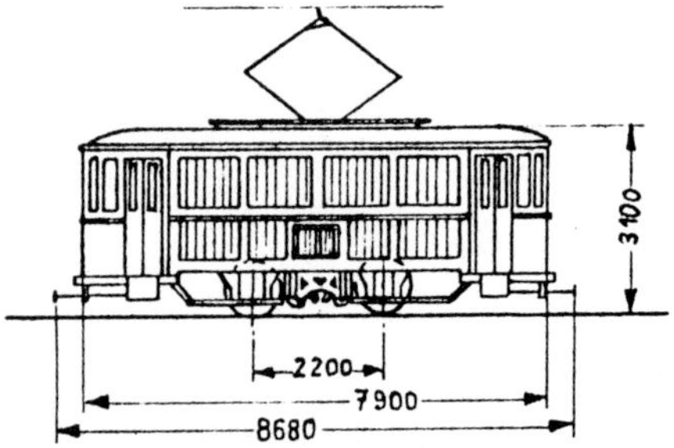

Motor: D 58 we
Fahrschalter: S. mit Sh.
Gewicht: 13 300 kg.

(5) Schienenreinigungswagen 1937

Wag. Nr. 975

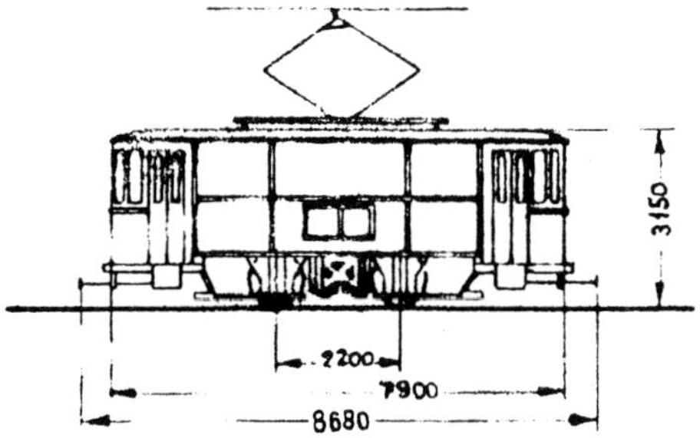

Motor: .... Db 651 a
Fahrschalter: OL ohne Sh.
Gewicht: 13680 kg.

(6) Schienenschleifwagen 1901

Wag. Nr. 976

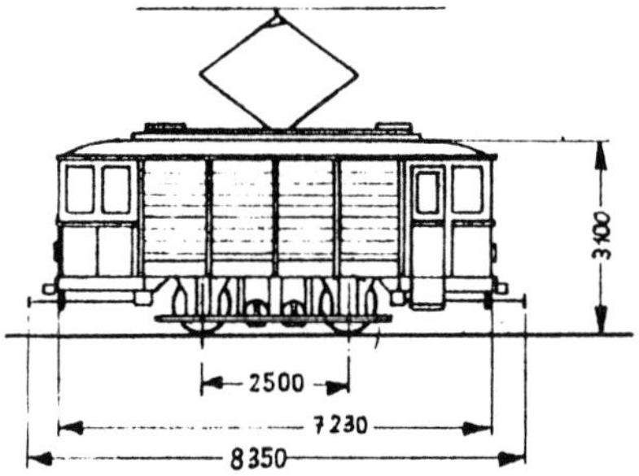

Motor: .... Db 651
Fahrschalter: ... OL. ohne Sh.
Gewicht: .... 10400 kg.

(7) Schienenschleifwagen 1950

Wag. Nr. 977

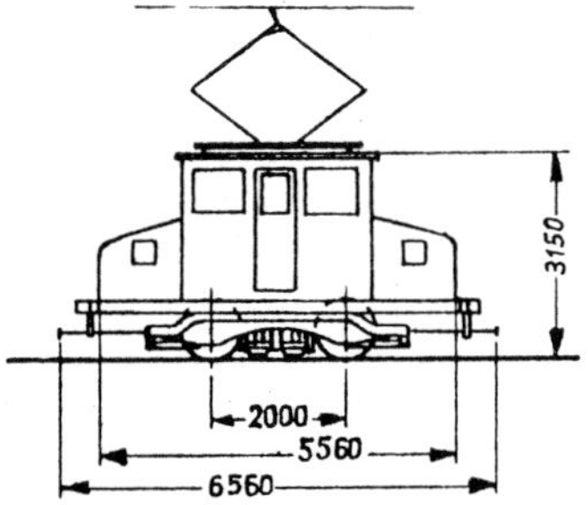

Motor: .... Db 651
Fahrschalter: ... OL. ohne Sh.
Gewicht: .... 10700 kg.

(8) Reklamewagen * 1956

Wag. Nr. 978

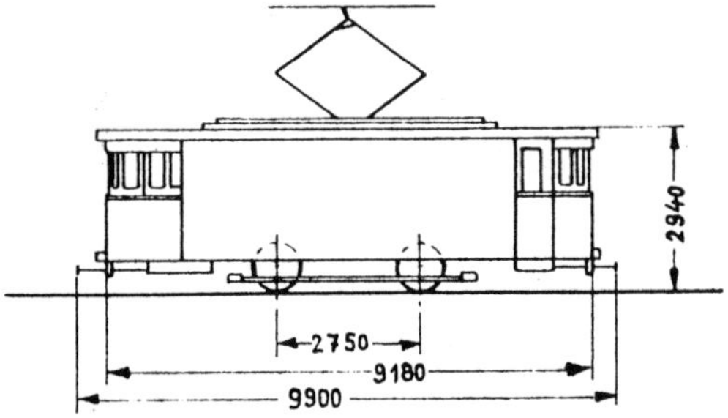

Motor: .... UK 523 a
Fahrschalter: ... FBH v Sp. 21
Gewicht: .... ~ 13500 kg.

* von Stadtwerke Remscheid übernommen.

(9) Transportwagen 1899

Wag. Nr. 979

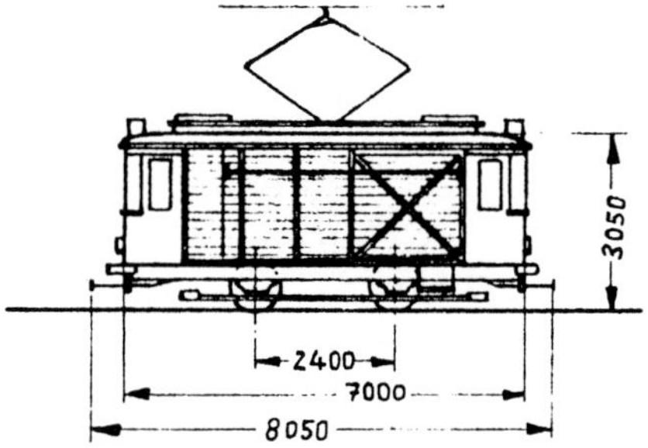

Motor: GEH. 58
Fahrschalter: B 28
Gewicht: 10 500 kg.

(10) 4 achs. Güterwagen 1944

Wag. Nr. 980

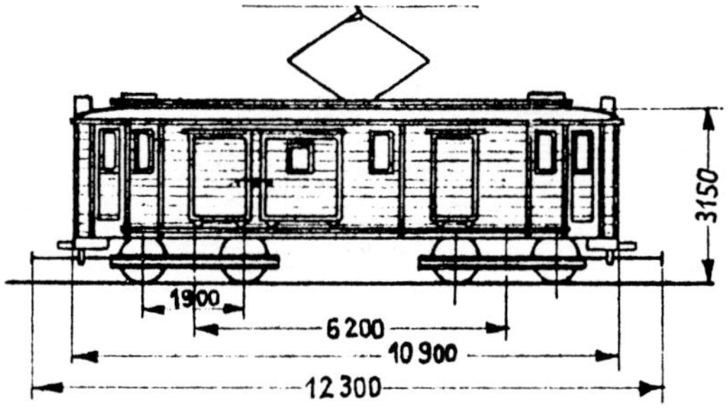

Motor: OS. /11
Fahrschalter: DK. 3
Gewicht: 20 500 kg.

1957 abgestellt.

(11) Arbeitswagen * 1956

Wag. Nr. 981

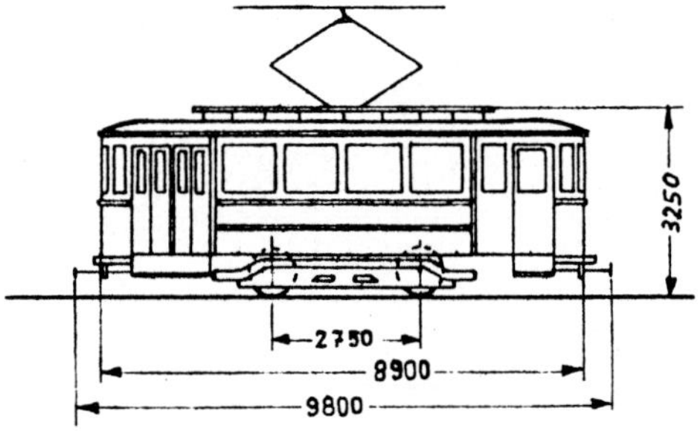

Motor: Uk 523 a
Fahrschalter: FBHv Sp 21
Gewicht: 13 530 kg.

* von Stadtwerke Remscheid übernommen

(12) Arbeitswagen * 1956

Wag. Nr. 982, 983, 984

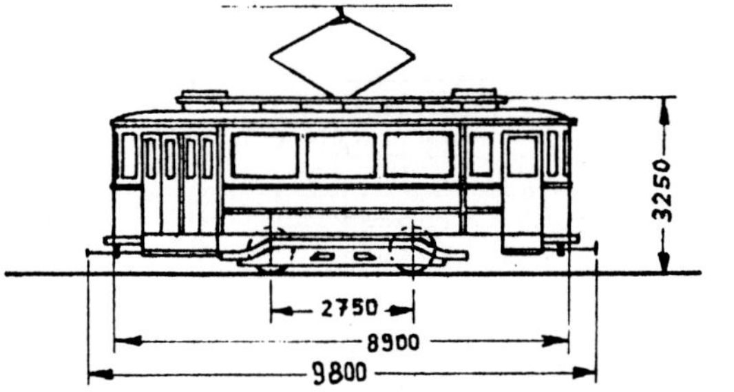

Motor: UK 523 a
Fahrschalter: FBHv Sp 21, OSCR 122
Gewicht: 13 700, 14170 kg.

* von Stadtwerke Remscheid übernommen.

⑬ Arbeitswagen 1911

Wag. Nr. 985

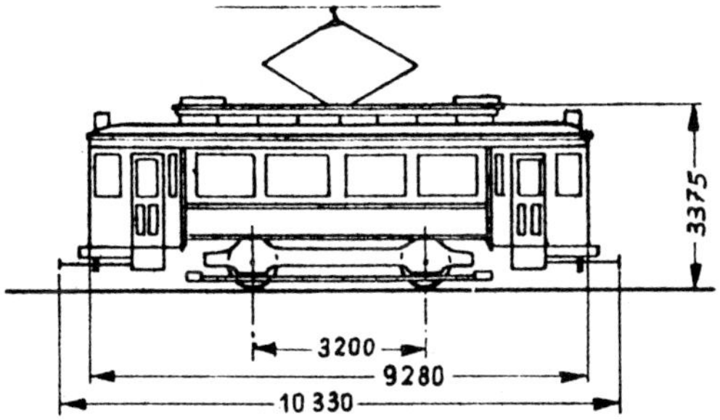

Motor: Db 651
Fahrschalter: DL. ohne Sh.
Gewicht: 12 000 kg.

⑭ Schweißwagen 1900

Wag. Nr. 986

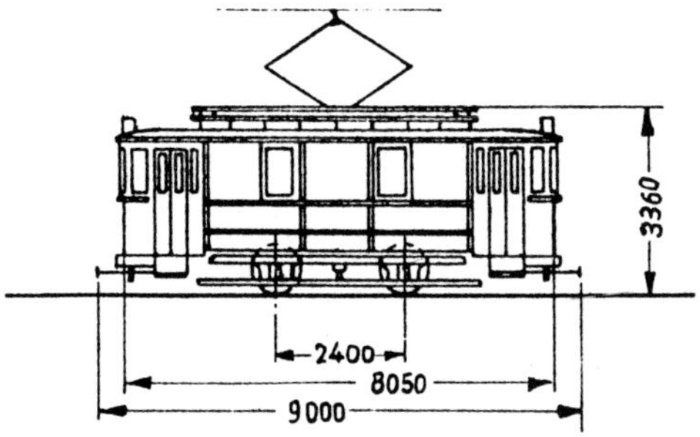

Motor: GEH 58
Fahrschalter: B 28
Gewicht: 10 500 kg.

⑮ Entstörungswagen 1898

Wag. Nr. 987

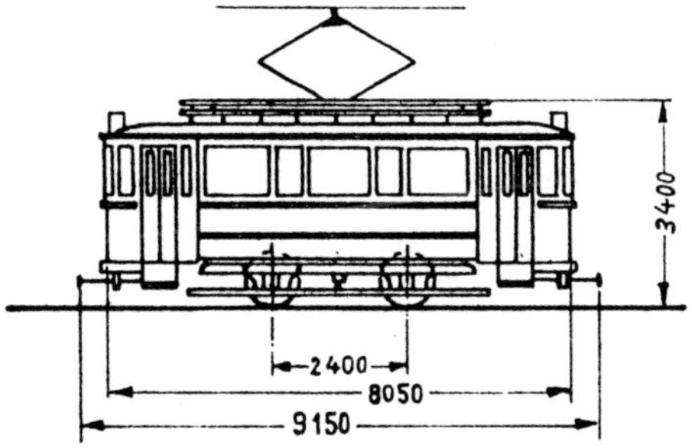

Motor: GEH 58
Fahrschalter: B 8
Gewicht: 10 500 kg.

1957 abgestellt.

Die E-Lok 690 mit drei Muldenkippern beim Streckenausbau im U-Bahnhof Saalbau 1967. (Van Heekern/Archiv EVAG)

5. Dampflokomotiven (Meterspur)

11 - 13

Nummer	Hersteller	Fabr.-Nr.	Gewicht (kg)	Länge (m)	Leistung (PS)	Anlieferung	Rückgabe
11 (ex 31)	Jung, Jungenthal	770	13.190	5,07	160	20. 4. 1944	10. 1948
12 (ex 33)	Orenstein & Koppel, Berlin	1048	14.964	5,45	140	20. 4. 1944	10. 1948
13 (ex 190)	Saint Leonhard, Liège	1381	16.264	5,25	125	19. 5. 1944	10. 1948

Die Betriebsnummern in Klammern beziehen sich auf die Ursprungsnummern in Belgien.

Am 5. März 1943 gingen sehr große Bombenangriffe auf Essen nieder und legten vor allem auch die Straßen der Innenstadt in Trümmer. Damit wurde der Straßenbahnverkehr durch die Kettwiger und Viehofer Straße unmöglich. Die Straßenbahnlinien benutzten die Strecken westlich und östlich der Innenstadt auf der Hindenburgstraße und der Schützenbahn. Hieran änderte sich auch später nichts mehr, so daß die „Altstadtlinie" nie wieder in Betrieb kam.

In die Abfuhr der gewaltigen Schuttmassen schalteten die zuständigen Behörden bereits frühzeitig die Straßenbahn ein. Hierzu mußten Ladestellen und Kippstellen eingerichtet werden, und es waren geeignete Fahrzeuge zu beschaffen, vor allem fahrdrahtunabhängige Lokomotiven sowie Güterwagen. Dies war unter den Bedingungen der Kriegszeit nicht einfach.

Zunächst sollte die Dampflok 103 der Nebenbahn Zell - Todtnau, der einzigen meterspurigen Nebenbahn der SEG, nach Essen kommen. Sie wurde jedoch kurzfristig zum Kriegseinsatz in die Ukraine abgegeben.
Schließlich gelang es der SEG, in Belgien drei Dampflokomotiven und 8 Güterwagen zu erwerben.

Die Dampflokomotiven stammten von der belgischen Baufirma Dumont & Van der Vin in Brüssel und befanden sich in Villebrocke bei Antwerpen. Es handelte sich um zweiachsige Naßdampf-Tenderlokomotiven mit einer Leistung von 125 bis 160 PS und einem Dienstgewicht von rund 13-16 Tonnen. Die Hersteller sind in der Übersicht aufgeführt.

Die Dampflok Nr 11 bei der ersten Ausfahrt für den Personenverkehr im Betriebshof Kruppstraße am 5. Mai 1944. (Sammlung Sommer)

Ursprünglich wollte die SEG vier Lokomotiven erwerben. Dies gelang ihr jedoch nicht, da die verfügbaren Lokomotiven nach „kriegswirtschaftlichen“ Gesichtspunkten zugeteilt wurden und die Wehrmacht bzw. die Luftwaffe Vorrang hatten. So blieb es für die SEG bei nur drei Lokomotiven.

Die Lokomotiven erhielten die Betriebsnummern 11 - 13 und wurden im Betriebshof Kruppstraße stationiert. Sie beförderten die Schuttzüge auf der Haarzopfer Strecke zur Kippe am Steinbachgrund und am Fängershof.

Die Straßenbahnlinie fuhr zu jener Zeit nur bis zur Humboldtstraße. Dort endete die Oberleitung. Die anschließende, für den Schutt- und Aschetransport während des Krieges begonnene Güterstrecke nach Haarzopf und zum Flughafen besaß keine Oberleitung und wurde bis zum Kriegsende auch gleismäßig nicht mehr ganz fertiggestellt. Erst 1950 gelang es, die Oberleitung bis nach Haarzopf auszudehnen. Die Gleisbauarbeiten im restlichen Streckenstück zum Flughafen wurden nicht mehr wiederaufgenommen.

Die Dampflokomotiven wurden zeitweise auch zur Beförderung von Personenzügen eingesetzt, die auf der Kruppstraße, wo die Oberleitung zerstört war, zwischen Hauptbahnhof und Wickenburg verkehrten. Der ständige Kohlenmangel behinderte die Einsätze der Dampflokomotiven fortwährend.

In verschiedenen Unterlagen ist noch von einer weiteren Dampflok die Rede. Hierbei handelt es sich um die Lok der Mülheimer Straßenbahn, die mit dem zugehörigen Mülheimer Personal von Oktober 1944 bis Februar 1945 nach Essen ausgeliehen war, um die Strecke Zeche Humboldt - Hobeisenbrücke zu bedienen.

Mit der Rückgabe der Dampflokomotiven an die belgische Baufirma im Oktober 1948 endete der Dampflokeinsatz. Da die endgültige Fertigstellung der Strecke zum Flughafen Essen-Mülheim unterblieb, hatten die Dampflokomotiven ihren gedachten Einsatzzweck nur teilweise erfüllen können.

Die Schuttbeförderung verlagerte sich ohnehin nach Kriegsende mehr und mehr zum Lkw und in Bereiche, in denen keine Straßenbahnstrecken lagen, so daß die SEG diesen Verkehr 1952 aufgab.

6. Arbeitstriebwagen (Normalspur):

651, 652, 654 (ab 1975)

Für die im Mai 1977 in Betrieb genommene erste normalspurige Stadtbahnstrecke „Essen/Wiener Platz - Mülheim/Heißen Kirche“ kaufte man 1975 eine zweiachsige dieselhydraulische Lok bei der Firma Schöma. Den Schleifwagen 652 erwarb die EVAG im Deutschen Straßenbahnmuseum Hannover, wo der ehemalige Münchener Wagen 2902 in verhältnismäßig gutem Zustand verkäuflich war. Das Museum erhielt die Zusage, daß das Fahrzeug nach seiner Ausmusterung wieder dem Museum angeboten wird.
Ferner gehört auch noch der ehemalige Rheinbahn-Tw 390 (= Essen 690 bzw. 654) zum Einsatzbestand, der als Arbeits- und Schlepptriebwagen dient und mit einer Druckluft-Versorgungsanlage für luftgebremste Güterwagen, sowie mit einem zweiten Stromabnehmer für Enteisungszwecke ausgerüstet wurde.

Die normalspurige Diesellokomotive Nr. 651 mit zwei Bundesbahn-Schotterwagen (von der Gleisbaufirma leihweise eingesetzt) beim Streckenausbau auf der Kruppstraße im November 1975. (Ahlbrecht)

Nummer	*ex Tw*	*Jahr*	*Art*	*Verbleib*
651	–	1975 (B)	Diesellok	
652	M 2902	1955 (B)	Schleifwagen	
654		siehe 690		
690	D 390	1950 (B)	Arbeitswagen	= 654 (1.1980)

M = ex München (1977)
D = ex Düsseldorf (1976)

Der Schleifwagen 652 stammt ursprünglich aus München, befand sich zuletzt aber im Straßenbahnmuseum Hannover. Seit 1976 ist er jetzt in Essen unterwegs. (Ahlbrecht)

Der von der Rheinbahn Düsseldorf erworbene Aufbauwagen 654 auf dem Gelände der Hauptwerkstatt im Jahre 1989. (Giesen)

7. Arbeitsbeiwagen (Meterspur):

Leider ließen sich bei den meterspurigen Arbeitsbeiwagen bis jetzt noch nicht alle Daten klären. So fehlen z. B. viele Angaben der Serie 1300-1397. Ebenso wie bei den Triebwagen wurde die Auflistung nach Gruppen-Nummern erstellt. Dabei gab es folgende Gruppen: 778-779, 13.. ff, 4.. ff und 7.. ff.
Die 1976 für den Streckenausbau im Tunnel von der OEG angemieteten zweiachsigen Schotterwagen 737 und 738 sind in Kapitel 9 aufgeführt.

778-779 (1906-1927)

Als erste Arbeitsbeiwagen kamen 1906 die beiden Trichterwagen 778 und 779 von der Oberrheinischen Eisenbahn-Gesellschaft (OEG) nach Essen. Sie erhielten bei der großen Umnumerierung im Jahre 1927 wahrscheinlich die Nummern 1300 und 1301. Sehr wahrscheinlich kam auch der OEG-Trichterwagen 777 nach Essen. Sein Verbleib konnte nicht endgültig geklärt werden. Er war im Jahre 1915 bereits nicht mehr im Bestand der SEG.
Weitere Arbeitswagennummern aus der Zeit vor 1927 konnten nicht ermittelt werden. Sicher ist nur, daß einige Sommerbeiwagen als Transportloren dienten.

Nummer	*Baujahr*	*Art*	*Verbleib*	*Bemerkung*
778	1894	Trichterwagen	= 1300 (1927)	ex OEG 778
779	1894	Trichterwagen	= 1301 (1927)	ex OEG 779

1300-1397 (1927-1956)

Bei den Arbeitsfahrzeugen der Serie 1300-1397 handelt es sich meist um Salz-, Kipp- und Flachloren sowie um Güterwagen.
Im Krieg dienten dazu noch einige ehemalige Personenbeiwagen als Gemüse-Beiwagen. Um die Schuttmengen ab 1943/44 zu bewältigen, waren auch Loren der SNCV (Belgien) in Essen im Einsatz. Ihre Einnumerierung erfolgte in Lücken, die durch Ausmusterung oder Kriegseinwirkungen entstanden waren. Auch bei der NBM in den Niederlanden beschlagnahmte Güterwagen gelangten im März 1944 nach Essen. Hierbei handelte es sich um 3 offene 10-t-Güterwagen der NBM-Serie 151-160 (Rest zur Bogestra bzw. zu den Vestischen Kleinbahnen), sowie um die beiden 10-t-Güterwagen 141 und 143. Diese 5 Wagen erhielten in Essen die Betriebsnummern 1311^{II}-1315^{II}. Die ebenfalls für die SEG bestimmten geschlossenen Güterwagen 31-35 und die beiden offenen 8-t-Güterwagen 101 und 104 gelangten, bedingt durch die Kriegseinflüsse, nicht mehr ins Ruhrgebiet.

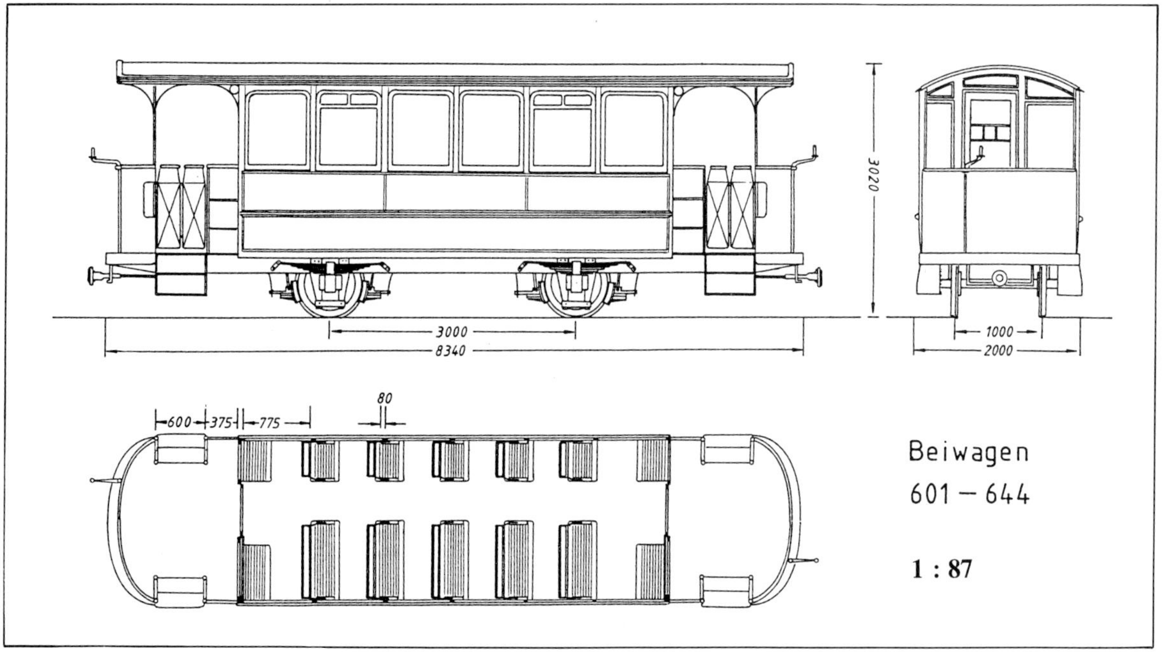

1938/39 übernahm die SEG aus Wiesbaden 10 Personenbeiwagen (Sommerwagen, Baujahr 1901, Serie 601-629) und baute sie zu Flachloren (1330-1339), bzw. ab 1941 zu Gemüse-Beiwagen (1335-1339) um, ebenso wie die ehemaligen Beiwagen 99, 100, 102 und 107 (1345-^{II}-1348^{II}).

Die Muldenkipper 1345-1348 benutzte man für den die Schuttabfuhr aus dem Gelände des Rheinisch-Westfälischen Elektrizitätswerks (RWE) an der Altenessener Straße. Die Mulden hatte die Firma Hochtief leihweise zur Verfügung gestellt.

Alle noch verbleibenden Arbeitsloren wurden 1956 in 450-499 umgenummert.

Nummer	*Baujahr*	*Art*	*Verbleib*	*Bemerkung*
1300	1894	Trichterwagen	= a bis 1942	
1301	1894	Trichterwagen	= a bis 1942	
1302	?	Holzkastenwagen	= ?	
1303	?	Holzkastenwagen	= a (1951/52)	
1304	?	Holzkastenwagen	= a bis 1942	
1305	?	Holzkastenwagen	= a bis 1942	
1306	?	Holzkastenwagen	= a bis 1942	
1307	?	Holzkastenwagen	= a (1951/52)	
1308	1919	Salzlore	= a (1956)	
1308^{I}		Holzkastenwagen		
1309	1919	Salzlore	= K (3.1944)	
1310	1919	Salzlore	= 491 (10.1956)	
1311	?	?	= a bis 1942	
1312	?	Holzkastenwagen	= a bis 1942	

Beim Bau der Gleis- und Fahrleitungsanlagen in der erweiterten Hauptbahnhofs-unterführung diente der Holzkasten - Güterwagen 1308 als provisorischer Turmwagen. (Archiv EVAG)

Nummer	*Baujahr*	*Art*	*Verbleib*	*Bemerkung*	
1313	?	?	= a bis 1942		
1314	?	?	= a bis 1942		
1315	?	?	= a bis 1942		
1311^{II}	?	10-t-Güterwagen	= a (1951/52)	ex NBM 152	
1312^{II}	?	10-t-Güterwagen	= a (1951/52)	ex NBM 153	
1313^{II}	?	8-t-Güterwagen	= a (1951/52)	ex NBM 143	
1314^{II}	?	8-t-Güterwagen	= a (1951/52)	ex NBM 141	
1315^{II}	?	10-t-Güterwagen	= (1951/52)	ex NBM ?	
1316	?	?	= ?		
1317	1908	Salzlore	= 478 (10.1956)		
1318	1908	Salzlore	= 479 (10.1956)		
1319	1908	Salzlore	= 480 (10.1956)		
1320	1908	Salzlore	= a (bis 1944)		
1321	1908	Salzlore	= a (bis 1944)		
1322	1908	Salzlore	= 481 (10.1956)		
1323	1908	Salzlore	= 482 (10.1956)		
1324	1908	Salzlore	= a (1951/52)		
1325	1908	Salzlore	= 483 (10.1956)		
1326	1908	Salzlore	= 484 (10.1956)		
1327	1908	Salzlore	= 485 (10.1956)		
1328	1908	Salzlore	= a (1951/52)		
1329	1908	Salzlore	= 486 (10.1956)		
1330	1901	Flachwagen	= a (1951/52)	ex Wiesbaden,	Serie 601-629; ursprünglich
1331	1901	Flachwagen	= a (1951/52)	ex Wiesbaden	Sommerwagen; 1905 zu ge-
1332	1901	Flachwagen	= a (1951/52)	ex Wiesbaden	schlossenen Beiwagen um-
1333	1901	Flachwagen	= a (1951/52)	ex Wiesbaden	gebaut; 1939 nach Essen
1334	1901	Flachwagen	= a (1951/52)	ex Wiesbaden	
1335	1901	Gemüsewagen	= a (1951/52)	ex Wiesbaden	
1336	1901	Gemüsewagen	= a (1951/52)	ex Wiesbaden	
1337	1901	Gemüsewagen	= a (1951/52)	ex Wiesbaden	
1338	1901	Gemüsewagen	= a (1951/52)	ex Wiesbaden	
1339	1901	Gemüsewagen	= a (1951/52)	ex Wiesbaden	
1340	1924	Müllwagen	= 493 (10.1956)		
1341	1924	Müllwagen	= 494 (10.1956)		
1342	1924	Müllwagen	= 495 (10.1956)		

Schlammsaugwagen 1353 des Baujahrs 1928 in der Grillostraße. Der Stromabnehmer diente zur Versorgung der Pumpen. (Archiv EVAG)

Salzstreuwagen 1372 für den Wintereinsatz. (Orenstein & Koppel)

Die von der Firma Lohmann in Altenessen gebaute Kipplore 1397 im Einsatz an einer Gleisbaustelle, ca. 1938. (Archiv EVAG)

Diese Aufnahme von 1935 zeigt einen Reklamezug, bestehend aus einem ehemaligen Personentriebwagen und einer Flachlore, auf der sich ein Opel befindet. (Archiv EVAG)

Nummer	*Baujahr*	*Art*	*Verbleib*	*Bemerkung*
1343	1924	Müllwagen	= 496 (10.1956)	
1344	1924	Müllwagen	= 497 (10.1956)	
1345	1927	Güterwagen	= a (1939)	
1346	1927	Güterwagen	= a (1939)	
1347	1927	Güterwagen	= a (1939)	
1348	1927	Güterwagen	= a (1939)	
1345^{II}	1907/08	Gemüse-Beiwagen	= a (1945)	ex Bw 99 ex Wiesbaden
1346^{II}	1907/08	Gemüse-Beiwagen	= a (1945)	ex Bw 102 ex Wiesbaden
1347^{II}	1907/08	Gemüse-Beiwagen	= a (1945)	ex Bw 107 ex Wiesbaden
1348^{II}	1907/08	Gemüse-Beiwagen	= a (1945)	ex Bw 100 ex Wiesbaden
1345^{III}	1946	Muldenkipper	= a (1952)	
1346^{III}	1946	Muldenkipper	= a (1952)	
1347^{III}	1946	Muldenkipper	= a (1952)	
1348^{III}	1946	Muldenkipper	= a (1952)	
1349	1927	10-t-Flachwagen	= 460 (10.1956)	
1350	1927	10-t-Flachwagen	= 461 (10.1956)	
1351	1928	5-t-Sandwagen	= 471 (10.1956)	
1352	1928	5-t-Sandwagen	= 472 (10.1956)	
1353	1928	Schlammsaugwagen	= a (ca. 1943)	
1353^{II}	1948	10-t-Flachwagen	= 462 (10.1956)	
1354	1929	5-t-Flachwagen	= 464 (10.1956)	
1355	1929	Reklamewagen	= 463 (10.1956)	
1356	1929	5-t-Flachwagen	= 465 (10.1956)	
1357	1929	5-t-Flachwagen	= 466 (10.1956)	
1358	1929	5-t-Flachwagen	= 467 (10.1956)	
1359	1929	5-t-Flachwagen	= 468 (10.1956)	
1360	1929	5-t-Flachwagen	= 469 (10.1956)	
1361	1929	5-t-Flachwagen	= 470 (10.1956)	

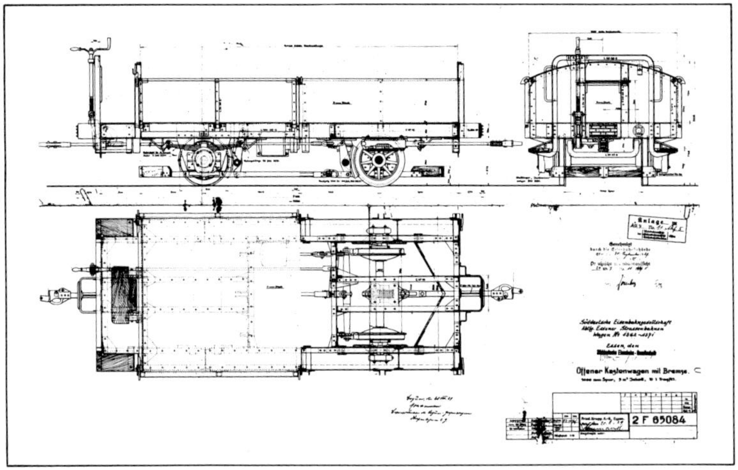

Krupp-Kastenwagen der Serie 1362–1371. (Archiv EVAG)

1 : 160

Nummer	***Baujahr***	***Art***	***Verbleib***	***Bemerkung***
1362	1929	10-t-Kastenwagen	= 450 (10.1956)	Serie 1362–1371: Hersteller: Fried. Krupp, Essen
1363	1929	10-t-Kastenwagen	= 451 (10.1956)	
1364	1929	10-t-Kastenwagen	= 452 (10.1956)	
1365	1929	10-t-Kastenwagen	= 453 (10.1956)	
1366	1929	10-t-Kastenwagen	= 454 (10.1956)	
1367	1929	10-t-Kastenwagen	= 455 (10.1956)	
1368	1929	10-t-Kastenwagen	= 456 (10.1956)	
1369	1929	10-t-Kastenwagen	= 457 (10.1956)	
1370	1929	10-t-Kastenwagen	= 458 (10.1956)	
1371	1929	10-t-Kastenwagen	= 459 (10.1959)	
1372	1930	Salzstreuwagen	= 487 (10.1956)	
1373	1930	Salzstreuwagen	= 488 (10.1956)	
1374	1930	Salzstreuwagen	= 489 (10.1956)	
1375	1930	Salzstreuwagen	= 490 (10.1956)	
1376	1930	Turmwagen	= 473 (10.1956)	
1377	?	?	= a (1955)	
1378	?	?	= a (1955)	
1379	1931	Salzwagen	= 492 (10.1956)	

Nummer	*Baujahr*	*Art*	*Verbleib*	*Bemerkung*
1380	?	?	= a (1955)	
1381	?	?	= a (1955)	
1382	?	?	= a (1955)	
1383	?	?	= a (1955)	
1384	?	?	= a (1955)	
1385	?	?	= a (1955)	
1386	?	?	= a (1955)	
1387	?	?	= a (1955)	
1388	?	?	= a (1955)	
1389	1938	Holzkastenwagen	= a (1956)	
1390	1938	Holzkastenwagen	= 498 (10.1956)	
1391	1938	Holzkastenwagen	= 499 (10.1956)	
1392	1938	Zweiseitenkipper	= a (1955)	
1393	1938	Zweiseitenkipper	= a (1955)	
1394	1938	Zweiseitenkipper	= a (1955)	
1395	1938	Zweiseitenkipper	= a (1955)	
1396	1938	Zweiseitenkipper	= a (1955)	
1397	1938	Zweiseitenkipper	= a (1955)	

450-499 (1956-1960)

In den Jahren 1956-1959 straffte man den Park der Arbeitsfahrzeuge und verschrottete alle verbliebenen Holzkastenwagen und Müllwagen. Neu hinzu kamen nur vier Salzstreuwagen, als Ersatz für die alten Salzloren des Baujahres 1908. Für den Salzstreuwagen 477 benutzte man hierbei Fahrgestellteile des Sommerbeiwagens 204.
1960 erfolgte eine Umnumerierung zur neuen Serie 7...

Nummer	*Baujahr*	*Art*	*Verbleib*	*Bemerkung*
450	1929	Kastenwagen	= a (1960)	
451	1929	Kastenwagen	= a (1960)	
452	1929	Kastenwagen	= a (1960)	

Nummer	*Baujahr*	*Art*	*Verbleib*	*Bemerkung*
453	1929	Kastenwagen	= a (1960)	
454	1929	Kastenwagen	= 730 (7.1960)	
455	1929	Kastenwagen	= a (1960)	
456	1929	Kastenwagen	= a (1960)	
457	1929	Kastenwagen	= a (1960)	
458	1929	Kastenwagen	= a (1960)	
459	1929	Kastenwagen	= a (1960)	
460	1927	10-t-Flachwagen	= a (1960)	
461	1927	10-t-Flachwagen	= a (1960)	
462	1948	10-t-Flachwagen	= a (1960)	
463	1929	Reklamewagen	= 760 (7.1960)	
464	1929	5-t-Flachwagen	= 720 (7.1960)	
465	1929	5-t-Flachwagen	= 721 (7.1960)	
466	1929	5-t-Flachwagen	= 722 (7.1960)	
467	1929	5-t-Flachwagen	= 723 (7.1960)	
468	1929	5-t-Flachwagen	= a (12.1959)	
469	1929	5-t-Flachwagen	= 726 (7.1960)	
470	1929	5-t-Flachwagen	= 727 (7.1960)	
471	1928	Sandwagen	= 710 (7.1960)	
472	1928	Sandwagen	= 711 (7.1960)	
473	1930	Turmwagen	= 740 (7.1960)	
474	1956	Salzstreuwagen	= 700 (7.1960)	
475	1956	Salzstreuwagen	= 701 (7.1960)	
476	1956	Salzstreuwagen	= 702 (7.1960)	
477	1956	Salzstreuwagen	= 703 (7.1960)	
478	1908	Salzlore	= a (7.1957)	
479	1908	Salzlore	= a (7.1957)	
480	1908	Salzlore	= a (7.1957)	
481	1908	Salzlore	= a (7.1957)	
482	1908	Salzlore	= a (7.1957)	
482^{II}	1958	zweiachs. Güterwagen	= 724 (7.1960)	
483	1908	Salzlore	= a (7.1957)	
483^{II}	1958	zweiachs. Güterwagen	= 725 (7.1960)	
484	1908	Salzlore	= a (7.1957)	
485	1908	Salzlore	= a (7.1957)	

Nummer	*Baujahr*	*Art*	*Verbleib*	*Bemerkung*
486	1908	Salzlore	= a (7.1957)	
487	1930	Salzstreuwagen	= 704 (7.1960)	
488	1930	Salzstreuwagen	= 705 (7.1960)	
489	1930	Salzstreuwagen	= 706 (7.1960)	
490	1930	Salzstreuwagen	= 707 (7.1960)	
491	1931	Salzlore	= a (7.1957)	
492	1919	Salzlore	= a (7.1957)	
493	1924	Müllwagen	= a (7.1957)	
494	1924	Müllwagen	= a (7.1957)	
495	1924	Müllwagen	= a (7.1957)	
496	1924	Müllwagen	= a (12.1959)	
497	1924	Müllwagen	= (7.1957)	
498	1944	Holzkastenwagen	= a (1959)	
499	1944	Holzkastenwagen	= a (1959)	

700 … 760 (ab 1960)

Die zur Zeit im Dienst befindlichen Arbeitsbeiwagen werden zum Transport von Baustoffen und Schienen und zum Salzstreuen im Wintereinsatz benutzt. Die ältesten Fahrzeuge sind dabei die Flachwagen 721 und 727 (Baujahr 1929) als letzte Vorkriegswagen.
Neu hinzu kamen die beiden vierachsigen Güterwagen 741 und 742 (= 711 + 712). Sie wurden auf Drehgestellen von Straßenbahn-Beiwagen bei Unkel & Meyer gebaut.
Erhalten sind auch noch die Sandloren 710 und 711 im Straßenbahnmuseum Hannover (DSM) bzw. bei den Bergischen Museumsbahnen (BMB). Dort befinden sich seit 1988 auch die Salzwagen 731 und 732.

Nummer	*Baujahr*	*Art*	*Verbleib*	*Bemerkung*
700	1956	Salzstreuwagen	= 731^{II} (1.1980)	= BMB (1988)
701	1956	Salzstreuwagen	= 732^{II} (1.1980)	= BMB (1988)
702	1956	Salzstreuwagen	= 733^{II} (1.1980)	= a (3.1992)
703	1956	Salzstreuwagen	= 734 (1.1980)	= a (3.1992) Die Radsätze mit Speichenrädern stammen vom ehemaligen Sommerbeiwagen 204 und bleiben für museale Zwecke erhalten

Die Sandlore 711, gebaut von der Firma Krupp, wurde 1982 an die Bergische Museumsbahn Wuppertal abgegeben. Hier zu sehen kurz vor dem Abtransport in der Schweriner Straße. (Ahlbrecht)

Ebenfalls die Nummer 711 trägt ein vierachsiger Güterwagen des Baujahres 1975, aufgenommen 1989 in der Schweriner Straße. (Giesen)

Nummer	*Baujahr*	*Art*	*Verbleib*	*Bemerkung*
704	1930	Salzstreuwagen	= a (1970)	
705	1930	Salzstreuwagen	= a (1970)	
706	1930	Salzstreuwagen	= a (1970)	
707	1930	Salzstreuwagen	= a (1970)	
710	1928	Sandlore	= DSM (1971)	
711	1928	Sandlore	= a (1971)	= BMB (1982)
711 II		siehe 741		
712		siehe 742		
720	1929	5-t-Flachwagen	= a (1971)	
721	1929	5-t-Flachwagen		
722	1929	5-t-Flachwagen	= a (1971)	
723	1929	5-t-Flachwagen	= a (1992)	
724	1958	zweiachs. Güterwagen		
725	1958	zweiachs. Güterwagen		
726	1929	5-t-Flachwagen	= a (1962)	
727	1929	5-t-Flachwagen		
730	1929	Kastenwagen	= a (1971)	
731		siehe 700		
732		siehe 701		
733		siehe 702		
734		siehe 703		
740	1930	Turmwagen	= a (1963)	
741	1975	vierachs. Güterwagen	= 711 II (1.1980)	
742	1975	vierachs. Güterwagen	= 712 (1.1980)	
760	1929	Reklamewagen	= a bis 1971	

Typenbilder der Arbeitsbeiwagen nach einer Übersicht von 1957 (Archiv EVAG)

① Kastenwagen 10 Wagen 1929

Wag.Nr. 450-459

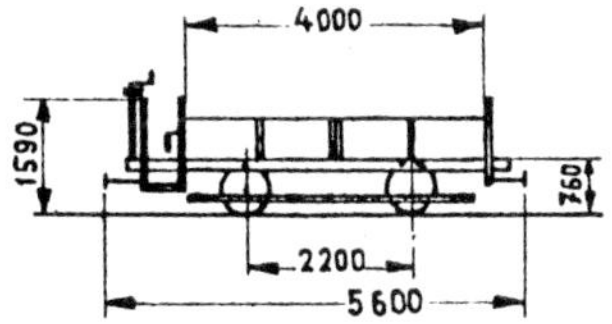

Gewicht: 4000 kg.
Tragfähigkeit: 10 000 kg.

② Flachwagen 2 Wagen 1927

Wag.Nr. 460, 461

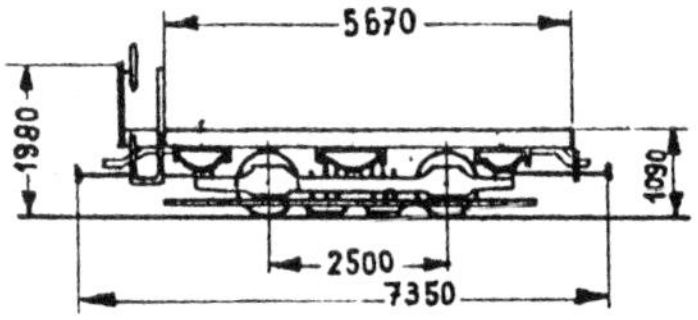

Gewicht: 5540 kg.
Tragfähigkeit: 10 000 kg.

③ Flachwagen 1 Wagen 1948

Wag.Nr. 462

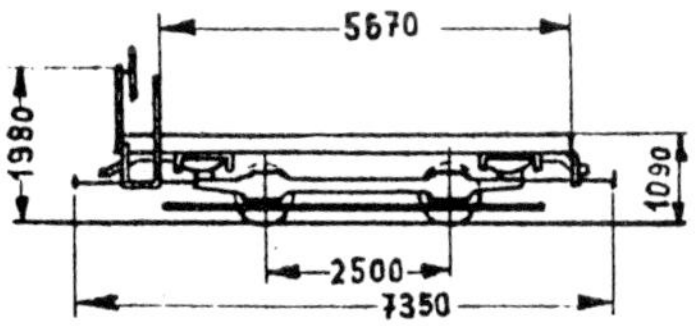

Gewicht: 4730 kg.
Tragfähigkeit: 10 000 kg.

④ Reklamewagen 1 Wagen 1929

Wag.Nr. 463

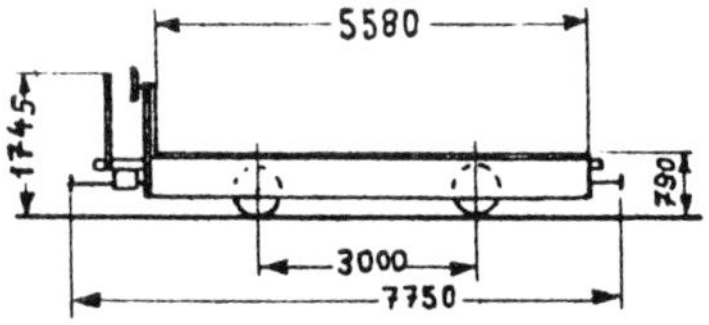

Gewicht: 3 800 kg.
Tragfähigkeit: 5000 kg.

⑤ Flachwagen 5 Wagen 1929

Wag. Nr. 464 - 468

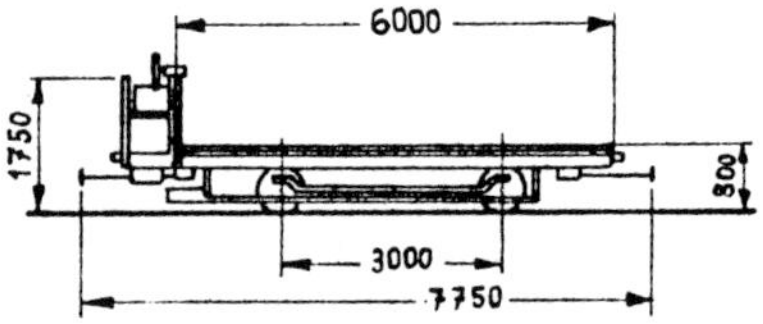

Gewicht:......3 800 kg.
Tragfähigkeit:..5 000 kg.

⑥ Flachwagen 2 Wagen 1929

Wag.Nr. 469, 470

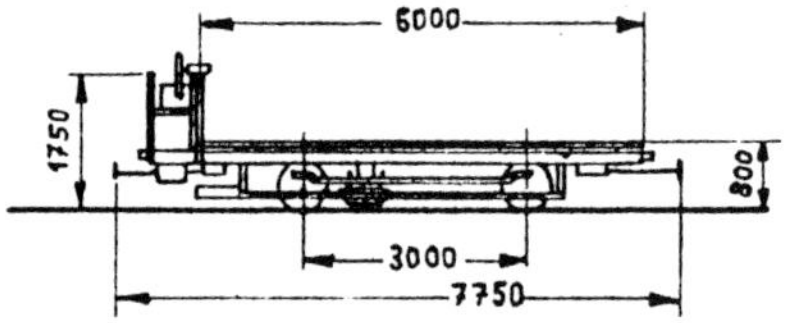

Gewicht:......4 050 kg.
Tragfähigkeit:...5 000 kg

⑦ Sandtransportwagen 2 Wagen 1928

Wag. Nr. 471, 472

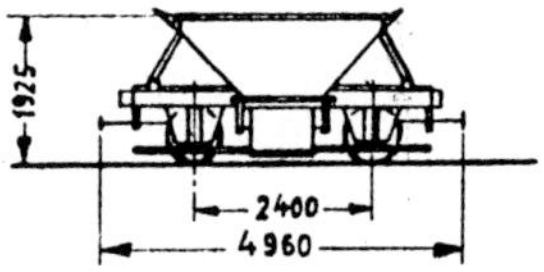

Gewicht:......4800 kg.
Tragfähigkeit:..5000 kg.

⑧ Turmwagen 1 Wagen 1930

Wag. Nr. 473

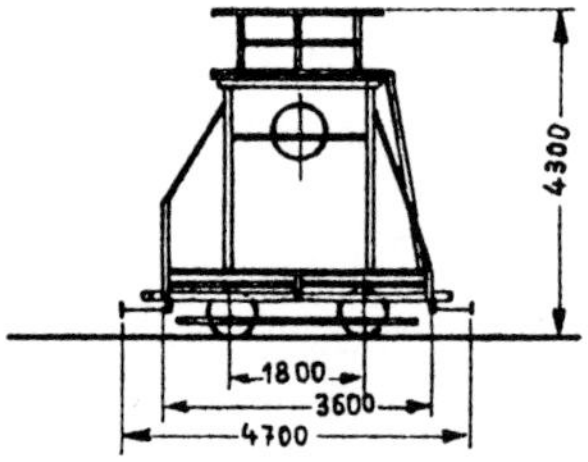

Gewicht:.....3600 kg.

⑨ Salz-Streuwagen 4 Wagen 1956

Wag. Nr. 474 - 477

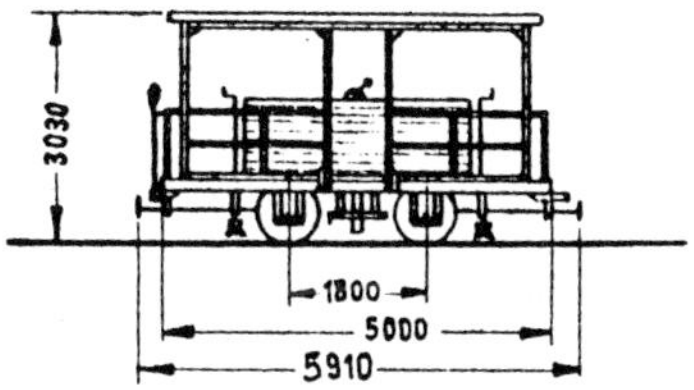

Gewicht ..... 4050 kg.
Fassungsverm.: 4000 kg.

⑩ Salzlore 5 Wagen 1908 u. 1931

Wag. Nr 478, 479, 482, 483, 491

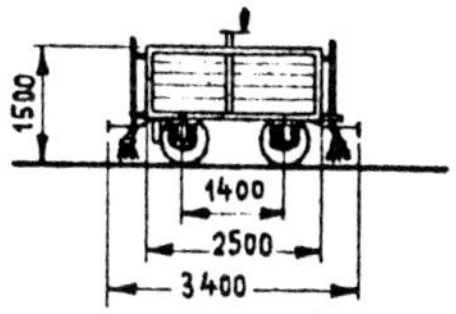

Gewicht: ..... 1790 kg.
Fassungsverm.: 3500 kg.

Wagen im Juli 1957 verschrottet

⑪ Salzlore 4 Wagen 1908

Wag. Nr. 480, 481, 485, 486

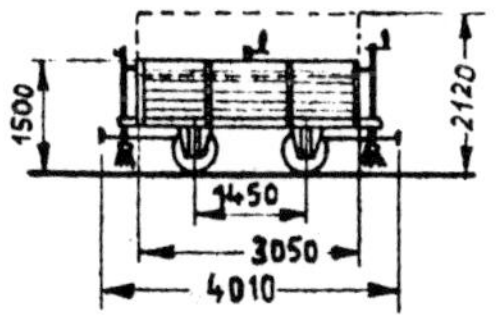

Gewicht: ..... 1950 kg.
Fassungsverm.: 3500 kg.

Wag. 480, 481, 485 mit Spitzdach aus Holz versehen.

Wagen im Juli 1957 verschrottet

⑫ Salz-Streuwagen 4 Wagen 1930

Wag. Nr. 487 - 490

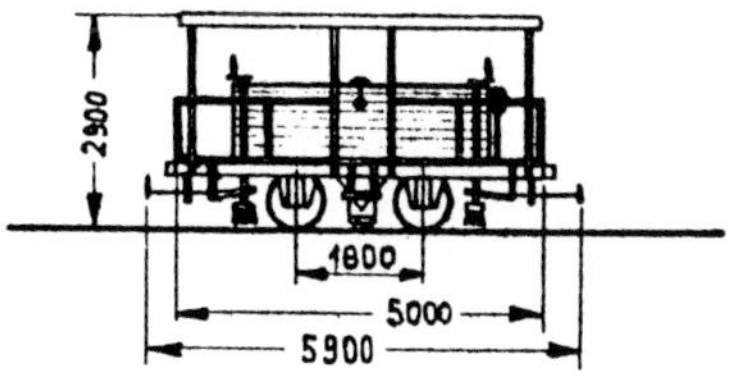

Gewicht: ..... 3980 kg.
Fassungsverm.: 4000 kg.

8. Arbeitsbeiwagen (Normalspur)

731 ... 763 (ab 1975)

Für den Ausbau der normalspurigen Stadtbahnstrecken kaufte man 1975 drei zweiachsige (731-733) und 1977 einen vierachsigen (746) Güterbeiwagen bei der Firma Schöma bzw. bei der DÜWAG (Uerdingen). Sie wurden 1980 in 751, 761-763 umgezeichnet.

Nummer	*Baujahr*	*Art*	*Verbleib*	*Bemerkung*
731	1975	zweiachs. Güterwagen	= 761 (1.1980)	
732	1975	zweiachs. Güterwagen	= 762 (1.1980)	
733	1975	zweiachs. Güterwagen	= 763 (1.1980)	
746	1977	vierachs. Güterwagen	= 751 (1.1980)	Mit Meßrahmen zur Tunnelprofilvermessung auf Stadtbahnstrecken
751		siehe 746		
761		siehe 731		

Die zweiachsige Arbeitslore 761 für den Einsatz auf den normalspurigen Stadtbahnstrecken (Schweriner Straße, 1989). (Giesen)

9. Sonderwagen (Museumswagen, Leihwagen etc.)

Bw 1 2x 2R Baujahr 1894 Herbrand
Sommerbeiwagen, im Museumsbestand von 1934 bis 1956.

Tw 92 2x 2R Baujahr 1938 Gotha
Leihgabe der Erfurter Verkehrsbetriebe AG von 1990 bis 1991
frühere Betriebe: Erfurt 92 (1938-1965, ab 1983 als Museumswagen)
Eisenach 44 (1965-1975), Eisenach 42^{II} (1975-1976), Gotha 006 (1976-1980 als Arbeitswagen)

Sonderfahrt mit dem Erfurter Triebwagen 92 am 21. April 1991; hier am Fliegenbusch in Richtung Borbeck unterwegs. (Giesen)

Tw 105 2x 2R Baujahr 1927 Talbot
Museumswagen für Meterspur, ex Wuppertal 105, Leihgabe der Bergischen Museumsbahnen, Wuppertal, von 1985 bis 1989

Der aus Wuppertal stammende Triebwagen 105 wurde von der EVAG restauriert, fünf Jahre in Essen eingesetzt und 1990 an die BMB Wuppertal zurückgegeben. (Giesen)

Tw 144 2x2R Baujahr 1921 Krupp/Uerdingen

Nach der Auflösung des Traumlandparks in Bottrop-Kirchhellen im Herbst 1991 konnte die EVAG durch Vermittlung der »Verkehrshistorischen Arbeitsgemeinschaft EVAG e. V.« den Triebwagen 144 der Vestischen Straßenbahnen erwerben. Nach entsprechender Aufarbeitung wird er als Museumswagen im Meterspurnetz verkehren.

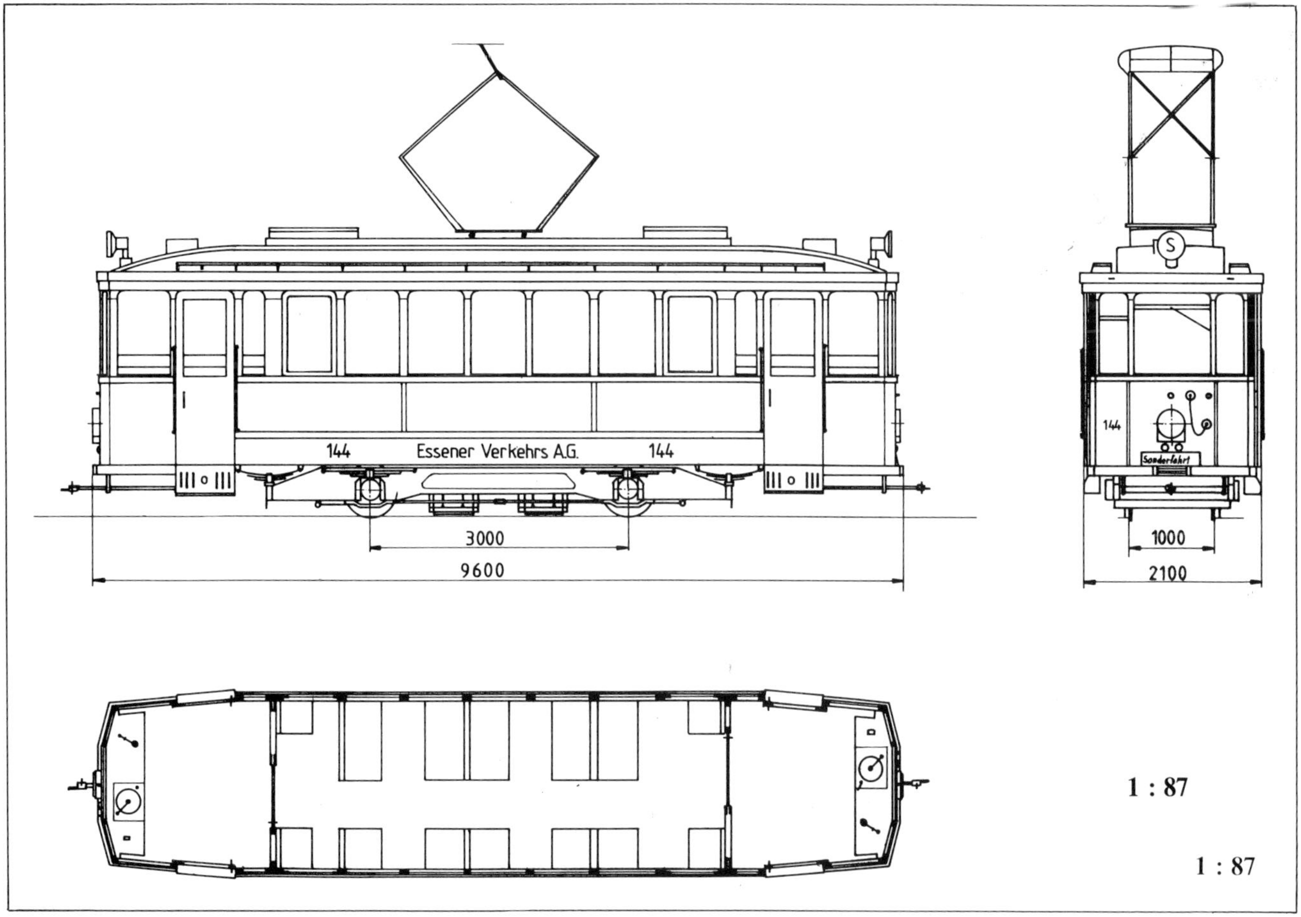

Der „Lebenslauf“ des Tw 144:

1921	erbaut von Krupp (Fahrgestell), Uerdingen (Aufbau), aus der Serie 129-148; ursprüngliche Wagennummer: 44
1921-1965	im Linieneinsatz bei den Vestischen Kleinbahnen (später Vestische Straßenbahnen)
1965-1969	Arbeitswagen im Betriebshof Bottrop
1974	Übergang in Privatbesitz
1975-1977	Restaurierungsarbeiten in Bottrop und Buer
1978	an der Abschiedsfahrt der Straßenbahn in Gladbeck beteiligt, anschließend im Betriebshof Gelsenkirchen der Bochum-Gelsenkirchener Straßenbahn abgestellt
1979	Überführung im Schlepp des Essener Fahrschulwagens nach Mülheim
1980	Überführung im Schlepp des Essener Fahrschulwagens nach Gelsenkirchen-Buer, von dort mit Straßentieflader nach Bottrop-Feldhausen
1981	Betriebseröffnung der »Historischen Vestischen Straßenbahn« im „Traumlandpark“
1991	Auflösung des „Traumlandparks“; Überführung des Triebwagens 144 mit DB-Culemeyer nach Gelsenkirchen-Horst, von dort im Schlepp des Arbeitstriebwagens 614 nach Essen; Übernahme in den Bestand historischer Straßenbahnen der Essener Verkehrs-AG
1992	Beginn der Grundüberholung unter Mitwirkung der »Verkehrshistorischen Arbeitsgemeinschaft EVAG«

Bw 350 2x 2R Baujahr 1957 DÜWAG
Museumsbeiwagen für Meterspur seit 1978,
ex 2460 (1960-1978), ex 350 (1957-1960)

Tw 500 2x 2R Baujahr 1930 Rastatt
Museumswagen für Normalspur seit Mai 1990, ex Karlsruhe 88 (1986)

Tw 600 Typ U2 Baujahr 1976 DÜWAG / Siemens
Stadtbahnwagen U2 für Edmonton/Kanada zur Erprobung für DÜWAG/Siemens im Jahre 1976

Tw 705 2+2xGel 2R Baujahr 1959 DÜWAG/KIEPE
Museumswagen für Meterspur seit 1982
ex 1715 (1971-1982), ex 1705 (1960-1971), ex 705 (1959-1960)

Der neueste Museumswagen der EVAG, der ehemalige Triebwagen 144 der Vestischen Straßenbahnen GmbH. Hier zu sehen in Bottrop am Pferdemarkt, ca. 1970. (Boehm)

Wegen seiner roten Lackierung, ähnlich der der für Konstantinopel bestimmten Triebwagen von 1917, heißt der normalspurige Triebwagen 500 (ex Karlsruhe) im Volksmund „Türkenwagen" (Schweriner Straße im Mai 1990). (Giesen)

Seit 1982 gehört der Triebwagen 705 (Baujahr 1959) zum Museumsbestand der Essener Verkehrs-AG. Seinen letzten Einsatz im Liniendienst hat er bereits 1977 absolviert. (Giesen)

Der Stadtbbahnwagen Nr. 1001 für die Stadt Edmonton (Kanada) kam als erster seiner Serie zu Testfahrten nach Essen. In der Stadtbahn-Betriebswerkstatt Schweriner Straße am 8. Januar 1977 eingetroffen, erhielt er die EVAG-Nr. 600. (Ahlbrecht)

A-Bw 737, 738 zweiachs. Schotterwagen Baujahr 1925 Fuchs
1976 von der OEG für den Streckenausbau im Tunnel angemietet.

Tw 888 2x 2R Baujahr 1949 DÜWAG
Museumswagen für Meterspur seit September 1974
ex 1423 (1960-1974), ex 828^{III} (1950-1960), ex 888 (1949-1950)

Tw 1121 + Bw 2116 + Bw 2121
„Blumenzug“ zur Bundesgartenschau in der Gruga (1965).

Tw 1250 4 Räder Baujahr 1932 Eigenbau / O & K
Probewagen für das Montos-Fahrgestell („Erlkönig“), Aufbau vom Tw 616 (Baujahr 1898), Inbetriebnahme am 8. April 1932, Fahrgestell 1934 für den Tw 505 („Montos-Wagen“) benutzt.

A-Bw 1300^{II}-1302^{II}, 1304^{II}-1306^{II}, 1320^{II}, 1321^{II}
Kipploren, die in den Jahren 1946-48 von der SNCV, Belgien, ausgeliehen waren.

Tw 1501 4xGr 1R Baujahr 1951 DÜWAG
Museumswagen für Meterspur (1990), ex 513 (1951-1960)

von 1974 bis 1990 im Museum Viernheim der DGEG

Bw 2521^{II} 4xGr 1R Baujahr 1962 DÜWAG
Museumswagen für Meterspur (1990), ex 2525 (1962-1989)

1 : 160

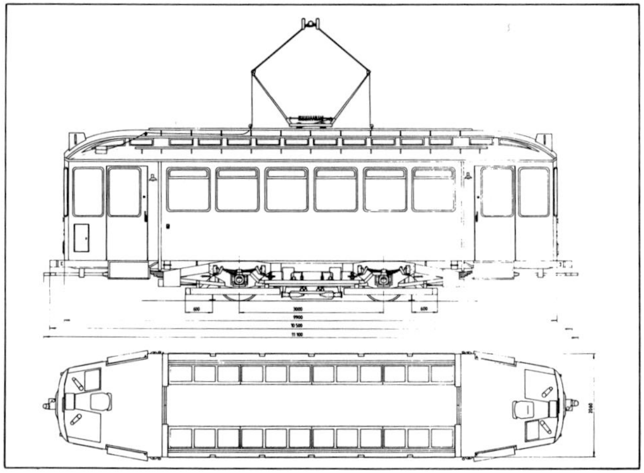

Zur Bundesgartenschau 1965 entstand aus dem Triebwagen 1121 und den Beiwagen 2116 und 2121 der „Blumenzug"; hier aufgenommen im Betriebshof Kruppstraße. (Archiv EVAG)

Während der U-Bahn-Bauarbeiten in der Innenstadt kamen diese beiden OEG-Loren in Essen zum Einsatz. Hier zu sehen mit der ex-OEG-Lok 601 an der Rampe Stadtgarten im Mai 1977, kurz vor der Eröffnung der Tunnelstrecke. (Ahlbrecht)

Zweiachsiger Museumszug der Nachkriegszeit: Triebwagen 888 („Aufbauwagen“, Baujahr 1949) und Beiwagen 350 („Verbandstyp“, Baujahr 1956). Die Aufnahme entstand am 2. Juli 1989 im Betriebshof Stadtmitte. (Giesen)

Fahrzeugparade vor der Halle der Hauptwerkstatt Schweriner Straße am 29. Juni 1989: Links der von der Bergischen Museumsbahn ausgeliehene Triebwagen 105, rechts der Großraumzug mit Triebwagen 1501 und Beiwagen 2521. (Giesen)

10. Wagenparklisten (Jahreszusammenstellungen)

(jeweils ohne die Arbeitsbeiwagen)

Stand: Dezember 1927

a) Triebwagen

Nummer	*Baujahr*	*Bemerkungen*
501-502	1926	ex 801-802
601-608	1897	ex 25 ... 54
609-619, 621-625	1898	ex 55 ... 94
620, 626-634	1899	ex 95 ... 106
635-665	1900	ex 107 ... 142
666-676	1908	ex 143-153
677-688	1910	ex 154-165
689-699	1911	ex 166-176
700-740	1912	ex 177-217
741-753	1913	ex 218-230
754-764	1914	ex 15^{II}-25^{II}
765-795	1914	ex 231-260, 800
796-799, 800^{II}, 801^{III}-809^{III}	1921	ex 819-832
810^{III}-818^{III}, 819^{II}-823^{II}	1922	ex 833-846
824^{II}-835^{II}	1924	ex 807-818
836^{II}-846^{II}, 847	1925	ex 860-871
848-857	1926	ex 850-859
871^{II}, 872-875	1927	
901-920	1927	

b) Beiwagen

Nummer	*Baujahr*	*Bemerkungen*
1- 8	1894	ex 204-211 (Sommerbeiwagen)
9- 14	1902	ex 252-257 (Sommerbeiwagen)
15- 17	1893	ex 271^{II}-273^{II}
18- 23	1895	ex 274^{II}-279^{II}
24- 36	1896	ex 280-292
27- 49	1898	ex 293 … 307
50- 55	1894	ex 308-313
99-108	1900	ex 261^{II}-270^{II}
109-120	1911	ex 338-349
121-150	1912	ex 350-379
151-175	1914	ex 380-404
176-190	1916	ex 405-419
191-200	1917	ex 470-429
201^{II}-220^{II}	1918/19	ex 430-449
221^{II}-240^{II}	1923	ex 450-469
241^{II}-260^{II}	1925	ex 470-489
318^{III}-320^{III}, 321^{II}-337^{II}, 338^{II}-340^{II}	1927	ex 318^{II}-320^{II}
338^{II}-340^{II}	1927	ex 318^{II}-320^{II}

c) Arbeitstriebwagen

1200-1215 (ex 500-515)

Summe: 284 Tw - 257 Bw - 16 Arbeits-Tw

Stand: Dezember 1940

a) Triebwagen

Nummer	*Baujahr*	*Bemerkungen*
501-502	1926	ex 801-802
503-504	1933	„Lange Essener“
505	1934	„Montos-Wagen“
511-530	1938/40	Großraumwagen
531-600	1900	Zwillingszüge, ex Wiesbaden
613, 614	1898	ex 60, 63
639, 641, 644, 657	1900	ex 114, 117, 121, 134
666-669, 671-676	1908	ex 143-146, 148-153
677-688	1910	ex 154-165
689-699	1911	ex 166-176
700-740	1912	ex 177-217
741-753	1913	ex 218-230
754-764	1914	ex 15^{II}-25^{II}
765-795	1914	ex 231-260, 800
796-799, 800^{II}, 801^{III}-809^{III}	1921	ex 819-832
810^{III}-818^{III}, 819^{II}-823^{II}	1922	ex 833-846
824^{II}-835^{II}	1924	ex 807-818
836^{II}-846^{II}, 847	1925	ex 860-871
848-857	1926	ex 850-859
858^{II}-865^{II}	1930	ex Wiesbaden
871^{II}, 872-875	1927	Mitteleinstiegswagen
901-920	1927	
921-935	1936/37	ex Bw 326-340

b) Beiwagen

Nummer	*Baujahr*	*Bemerkungen*
109-119	1911	ex 338-348
121-125, 127, 128, 130-132, 134-137, 141, 142, 144, 145, 147, 149, 150	1912	ex 350 - 379
151-175	1914	ex 380-404
176-190	1916	ex 405-419
191-200	1917	ex 420-429
201^{II}-220^{II}	1918/19	ex 430-449
221^{II}-240^{II}	1923	ex 450-469
241^{II}-260^{II}	1925	ex 470-489
301^{II}-317^{II}, 318^{III}-320^{III}, 321^{II}-325^{II}	1927	
401^{II}	1909	ex Saarbrücken

c) Arbeitstriebwagen

1200-1204, 1215, 1217, 1218, 1221, 1222, 1224-1229, 1233, 1235-1245, 1247-1251 = Arbeits-Tw
604, 612, 617, 521, 622, 626, 629, 634, 643, 647, 665 = Rangier-Tw

Summe: 341 Tw - 168 Bw - 33 Arbeits-Tw - 11 Rangier-Tw

Stand: Dezember 1946

a) Triebwagen:

Nummer	*Baujahr*	*Bemerkungen*
501	1926	ex 801
503	1933	„Langer Essener“
519, 521-530	1938-40	
531, 533-538-538, 542, 545, 546, 549, 550, 555, 556, 559, 560, 569-576, 585, 586-588, 591, 592, 595, 596, 599, 600	1900	Zwillingszüge, ex Wiesbaden
613	1898	ex 60
641	1900	ex 117
666, 671, 673-676	1908	ex 143, 148, 150-153
677-686, 688	1910	ex 154-163, 165
689-699	1911	ex 166-176
701, 702, 705-707, 709-713, 715-718, 720-726, 729, 730, 736, 739	1912	ex...216
741-753	1913	ex 218-230
755-759, 762-764	1914	ex 16^{II}-20^{II}, 23^{II}-25^{II}
765-766, 769-774, 776, 779-781, 783-787, 789, 792, 795	1914	ex 231 - 260, 800
797-799, 803^{III}, 804^{III}, 809^{III}, 810^{III}, 812^{III}-814^{III}, 816^{III}, 817^{III}, 819^{III}, 821^{III}, 822^{III}	1922	ex 833 - 845
825^{II}, 827^{II}-829^{II}	1924	ex 808, 810-812
836^{II}, 837^{II}, 839^{II}-842^{II}, 844^{II}-846^{II}, 847	1925	ex 860, 861, 863-866, 868-871
848, 851^{II}, 854^{II}, 855^{II}	1926	ex 850, 853, 856, 857
859^{II}, 860^{II}, 863^{II}, 864^{II}	1930	ex Wiesbaden
871^{II}, 872-875	1927	
909, 911, 913, 915-920	1927	
921, 925, 927, 928, 931-933	1936/37	ex Bw 326 - 338

b) Beiwagen

Nummer	*Baujahr*	*Bemerkungen*
109-112, 114, 117	1911	ex 338-340, 342, 344, 347
122, 124, 125, 130, 132, 134, 136, 137, 141, 142, 144, 149	1912	ex 350 - 374
151-156, 158-161, 163-166, 170-175	1914	ex 380 - 404
176, 178-180, 182-184, 186-190	1916	ex 405 - 419
192-197, 199	1917	ex 420 - 429
203^{II}, 204^{II}, 206^{II}-208^{II}, 211^{II}, 215^{II}, 217^{II}, 218^{II}, 220^{II}	1918/19	ex 430 - 449
222^{II}, 225^{II}, 227^{II}-239^{II}	1923	ex 450 - 469
241^{II}, 242^{II}, 245^{II}-247^{II}, 249^{II}, 251^{II}, 256^{II}, 258^{II}, 259^{II}	1925	ex 471 - 489
301^{II}, 304^{II}, 306^{II}, 307^{II}, 309^{II}, 312^{II}-314^{II}, 316^{II}, 318^{III}-320^{III}, 322^{II}, 323^{II}, 325^{II}	1927	
351^{II}-361^{II}	1946/47	

c) Arbeitstriebwagen

1200^{II}, 1202^{II}, 1203, 1204, 1215, 1221, 1222, 1224, 1226-1229, 1232, 1233, 1235-1243, 1247, 1248, 1250^{II}-1252^{II}, 1253-1255
612, 617, 629, 643, 665 = Rangier-Tw

Summe: 201 Tw - 118 Bw - 31 Arbeits-Tw - 5 Rangier-Tw

Stand 1. März 1955

a) Triebwagen

Nummer	*Baujahr*	*Bemerkungen*
501^{II}	1933	ex 503 (Langer Essener)
502^{II}-506^{II}, 507-510, 511^{II}-512^{II}	1938-40	ex 519, 521-530
513^{II}-519^{II}	1952/53	vierachsige Großraumwagen
520^{II}-550^{II}, 551^{IV}-559^{IV}	1953/54	vierachsige Großraumwagen
571^{II}-574^{II}, 575^{III}-578^{III}, 579^{II}-580^{II}, 581^{III}-592^{III}, 593^{III}-595^{III}, 596^{III}	1900/01	ex 531 - 600, ex Wiesbaden
597^{II}	1900	ex 641

601^{II}-606^{II}	1908	ex 666, 671, 673-676
607^{II}-613^{II}	1910	ex 677 - 688
614^{II}-620^{II}	1911	ex 690 - 699
651^{II}	1926	ex 501
652^{II}-653^{II}	1914	ex 792, 795
654^{II}-656^{II}	1921	ex 797-799
657^{II}-658^{II}	1922	ex 810^{II}, 812^{II}
659^{II}-662^{II}	1925	ex 836, 837, 839, 841
664^{II}-665^{II}	1925	ex 846^{II}, 847
666^{II}-668^{II}	1926	ex 848, 854, 855
669^{II}-672^{II}	1930	ex 859 - 864, ex Wiesbaden
701^{II}-703^{II}	1910	ex 680, 683, 684
704^{II}-707^{II}	1911	ex 689, 691, 692, 698
708^{II}-732^{II}	1912	ex 701 - 739
733^{II}-745^{II}	1913	ex 741-753
746^{II}-753^{II}	1914	ex 755-759, 762-764
754^{II}-771^{II}	1914	ex 765 - 789
772^{II}	1910	ex 685
773^{II}-775^{II}	1953	Fahrgestelle Bj. 1910-15
793^{II}-796^{II}	1950	Fahrgestelle Bj. 1910-15
797^{II}-798^{II}	1949	Fahrgestelle Bj. 1910-15
800^{IV}	1950	Fahrgestelle Bj. 1921-26
801^{IV}	1949	Fahrgestelle Bj. 1921-26
802^{IV}-803^{IV}	1950	Fahrgestelle Bj. 1921-26
804^{IV}	1949	ex 800^{III}
805^{IV}-806^{IV}	1921	ex 804^{III}, 809^{III}
807^{IV}-809^{IV}	1922	ex 814^{III}, 816^{III}, 821^{II}
810^{IV}	1924	ex 828^{II}
811^{IV}	1921	ex 803^{III}
812^{IV}	1922	ex 817^{III}
813^{IV}-815^{IV}	1924	ex 825^{II}, 827^{II}, 829^{II}
$816^{IV}817^{IV}$	1925	ex 842^{II}, 845^{II}
818^{IV}	1926	ex 851
819^{III}	1925	ex 840^{II}
820^{III}-832^{III}	1948/49	ex 876-888
833^{III}-835^{III}	1922	ex 813^{III}, 819^{II}, 822^{II}
836^{III}-840^{III}	1951/52	Fahrgestelle Bj. 1921-26
901	1927	

902^{II}	1927	ex Bw 302
903^{II}-907^{II}	1927	ex 904 - 913
908^{II}-912^{II}	1927	ex 871^{II}, 872-875
913^{II}	1927	ex Bw 304
915^{II}-916^{II}	1927	ex Bw 307, 314
921^{II}-923^{II}	1927	ex 916, 917, 902
926^{II}-930^{II}	1927	ex 906 - 920
931^{II}-935^{II}, 936, 937	1936/37	ex 921 - 933

b) Beiwagen

Nummer	*Baujahr*	*Bemerkungen*
101^{II}-102^{II}	1911	ex 110, 112
102^{II}-110^{II}	1912	ex 130 - 150
111^{II}-122^{II}, 124^{II}-130^{II}	1914	ex 380 - 404
131^{II}-142^{II}	1916	ex 176 - 190
143^{II}-147^{II}	1917	ex 191 - 199
148^{II}-151^{II}	1911	ex 109, 111, 114, 117
152^{II}-155^{II}	1912	ex 124, 132, 136, 137
156^{II}	1917	ex 197
201^{III}-205^{III}, 207^{III}-210^{III}	1918/19	ex 203^{II} - 218^{II}
251^{III}-264^{III}	1923	ex 230^{II} - 239^{II}
265^{III}-271^{III}	1925	ex 471 - 489
272^{III}	1923	ex 232^{II}
273^{III}-275^{III}	1925	ex 242^{II}, 256^{II}, 249^{II}
301^{II}, 303^{II}, 305^{II}, 306^{II}	1927/28	ex 301^{II}, 307^{II}, 312^{II}, 313^{II}
308^{II}-311^{II}	1927/28	ex 316^{II}, 318^{III}-320^{III}
312^{III}-313^{III}, 315^{III}	1927/28	ex 322^{II}, 323^{II}, 304^{II}
351-366	1946-48	

c) Arbeitstriebwagen

1200^{II}, 1202^{II}, 1203-1204, 1221, 1224, 1226-1228, 1235, 1237, 1243, 1250^{II}, 1252^{II}, 1253-1258

Summe: 272 Tw - 115 Bw - 10 Arbeits-Tw

Stand: Dezember 1960

a) Triebwagen

Nummer	*Baujahr*	*Bemerkungen*
1101-1123	1921-26	ex 808 - 860
1151	1921	ex 827
1152-1154	1949-50	ex 800^{IV}, 801^{IV}, 803^{IV}
1201-1211	1911-13	ex 771^{II}-781^{II}
1212-1213	1914	ex 782^{II}-783^{II}
1221-1222	1910-12	ex 791^{II}-792^{II} (Zwillings-Zug)
1251-1253	1950	ex 793^{II}, 795^{II}, 796^{II}
1254-1255	1949	ex 797^{II}-798^{II}
1281-1292	1912	ex 713^{II}-714^{II}
1283	1913	ex 739^{II}
1284	1914	ex 759^{II}12901926ex 790^{II}
1301-1325	1927/53	ex 901 - 933
1351-1355	1927	ex 908^{II}-912^{II}
1401-1408	1948-49	ex 876 - 888
1421-1425	1948-49	ex 876 - 888
1426	1956	ex 833^{IV}
1501-1507	1952-53	ex 513^{II}-519^{II}
1531-1570	1953-54	ex 520^{II}-550^{II}, 551^{IV}-559^{IV}
1581-1583	1956	ex 560^{II}-562^{II}
1601-1618	1958	ex 601^{III}-618^{III}
1619-1620	1959	ex 619^{III}-620^{III}
1621-1660	1959-60	ex 621^{II}-660^{II}
1701-1712	1959	ex 701^{II}-712^{II}
1801-1806	1960	
1901-1909	1938-40	ex 519 - 530
1951	1933	ex 501^{III} (Langer Essener)

b) Beiwagen

Nummer	*Baujahr*	*Bemerkungen*
2101-2104	1923	ex 251^{III}-254^{III}
2105	1925	ex 274
2106-2110	1923	ex 256^{III}-260^{III}
2111	1925	ex 275
2112-2114	1923	ex 262^{III}-264^{III}
2115-2121	1925	ex 265-271
2122	1923	ex 272^{III}
2123	1925	ex 273
2281	1911	ex 101^{II}
2282-2283	1912	ex 104^{II}, 109^{II}
2284	1914	ex 121^{II}
2285-2286	1916	ex 132^{II}, 138^{II}
2287-2288	1917	ex 143^{II}, 146^{II}
2289	1911	ex 148^{II}
2290	1918	ex 204^{III}
2301-2311	1927-28	ex 301^{II}, 312^{III}, 313^{III}, 303^{III}, 305^{III}, 306^{III}, 315^{III}, 308^{III}-311^{III}
2401-2425	1956	ex 367^{II}-391^{II}
2451-2460	1957	ex 341^{II}-350^{II}
2481-2496	1946-48	ex 351^{II}-366^{II}
2501-2507	1959-60	ex 401^{III}, 402^{II}-407^{II}
2511	1960	

c) Arbeitstriebwagen

601, 602, 610, 620-628, 660, 671, 691

Summe: 234 Tw - 103 Bw - 15 Arbeits-Tw

Stand: Dezember 1992

Meterspurfahrzeuge

a) Triebwagen

Nummer	*Baujahr*	*Bemerkungen*
1001-1008	1976	
1010^{III}	1976	ex 1021
1011-1020	1976	
1101^{II}-1114^{II}	1979	
1115^{II}	1979	ex 1010^{II}
1151-1161	1982	ex 1121-1131
1162-1166	1980	ex 1116-1120
1171-1176	1983	
1177-1180	1982	ex 1132-1135
1200	1980	
1401-1415	1989/90	
1615	1958	ex 610^{III}, 615^{III} (abgestellt)
1628, 1636	1959	628^{II}, 636^{II} (abgestellt)
1638, 1639, 1643, 1647	1960	ex 638^{II}, 639^{II}, 643^{II}, 647^{II} (abgestellt)
1668	1963	1663 (abgestellt)
1751-1760	1962/63	ex 1721-1730
1817, 1818, 1820	1974	ex 1672, 1673, 1670 (abgestellt)
1851-1860	1977/90-92	ex 1815...1830
1863	1977/92	ex 1819

Arbeitstriebwagen

610-619, 640

Historische Fahrzeuge

Nummer	*Baujahr*	*Bemerkungen*
Bw 350	1957	ex 2460
Tw 705	1959	ex 1715
Tw 888	1949	ex 1423
Tw 1501	1951	ex 513^{II}
Bw 2521^{II}	1962	ex 2525

Summe: 105 Tw - 0 Bw - 10 Arbeits-Tw - 5 historische Wagen

Normalspurfahrzeuge - Stand: Oktober 1990

a) Triebwagen

Nummer	*Baujahr*	*Bemerkungen*
5101^{II}-5103^{II}	1976	ex 5001-5003
5104-5108	1976	ex 5004-5008
5109-5111	1976	ex 5101-5103, ex 5009-5011
5121-5128	1978	ex 5021-5026, 5028, 5027
5141-5145	1985	

b) Arbeitsfahrzeuge

651, 652, 654

c) Historische Fahrzeuge

Tw 500	1930	ex Karlsruhe 88

Summe: 24 Tw - 0 Bw - 3 Arbeits-Tw - 1 historischer Wagen

Gesamtsumme der eingesetzten Personenfahrzeuge

Triebwagen (Meterspur)

Neubauten	(1893–1945)	409
	(1948–1990)	240
	Summe	649
Fremdfahrzeuge (Ankäufe)		82
Leihwagen		28
Wiederaufbauwagen		23
	Summe	782

Triebwagen (Normalspur)

Neubauten		24
	Gesamtsumme	806 Triebwagen

Beiwagen

Neubauten	(1893–1945)	274
	(1946–1966)	82
	Summe	356
Fremdfahrzeuge (Ankäufe)		24
Leihwagen		12
Umbau aus Triebwagen		22
	Gesamtsumme	414 Beiwagen

Gesamtzahl der eingesetzten Personenfahrzeuge: 1220 (1893–1991)

Wagenparkveränderungen

Straßenbahnwagen (Meterspur) / Stadtbahnwagen (Normalspur)

	Triebwagen				Beiwagen		Gesamtsumme		Stadtbahnwagen Typ B
Jahr	2x	4x	6x	8x	2x	4x	Tw	Bw	
1893	12	–	–	–	3	–	12	3	
1900	142	–	–	–	51	–	142	51	
1910	140	–	–	–	91	–	140	91	
1920	257	–	–	–	203	–	257	203	
1930	350	–	–	–	245	–	350	245	
1940	338	22	–	–	183	–	361	183	
1950	254	12	–	–	137	–	266	137	
1960	134	74	60	6	112	8	274	120	
1970	10	61	79	6	35	36	156	71	
1976									11
1980	–	12	60	62	–	23	134	23	18
1985									23
1990	–	–	21	92	–	–	113	–	24

Teil 3: Anhang

Liste der Fahrschalter

a) Schleifring-Fahrschalter

B3, B8, B28	UEG
B3 OW, B36 Wsp3	AEG
OB 12, OB 32, OB 35, OL	SSW
DK 3	Dick, Kerr & Co., London
FBv sp. 63	AEG

alle Fahrschalter mit Kurbelbetätigung

b) Nocken-Fahrschalter

DF Br 61	SSW	Vielstufer
VNFB 3.80	AEG	Vielstufer
OF 95, OF Br61	SSW	Umlenkgetriebe
EF 43, EF 52	SSW	
NF 52	Kiepe	liegend
NF 55	Kiepe	liegend
NF 58, NF 561	Kiepe	

alle Fahrschalter mit Kurbelbetätigung

c) Feinstufer

FS 1/0	BBC	Parallelschaltung
FS 1/1	BBC	Parallelschaltung
FS 4, FS 7	BBC	mit Z-Z-Steuerung
FS 512.2, FS 512.12	BBC	mit Z-Z-Steuerung
FS 761.1, FS 761.8	BBC	mit Z-Z-Steuerung

d) Nockenschaltwerk

VNSW 71	Kiepe	elektronische Steuerung

Liste der Fahrmotoren

Hersteller	Typ	Leistung	Antrieb	1. Baujahr
AEG[1)]	VNB 125	18 kW	Tatzlager	1895
UEG[2)]	GE 800	22 kW	Tatzlager	1895
UEG	GEH 58	24 kW	Tatzlager	1898
AEG	U 104	24 kW	Tatzlager	1906
AEG	U 140[3)]	29 kW	Tatzlager	1909
AEG	U 158	31 kW	Tatzlager	1910
AEG	USL 253a	36 kW	Tatzlager	1924
AEG	USC 253a	33 kW	Kardan	1924
AEG	US 533a[4)]	60 kW	Tatzlager	1927
AEG	US 533a	69 kW	Tatzlager	1938
AEG	ABS 3211	235 kW	ZLA	1976
AEG/BBC	EM 60/600	60 kW	Tatzlager	1942
BBC	GLM 1303	41 kW	ZLA	1933
BBC	GLM 1303	59 kW	ZLA	1936
BBC	GDTM 1303a	59 kW	ZLA	1936
BBC	GLMd 1303a	72,5 kW	ZLA	1953
SSW	D 53 wk	31 kW	Tatzlager	1920[5]
SSW	D 56 c	31 kW	Tatzlager	1913
SSW	D 561 f	37 kW	Tatzlager	1913
SSW	D 58 we	33 kW	Tatzlager	1911
SSW	Du 531 e	38 kW	Tatzlager	1912
SSW	Dy 341 a	37 kW	Tatzlager	1924
SSW	Dw 491 c	39 kW	Tatzlager	1926
SSW	Db 651 a	44 kW	Tatzlager	1916

Hersteller	Typ	Leistung	Antrieb	1. Baujahr
Siemens	KB 2021-4MG 02	235 kW	ZLA	1976
Siemens	KB 2021-5MB02	150 kW	ZLA	1975
MSW	Sb 51[6)]	60 kW	Tatzlager	1921
G-L	BG 75 dmff	100 kW	ZLA	1956
G-L	BG 75 dmff	115 kW	ZLA	1962
G-L	BGK 75-37,5	150 kW	ZLA	1979
G-L	DAB250/46-4f60[7)]	225 kW	ZLA	1979

ZLA = Zweiachslängsantrieb

Anmerkungen:

1) Lizenz Thomson-Houston (USA)
2) UEG: Union später in AEG aufgegangen
3) Erste Motorbauart mit Wendepolen
4) Bezeichnung bei der SEG nach 1948: US 533 aD
5) Umbau aus D 53 wc; Kompensationswicklungen
6) Nach Übernahme der Maffei-Schwartzkopff-Werke aus der Bergmann-Gruppe durch die AEG Weiterbau mit geringfügigen Änderungen als US 533b
7) Drehstrommotor

Literaturhinweise zur Technik der Essener Straßenbahn- und Stadtbahn-Fahrzeuge

1. Prasse, W.: Leichter Großraumwagen der Essener Straßenbahnen
   Verkehrstechnik 8 (1933), H. 16, S. 400-403
2. Prasse, W.: Der neue Tiefflurwagen der Essener Straßenbahnen
   Verkehrstechnik 9 (1934), H. 12, S. 329-331
3. Prasse, W.: Vielfachsteuerungs-Einrichtung zum Anbau an vorhandene Fahrschalter
   Verkehrstechnik 10 (1935), H. 19, S. 520-521
4. Prasse, W.: Die neuen Großraumwagen der Essener Straßenbahnen
   Verkehrstechnik 13 (1938), H. 22, S. 521-525
5. Christoffel, R.: Doppeltriebwagen bei den Essener Straßenbahnen
   Verkehrstechnik 13 (1938), H. 24, S. 590-593
6. Prasse, W.: Die Kleinspannungsanlage im Einheitsstraßenwagen
   Verkehrstechnik 16 (1941), H. 11/12, S. 202-205
7. Prasse, W.: Gesichtspunkte für die Anwendung von Gummi als Federungselement für Straßenbahnen
   Wirtschaft und Technik im Transport, Zwischenheft 1940-1941, S. 1-6
8. Stock, W.: Verkehrsverbesserungen und Rationalisierungsbemühungen der Essener Verkehrs-AG
   Der Stadtverkehr 5 (1960), H. 11/12, S. 243-246
9. Stetza, G.: Die sechsachsigen Einrichtungs-Gelenktriebwagen der Essener Verkehrs-AG
   Der Stadtverkehr 3 (1958), H. 10, S. 213-214
10. Stock, W.: Umbau-Gelenkwagen in Essen
    Der Stadtverkehr 4 (1959), H. 8, S. 184
11. Höltge, D.: Die Essener Verkehrsbetriebe im Jahre 1969
    Der Stadtverkehr 14 (1969), H. 5/6, S. 140-147
12. Ahlbrecht, H.: Stadtbahnwagen M – ein Fahrzeugsystem für den Stadt- und Regionalverkehr
    Eisenbahntechnische Rundschau 25 (1976), H. 6, S. 366-372
13. Ahlbrecht, H.: Arbeitsfahrzeuge für Stadtbahn und Straßenbahn bei der Essener Verkehrs-AG
    Der Stadtverkehr 23 (1978), H. 2, S. 74-80
14. Ahlbrecht, H.: Erfolgreicher Umbau des Essener Stadtbahnwagens Typ B–Gleichstromsteller mit Flüssigkeitskühlung als Beitrag zum Leichtbau
    Der Nahverkehr 2 (1984), H. 1, S. 46-52
15. Ahlbrecht, H./Neugebauer, R.: Der Stadtbahnwagen M8D
    Der Nahverkehr 3 (1985), H. 1, S. 64-68
16. Ahlbrecht, H.: 15 neue Stadtbahnwagen M8C in Essen
    Nahverkehrs-Praxis 38 (1990), H. 3, S. 87-90, und (in ausführlicherer Darstellung): Der Nahverkehr 8 (1990), H.2, S. 52-63

Betriebshof Borbeck nach dem Wiederaufbau 1950. (Archiv EVAG)

Wagenwerkstatt im Betriebshof Kruppstraße, 1950. (Archiv EVAG)

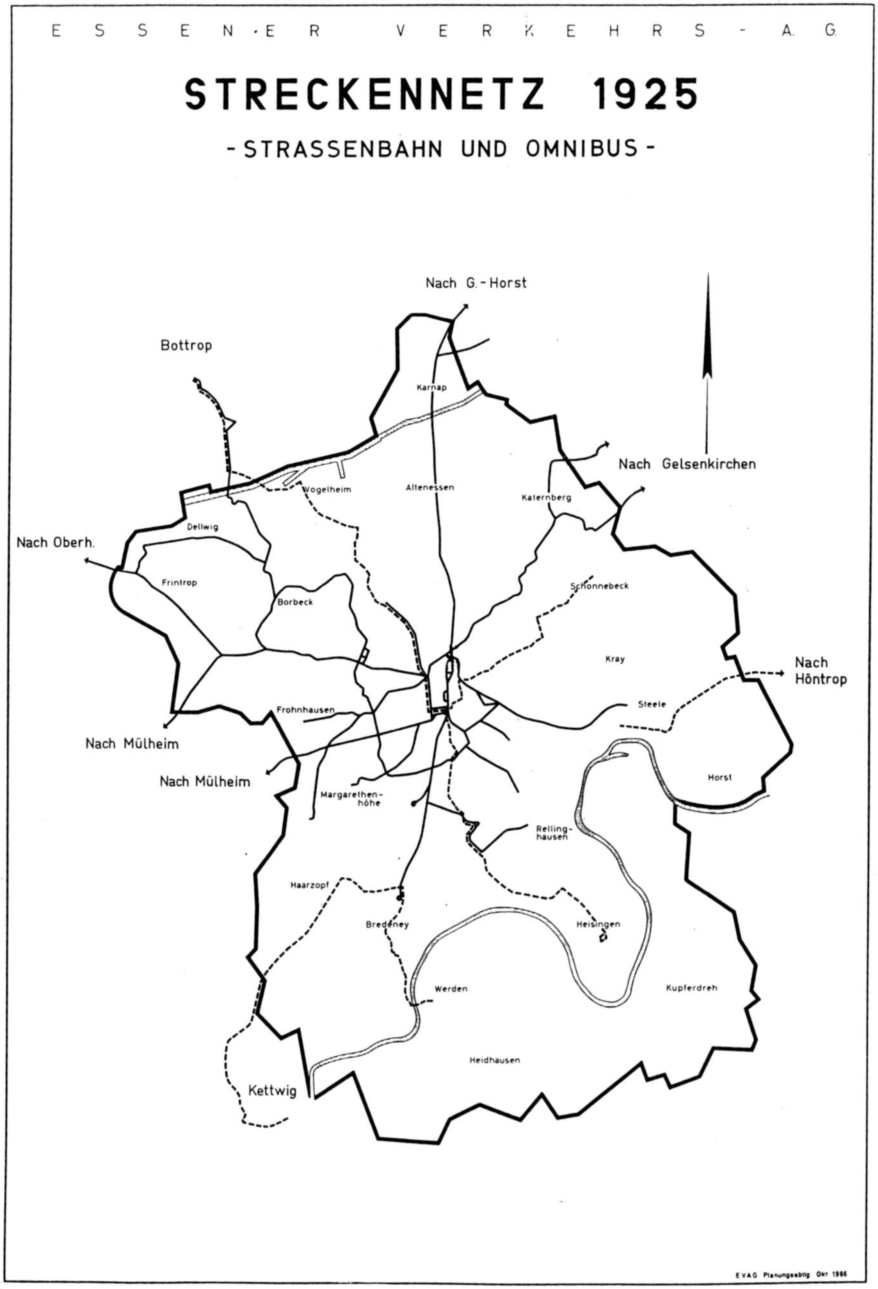
ESSENER VERKEHRS-AG.
STRECKENNETZ 1925
- STRASSENBAHN UND OMNIBUS -
Nach G.-Horst
Bottrop
Karnap
Nach Gelsenkirchen
Vogelheim
Altenessen
Katernberg
Nach Oberh.
Dellwig
Frintrop
Borbeck
Schonnebeck
Kray
Nach Höntrop
Steele
Frohnhausen
Nach Mülheim
Nach Mülheim
Margarethen-höhe
Horst
Relling-hausen
Haarzopf
Bredeney
Heisingen
Werden
Kupferdreh
Heidhausen
Kettwig
EVAG Planungsabtlg Okt 1966

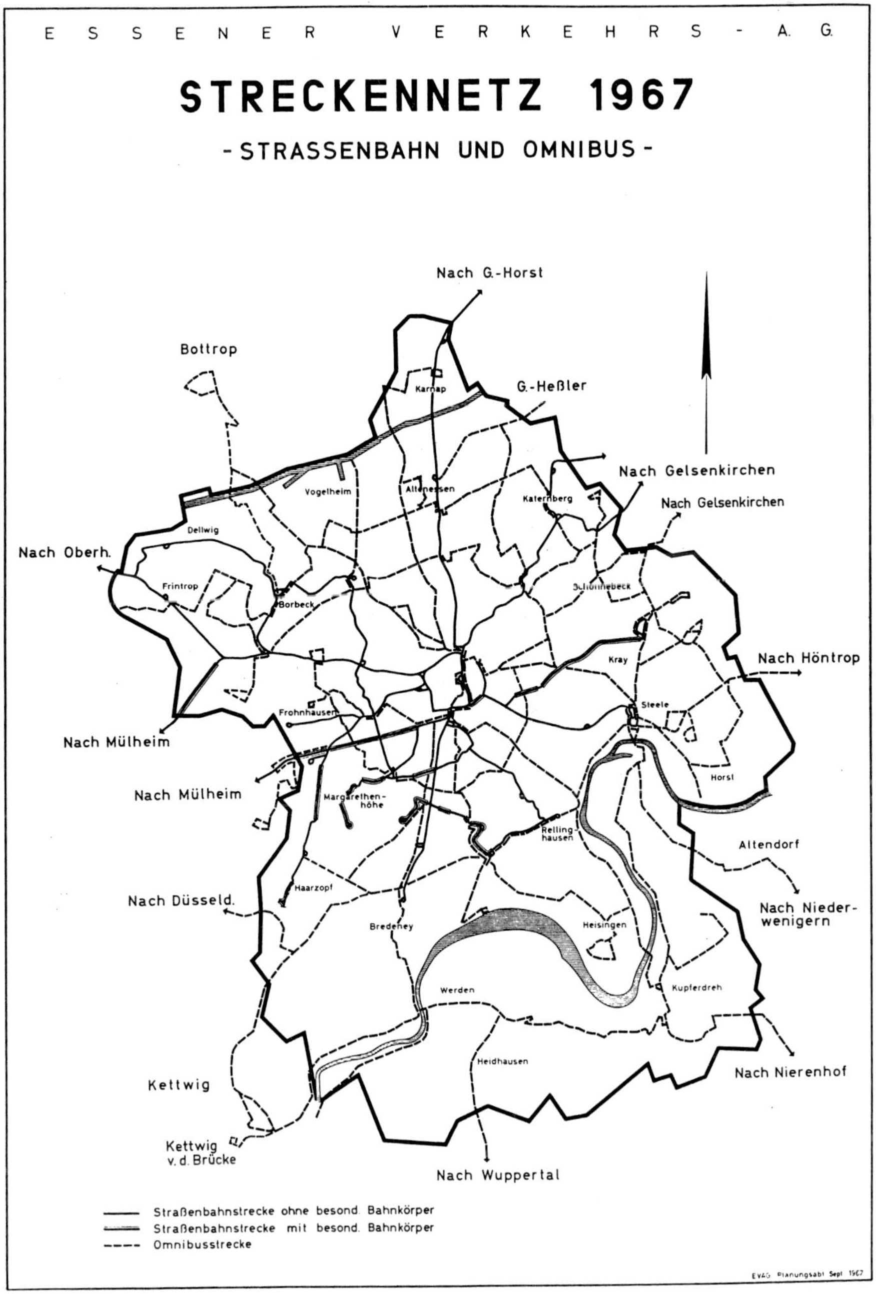
E S S E N E R V E R K E H R S - A. G.
STRECKENNETZ 1967
- STRASSENBAHN UND OMNIBUS -
Nach G.-Horst
Bottrop
Karnap
G.-Heßler
Nach Gelsenkirchen
Nach Gelsenkirchen
Vogelheim
Altenessen
Katernberg
Dellwig
Nach Oberh.
Frintrop
Borbeck
Kray
Nach Höntrop
Steele
Frohnhausen
Nach Mülheim
Nach Mülheim
Horst
Margarethen-höhe
Relling-hausen
Altendorf
Nach Nieder-wenigern
Haarzopf
Nach Düsseld.
Bredeney
Heisingen
Kupferdreh
Werden
Heidhausen
Nach Nierenhof
Kettwig
Kettwig v. d. Brücke
Nach Wuppertal
Straßenbahnstrecke ohne besond. Bahnkörper
Straßenbahnstrecke mit besond. Bahnkörper
Omnibusstrecke
EVAG Planungsabt. Sept. 1967

Mit den beiden Großraumwagen 503 und 504 („Lange Essener“) begann der Abschied vom Zweiachser. Fast alles an diesen beiden Wagen war neuartig, vom Scherenstromabnehmer bis zu den Drehgestellen. Der im Krieg zerstörte Triebwagen 504 präsentiert sich hier 1933 dem Fotografen an der Grillostraße. (Archiv EVAG)

Quellennachweise

1. Verwendete Quellen (Bücher, Veröffentlichungen, Archive usw.)

Süddeutsche Eisenbahn-Gesellschaft (Hrsg.): 40 Jahre Essener Straßenbahnen, Essen 1933
Essener Verkehrs-AG (Hrsg.): Acht Jahrzehnte öffentlicher Nahverkehr in Essen, Essen 1973
Essener Verkehrs-AG (Hrsg.): 90 Jahre öffentlicher Personennahverkehr in Essen, Essen 1983
Pabst, M.: Taschenbuch Deutsche Straßenbahn-Triebwagen, Band 1 und 2, Stuttgart 1981 und 1982 (Franckh)
Pabst, M.: Taschenbuch Deutsche Straßenbahn-Beiwagen, Stuttgart 1984 (Franckh)
Ahlbrecht, H.; Foerster-Baldenius, W.; Helmich, E.: 10 Jahre Stadtbahnwagen M/N, Dortmund 1985 (H. Arnold Vlg.)
Essener Verkehrs-AG; Archiv
Fried. Krupp GmbH, Essen; Historisches Archiv
Persönliche Aufzeichnungen von Gerd und Rolf Elias, Essen/Dortmund
Persönliche Aufzeichnungen von Gerhard Boisserée, Essen
Verband Deutscher Verkehrsunternehmen, Köln; Archiv
Verkehrswissenschaftliche Arbeitsgemeinschaft EVAG e. V., Essen; Archiv

2. Grafiken und Zeichnungen:

Die Typenbilder stellte das Archiv der Essener Verkehrs-AG zur Verfügung
Die Frontansichten zeichnete Hans Ahlbrecht
Die farbigen Graphiken fertigte Till Bockx, Köln
Die Zeichnung des Wiesbadener Beiwagens Serie 601-644 stellte Jörn Müller, Hamburg, zur Verfügung
Die Zeichnung des Triebwagens 144 zeichnete Holger Ott, Wuppertal